心灵猎人

FBI神探走入罪犯的脑海

JOURNEY INTO DARKNESS

［美］约翰·道格拉斯（John E. Douglas）/ 著
［美］马克·奥尔谢克（Mark Olshaker）

杨恩毅 / 译

中国法制出版社
CHINA LEGAL PUBLISHING HOUSE

献给卡拉·布朗、苏珊娜·柯林斯、克丽丝滕·弗伦奇、罗纳德·高曼、安珀·哈格曼、卡桑德拉·汉森、塔米·霍穆尔卡、克里斯蒂娜·杰索普、梅根·坎卡、波莉·克拉斯、莱斯莉·马哈菲、肖恩·摩尔、安吉、梅利莎和南希·纽曼、艾莉森·帕罗特、妮可·布朗·辛普森、莎莉·费耶·史密斯,以及所有其他无辜的人,和他们的家人、朋友、亲人,还有那些为他们伸张正义而不懈努力的执法人员。我怀着崇敬、谦逊和爱,将这本书献给他们。

目录

PROLOGUE 序幕
凶手的心理 ... 1
IN THE MIND OF A KILLER

CHAPTER I 第一章
黑暗深渊——了解凶手的行为方式 ... 11
JOURNEY INTO DARKNESS

CHAPTER II 第二章
凶案背后的动机——了解凶手为什么作案 ... 29
THE MOTIVE BEHIND THE MURDER

CHAPTER III 第三章
陌生人的糖果——让孩子保持警觉 ... 47
CANDY FROM STRANGERS

CHAPTER IV 第四章
悍不畏法？——敢于挑战法律的人终遭惩罚 ... 85
IS NOTHING SACRED?

CHAPTER V 第五章
为了孩子——警惕针对儿童的犯罪 ... 119
FOR THE CHILDREN

CHAPTER VI 第六章
反击——如何保障孩子的安全 ... 159
FIGHTING BACK

CHAPTER VII 第七章
蓝色的苏——受害者的故事 ... 187
SUE BLUE

CHAPTER VIII 第八章
海军陆战队员之死——漫长审理的开始 ... 217
DEATH OF A MARINE

CHAPTER IX 第九章
杰克和特鲁迪·柯林斯的热忱
——寻求正义之旅 ... 245
THE PASSION OF JACK AND TRUDY COLLINS

CHAPTER X 第十章
羔羊之血——重现案情 ... 257
THE BLOOD OF THE LAMBS

CHAPTER XI 第十一章
他们抓错人了吗?——拯救无辜的人 ... 275
HAVE THEY GOT THE WRONG MAN?

CHAPTER XII 第十二章
南邦迪大道上的谋杀案——通过血迹破案 ... 309
MURDER ON SOUTH BUNDY DRIVE

CHAPTER XIII 第十三章
罪与罚——一个警探的思考 ... 329
CRIME AND PUNISHMENT

致谢 ... 343

自由只是事情的一部分、真理的一半。自由只是整个现象的消极部分，而积极部分则是负责任的能力。实际上，除非自由能够以负责任的形式行使，否则就有堕落成专横霸道的危险。

——维克多·E.弗兰克《追寻生命的意义》

　　但是总得有一个自己并不卑鄙的人，一个既无污点也不胆怯的人，到这些穷街陋巷去。

——雷蒙德·钱德勒《简单的谋杀艺术》

PROLOGUE
序幕

IN THE MIND OF A KILLER
凶手的心理

这并非好莱坞的剧情,没有经过美化或者"艺术化"。事情就是这么发生的。如果有任何不实之处,也是真实的情况比我描述的更为不堪。

我这样做过很多次:让自己走进凶手的脑海中。

我不知道目标会是谁,但我准备杀个人。就现在。

我老婆整晚把我留在家里,她宁愿和朋友们去参加特百惠特卖会,也不愿意跟我待在一起。也许这根本就无所谓,反正我们一直都在吵架,这次吵了一整天。我感到很压抑,我受够了,厌倦了她这么对我。也许她出门是去和其他男人约会了,就像我第一任妻子那样。她得到了报应:头朝下死在浴缸里,嘴里塞满了自己的呕吐物。就她对我的所作所为,这是她应得的。我们的两个孩子最后由我爸妈照顾。这又是一件让我恼火的事情,就好像我不够好,照顾不了他们似的。

我一个人坐在家里,看了会儿电视,喝着啤酒,两扎六瓶装的,然后是五分之一瓶的葡萄酒。但我还是感觉很不好。我越来越沉沦,我需要更多的啤酒或者其他东西。现在几点了?9点,也许是9点半。我站起身,开车去了基地杂货店旁边的小超市,又买了一扎六瓶装的麋鹿头牌啤酒。然后我开车上阿穆尔路,坐在那儿喝酒,想把脑子将清楚。

我越坐越觉得压抑。我一个人在这儿,作为老婆的随任家属在基地里生活,周围都是她的朋友,没有我认识的人,甚至连孩子都没有。我在海军服过役,你知道,我以为当兵会有用,但并没有。现在,我一个接着一个地做着没有前途的工作。我不知道要做什么。也许我应该回家等我老婆回来,然后跟她说清楚,把问题解决。这些想法同时涌入我的脑海。我现在真想和谁说说话,但周围一个人也没有。见鬼,我没有认识的人,能够把我的问题说给他听。

周围很黑,我开始感觉有些……撩人。我和黑夜融为一体。黑暗让我隐姓埋名,黑暗让我变得无所不能。我在基地北边,把车停在路边,继续喝酒。我看到她时,她刚经过水牛场围栏。见鬼,这些水牛都比我过得好。

她刚从马路一边穿行到另一边。她在马路一边慢跑,一个人,虽然外面很黑。她长得很高,非常漂亮,大概20岁,我觉得,长长的金发带点棕色,梳成一条辫子。她额头上的汗在月光下闪闪发光。是啊,真漂亮。她穿着一件红色T恤,前面有一个海军陆战队的金色标志。下身穿着红色短裤,把她的屁股衬托得很好看,腿看起来就像会永远跑下去一样。她身上一点肥肉都没有。这些海军陆战队的女生,体形都保持得非常好。一直在锻炼和训练，不像海军里的女人。只要给她们一点机会，她们就会拿起鞭子打普通男人的屁股。

我观察了她一阵子。她的胸随着跑步的节奏上下起伏。我想要下车和她一起跑，也许还能搭个讪。但我知道，我根本不是她的菜。而且，我还喝得醉醺醺的。所以，我也许可以把车停下来，主动载她回营地之类的，这样就能和她说说话。

但我又想了想，她是海军陆战队的运动达人，会和像我这样的人做什么？她那样的女生是不可能搭理我的。无论我说什么，她都会拒绝。我这一天已经被拒绝得够多了。我这一生已经被拒绝得够多了。

于是，我不再忍受这些狗屁了——至少在今晚。无论我想要什么，我就要直接得到。在这世界上想要得到任何东西，这是唯一的办法。无论她喜不喜欢，都得跟我过过招。

我发动车子，停在她旁边。我把头伸出副驾驶的窗户喊道："打扰一下，你知道去基地另一边还有多远吗？"

她看上去并不惊讶，我猜这是因为我车上贴着基地的贴纸，而且她可能觉得自己是海军陆战队的，能照顾好自己。

她停了下来，走到我车前，看上去很信任我，呼吸很重。她把头伸进副驾驶那边，指着后面说大概有5千米。然后她笑了笑，非常漂亮，接着便继续跑起来。

我知道这是我唯一把她留下来的机会，再过一秒她就会走了。于是我打开车门，跳了出去，跑到她身后。我重重地从她后面揍了她一拳，她趔趄了几步。我一把抓住她。她喘着粗气，意识到发生了什么，试图挣脱我。即便她作为一个女生又高又壮，但我比她高差不多30厘米，比她重不止45千克。我拽住她，用全力揍她头的一侧，她一定晕得眼冒金星。即使这样，她仍然挣扎不已，想要狠狠地揍我，然后逃跑。她要为此付出代价，没有哪个女人能这么对我。

"别碰我！滚开！"她吼道。我几乎快把她捂死了才把她拖到车前。

我又狠狠揍了她，她摇摇晃晃站不稳，然后我抓着她，把她放在副驾驶座上。

就在这时，我看到两个跑步的男人向车跑来，他们在大喊大叫。于是我加大油门，开着车立马从那儿离开了。

我知道我必须离开基地，这是第一件事。于是我开车前往基地剧院旁边那道门。晚上只有这道门才开着。我知道是因为我就是从这道门进来的。我把她整理了一下，让她看起来像是坐在我旁边的约会对象。她的头靠在我肩上，看上去浪漫极了。在一片漆黑中，这样子起了作用，因为门卫根本没什么反应，直接让我们通过了。

我们出来上了海军路，她慢慢醒了过来，又开始大声叫喊。她威胁说如果我不让她走，她就要报警。

没人能那样跟我说话。现在已经轮不到她说想要什么，而是我想要什么。我才是掌控局面的人，不是她。于是我腾出一只手，放开方向盘，反手在她脸上给了她一拳。她就安静下来了。

我知道我不能带她回家。我老婆现在肯定已经到家了。我要做什么呢？给她解释说这是我必须对她做的？我需要一个我和这个"新欢"单独待在一起的地方，一个没人打扰我们的地方。我得到一个我觉得舒服的地方去，一个我熟悉的地方，一个我知道我能随心所欲、没人打扰我们的地方。我有主意了。

我开到路尽头，然后右转进了公园，名字叫埃德蒙·奥吉尔公园。我想她可能又开始苏醒过来了，于是我又从她脑袋一侧重重地给了她一拳。我开车穿过篮球场，穿过公共厕所，径直朝公园靠近湖的那一边开去。我在湖岸附近把车停了下来，熄了火。现在就我们两个人了。

我抓住她的T恤，把她拽下车。她差不多是半昏半醒，嘴里在呻吟。她的眼睛周围有一条伤口，鼻子和嘴巴都在流血。我从车上把她拖过来，扔在地上，但她开始想站起来。她还想要拒绝我。于是我跳到她身上，像骑在她身上一样，然后抽了她几个耳光。

旁边有一棵大树，树枝分得很开。氛围很惬意，很浪漫。她现在是我的了。我掌控了一切。我能对她做任何我想做的事情。我扯掉她的耐克跑鞋，然后是她精致的海军陆战队T恤和她的短裤，还有腰上的蓝色跑步腰带。她没什么力气跟我斗了。她再也彪悍不起来了。我把她扒了个精光，甚至袜子也没放过。她想逃，或者跑掉，但办不到。我掌控着局面。我能决定她的死活，以及她如何死去。这都取决于我。今晚我第一次感觉我是个人物。

我把前臂压在她脖子上让她保持安静，但这只是开胃菜而已。我要让她体验她从来没有体验过的。

我看了看四周，起来站了一会儿，伸手向上拽了一根树枝，把它扯断，有八九十厘米那么长。这并不容易，因为这该死的树枝足足有5厘米粗。折断的地方很锋利，像箭头或者标枪一样。

她像是失去了知觉，但又开始号叫起来。她睁大着眼睛，充满了痛苦。

我对自己说，给所有蔑视过我的女人，给所有不公平对我的人，给生活——换一换，让别人也被愚弄一次吧！现在，她停止了挣扎。

疯狂结束，野性褪去之后，我开始镇静下来。我向后靠，俯视着她。

她完全安静下来不动了。她的身体惨白，看上去空空的，像是有东西已经离她而去。我知道她终于死了。这么长时间以来，我第一次真正觉得我活着。

这就是设身处地，了解受害人和作案者，以及他们之间如何互动的意思。你在监狱和教养所待上几个小时，坐在桌子前面，听他们讲真实的故事，这就是你能从中得到的。在听了他们的故事之后，你开始把碎片拼接在一起。罪行开始自己向你诉说。虽然听起来让人毛骨悚然，但这是你想要提高效率的必经之路。

不久前，一位记者采访我时，我向她描述了这个技巧，她说："这种事我连想都不敢想！"

我答道："但是，如果要这样的人变得更少，我们最好想想这些事情。"

如果你能理解，并不是说在学术、智力的层面，而是出于本能、经验的理解，那么我们也许就能带来改变。

我刚刚描述的，是我认为在1985年7月11日深夜至7月12日凌晨发生的事情。这天，美国海军陆战队准下士苏珊娜·玛丽·柯林斯（Suzanne Marie Collins），一位才华横溢、受人喜爱、精力充沛、年轻漂亮的19岁女生，死在田纳西州米灵顿东北部孟菲斯海军航空站附近的公园里。柯林斯准下士身高约170厘米，体重约53千克，晚上10点刚过便离开军营去跑步，但没有回来。早上集合时她也没到，后来，在公园里发现了她裸露的尸体，尸体有被殴打的痕迹。报告称，她的致死原因是长时间人工窒息，头部有钝器击伤，锋利的树枝插入体内造成大面积内出血，树枝插得很深，把腹部的器官、横膈膜以及右肺都穿透了。12日，她本来就要从为期4个月的航电学校毕业了，她成为首位海军陆战队女飞行员的目标即将实现。

这项工作总是让人肝肠寸断，但如果我想要从罪犯的眼里看到他的罪行，我就必须这么做。我已经从受害者的视角经历了一遍，这简直不堪忍受。但这也是我的工作，一个我给自己创造的工作：弗吉尼亚州匡提科联邦调查局学院的第一个全职犯罪心理侧写师。

一般来说，当我的小组——调查支持小组（Investigative Support Unit）——被召集时，我们需要提供一份行为心理侧写和调查策略，帮助警方搜捕未知作案者（UNSUB）。在这次之前，自从我进入匡提科，我已经办了超过1100个案子。但这次警方在召集我们之前，就已经逮捕了一名嫌疑人。他名叫塞德利·阿利（Sedley Alley），一个留着络腮胡子的白人，29岁，来自肯塔基州阿什兰，身高约193厘米，体重约100千克，是一家空调公司的工人。他的妻子琳内（Lynne）是一名海军，他作为妻子的随任家属，在基地里生活。他们已经从他那儿得到了一份供词。实际上，第二天上午他们就拿到了供词，但他口中的版本和我描述的不同。

按照两名跑步的男性和门卫对车的描述，海军调查处的探员将他拘捕。阿利对他们说，在他妻子琳内出门参加特百惠特卖会后，他觉得很沮丧，在家喝完了两扎六瓶装的啤酒和一瓶葡萄酒，然后开着他那辆绿色的破旧水星旅行车，去基地杂货商店旁的小超市买啤酒。

他说，他漫无目的地开着车，醉得越来越厉害，直到他看到一个很有吸引力的白人女性，穿着海军陆战队的T恤和短裤，跑着步穿过马路。他说他下了车，开始和她一起跑，和她说了说话，没过几分钟，他就因为刚才喝酒、抽烟而气喘吁吁。他想向她倾诉他的苦恼，但觉得她不会在意，因为她根本不认识他，所以他和她道别，开着车离开了。

他自称喝醉了，开着车在路上扭来扭去。他知道自己不该开车。然后他听到一声闷响，感到车颠簸了一下。他意识到自己把她撞了。

他把她放到车里，告诉她会带她去医院，但他说她一直抗拒，威胁说要报警，让警察以醉驾的理由逮捕他。他出了基地，朝着埃德蒙·奥吉尔公园开去。他把车停在公园里，希望让她冷静下来，然后说服她不要告发他。

他声称，在公园里，她还继续斥责他，说他有大麻烦了。他吼了她，让她闭嘴，而她试图打开车门。他抓住她的T恤，打开了她这侧的车门，把她从车上拉了下来。她还在嚷嚷，说要叫警察把他抓起来，然后企图挣脱逃跑。于是他把她推倒在地，骑到她身上，只是为了不让她逃跑。阿利就想和她谈谈。

她一直想要逃走，他形容为"扭动"。那一刻，他"一瞬间失去了理智"，摊开手，从侧面扇了她的脸，先是一下，接着又是一下或者两下。

他害怕了，知道如果她告发他，自己就会有麻烦。他说，他从她身上下来，想要弄明白该怎么办。他回到水星车上拿那把黄柄螺丝刀，用来热启动车子。当他回来时,他听到有人在黑夜里跑步。他慌了,转过身,胳膊甩了出来,手里正拿着螺丝刀。螺丝刀一定戳到了她,从她的头部一侧插了进去,因为她一下子就瘫倒在地上。

这时他不知道如何是好。他是不是应该跑掉,也许逃回肯塔基州?他不知道。他决定把女孩之死弄得看起来像其他原因,比如她被人袭击和强奸了。但是,当然,他自己没有和她发生性行为,她的伤和她的死都是一场可怕的意外。所以他如何把这场意外伪装成一次性侵呢?

他先脱掉了她的衣服,然后拽住她的脚踝,把她从车子旁边拖到湖岸上,放在一棵树下。他就像找救命稻草一样,拼命地想办法。这时他伸出手,正好碰到一根树枝,甚至想都没想,他就把树枝折了下来。然后他把她翻过身,脸朝下,把树枝捅了进去。他声称只捅了一次,只要把现场弄得像她被一个性变态袭击了就行。他跑回车里,迅速地离开了现场,从他开进公园的另一侧离开。

亨利·"汉克"·威廉姆斯是田纳西州谢尔比镇的地区助理检察官。他想把整件事情弄清楚。威廉姆斯是这行的好手,曾经是联邦调查局探员,一副不苟言笑的样子,刚40岁出头,强壮硬朗,眼神却和蔼而敏感,头发过早地发白了。他从没见过这么可怕的案子。

威廉姆斯评论道:"我一看到卷宗,就觉得这肯定得是死刑。我不会和他达成辩诉交易[1]。"

但他觉得,问题在于如何为这样惨无人道的谋杀找到一个陪审团能够理解的动机。毕竟,想法正常的人谁会去干这么可怕的事情?

这就是辩方着手的角度。除了阿利说的"意外"致死,他们还想打出"精神错乱"这张鬼牌。在辩方的要求下,精神科医生对作案者

---

[1] 辩诉交易(plea-bargain)是美国的一项司法制度,是指在法官开庭审理之前,处于控诉一方的检察官和代表被告人的辩护律师进行协商,以检察官撤销指控、降格指控或要求法官从轻判处刑罚为条件,换取被告人认罪。——译者注

进行了检查，看起来他似乎要提出阿利患有多重人格障碍。第一天，海军调查处的探员审问他时，他忘记告诉他们，苏珊娜·柯林斯死的那晚，他很明显分裂出了3个人格：他自己；比莉（Billie），一个女性人格；以及死神（Death），他骑在马上，就在塞德利和比莉开的车旁边。

威廉姆斯联系了特别探员哈罗德·海斯（Harold Hayes），他是联邦调查局孟菲斯办公室的心理侧写协调员。他向威廉姆斯描述了淫欲杀人的概念，让他阅读我和我的同事罗伊·黑兹尔伍德5年前写的一篇文章，题目是《淫欲杀人狂》（Lust Murderer），发表在《联邦调查局执法公报》上。在这些案子里，"淫欲"有点用词不当，文章描述了我们对连环杀手的研究。这些研究表明，这些令人作呕的犯罪都建立在性基础之上，与操纵、支配和控制有关。苏珊娜被杀，看起来就是一次典型的淫欲杀人：这是一个神志正常的人故意犯下的有预谋的罪行，此人存在性格障碍，但他能分辨对错，然而他不让道德束缚他。

威廉姆斯请我参与此案，在起诉策略上给他提建议，想想如何能说服陪审团，让他们相信我的故事比辩方的更可信。陪审团里的12个好人很可能在一生中都没有和纯粹的邪恶打过交道。

我首先要做的就是向公诉团队阐释，我和我的团队这些年从行为学的角度，在打击犯罪的过程中所学到的东西，以及我们为了学到这些东西所付出的特殊代价。

我要把他们带上，和我一起进入这黑暗的旅程。

CHAPTER 1
第一章

JOURNEY INTO DARKNESS
黑暗深渊——了解凶手的行为方式

1983年12月初，我38岁，在西雅图的宾馆房间里昏了过去。当时我正在研究绿河谋杀案。我从匡提科带来办案的两名探员破门而入，把我救了出来。整整5天，我躺在瑞典医院的重症病房里昏迷不醒，徘徊在生死之间。我得的是病毒性脑炎，病因是同时处理超过150个案子给我造成的巨大压力。我知道，所有这些案子都指望我给出答案。

没人想到我能活下来，但在一流医护团队的照顾下，在家庭的关爱和同事们的支持下，我奇迹般地活了下来。差不多一个月以后，我坐着轮椅回到家。5月之前我都无法回归工作。在那段时间，我怕疾病给我留下的神经损伤让我无法达到联邦调查局的标准，从而过早地结束探员的工作。直到今天，我身体左侧依然有损伤。

不幸的是，我这种情况在这一行并非孤例。在调查支持小组和我一起当过心理侧写师和行为调查分析师的探员，绝大部分都深受工作的巨大压力的折磨，或者患有一些疾病，迫使他们在一段时间之后离开这个岗位。这些病痛有像我这样的全身神经系统疾病，有胸痛和心悸，有溃疡和血糖紊乱，有焦虑和抑郁，等等。首先，执法就是出了名的高压工作。在家休养时，我想了很多，我想到底是什么造成了我们工作中特殊的压力，是什么让这压力与其他联邦调查局探员、警探、一线警察所承受的压力都不同，甚至更大，即使这些人面对的客观危险远远比我们大。

我想，一部分答案在于我们提供的服务。在一个长期以"只要讲述事实"为导向的机构，我们可能是唯一经常被问及意见的团队。即使如此，直到约翰·埃德加·胡佛[1]死后，心理侧写才被认为是打击犯罪的合法工具。匡提科设立犯罪人格项目后的许多年，调查局里里外外大多数人都还认为这是一种巫术或者黑色魔术，由一群法师在暗不见光的地下约18米的地方施法。

然而事实是，生死抉择可能会基于我们的建议作出，但我们拿不出过硬的事实来支持我们的判断。我们无法享受黑白分明。如果一名警察犯了错，这就意味着破不了案，但情况并不会变得比这之前更糟。当我们被召唤时，我们往往是最后一根稻草。如果我们错了，我们可能会把调查引向毫无结果的方向。所以我们努力让自己所说的越确切越好。但我们凭借的是人的行为，而人的行为，并非一门严格的科学。

---

[1] 约翰·埃德加·胡佛（John Edgar Hoover, 1895—1972），美国联邦调查局改制后的首任局长，任职长达48年，直到1972年去世。胡佛生前在美国民众中的声望很高，但是死后有关他的争议很大，许多批评者认为，他的行为已经超出了联邦调查局的职责范围。正是由于胡佛掌管联邦调查局时间过长且富于争议，自1972年起联邦调查局局长任期限制为10年，由总统提名再经参议院确认任命。——译者注

全美国和世界其他一些地方的警察和执法机构都来找我们,其中一个原因就是我们拥有他们没有的经验。我们就像医疗专家,看过的罕见病例比任何一个基层医师都多,所以我们拥有全国乃至国际视野,能够察觉出微小的变化和不同。而地方上的调查员只能以自己的辖区作为参考,很可能看不到这些细微的地方。

我们工作的原则是,行为反映个性。心理侧写过程一般分为以下7个步骤:

1. 评估犯罪行为本身;

2. 全面评估犯罪现场的细节;

3. 全面分析受害者;

4. 评估警察的前期报告;

5. 评估法医的尸检记录;

6. 提出一个具有犯罪者关键性特征的心理侧写;

7. 在描绘心理侧写时提供调查建议。

最后一步指出,提供犯罪者的心理侧写常常只是我们工作的开始。下一阶段是与当地调查人员进行商议,为他们提供可以用来逼迫未知作案者出手,迫使他动起来的先发措施[1]建议。这可能还涉及与被害儿童的家属见面,指导家属如何处理凶手打来的嘲弄电话,描述孩子是怎样死的,甚至我们还需要用被害儿童的兄弟姐妹作为诱饵,把凶手引诱到一个特定的地点。

在南卡罗来纳州哥伦布市的17岁女孩莎莉·费耶·史密斯(Shari Faye Smith)被害之后,我就是这样建议的,因为凶手表现出对莎莉的漂亮姐姐唐(Dawn)的执迷。在我们把凶手逮捕归案前,我都在因为给县警署和史密斯一家提出的建议而焦灼万分,因为我知道,如果我

---

1 先发措施(Proactive techniques / strategies),是指利用作案者的心理和行为特点制定的策略,以诱使其落网。——译者注

的判断有一点瑕疵，史密斯一家可能会再次面临无法忍受的悲剧。

凶手给唐打电话，详细指示她在萨鲁达县附近的地里找到莎莉·费耶·史密斯的尸体。在这之后不到6个星期，准下士苏珊娜·柯林斯在田纳西州的公园里被害。

对于我们来说，这种人太多了。

正如我的同事吉姆·怀特所形容的，我们见到的，是最坏的人。我们每天都知道，人能够多么邪恶。

吉姆说道："这几乎重新定义了一个人能对另一个人，一个婴儿，一个不满一岁的小孩所作的恶。你不可能从事我们所做的工作——要么作为执法人员，要么参与暴力犯罪的调查——而自身不受影响。我们经常接到幸存受害者或者他们挚爱之人打来的电话。甚至还有连环杀手和连环强奸犯给我们打电话。所以我们要打交道的，是这些罪行中很私人化的一面，我们自己会参与其中，把他们放在心里。我想，小组中的所有人，都有无法释怀的案子。"

我知道一些吉姆无法释怀的案子，其中之一就是绿河谋杀案。这个案子一直没破。[1] 另一个就是苏珊娜·柯林斯之死，直到今天，这案子还萦绕在我心头。

在家康复期间，我去了匡提科的军人墓地，盯着本来是给我预留的那块地，如果第一周我死了，我就会埋在那儿。我想了很多，我在思考，如果我想活着退休，我应该做些什么。我曾经认为在工作上我和别人做得一样好，但我认识到，我成了一个单向度的人。我的妻子、孩子、父母、朋友、房子、邻居等，都排在我的工作之后，而且是远远地排在工作之后。每次我妻子和孩子受了伤，或者遇到问题时，我都会把他们和我经手的恐怖案件中的受害者进行比较，然后觉得他们的问题似乎没什么大不了。我已经走火入魔到这种地步。或者，我会

---

[1] 此案已于2003年告破。——编者注

按照在犯罪现场观察血迹的方式，分析他们的伤口和伤疤。我试着通过酒精和严酷的锻炼来让自己摆脱无时不在的紧张感。我只有累倒了才能放松。

穿行在军人墓地中，我决定必须找到一个办法，让自己回归大地，更好地感受妻子帕姆（Pam）和我的两个女儿——埃丽卡（Erika）和劳伦（Lauren）给我的爱与支持［几年之后我们才有了儿子杰德（Jed）］，我要依靠宗教信仰，给自己抽出时间，探索生活中的其他方面。我知道，只有这样我才能熬下去。1990年，我在调离心理侧写项目的管理岗位，成为小组负责人之后，就努力给所有和我一起工作的人提供保持身心平衡的建议。我亲眼见过发生了什么，知道我们的工作能让人多么身心俱疲。

干我们这一行，不仅要进入凶手和未知作案者的内心，还要进入案发时受害人的内心，这一点很重要。只有这样我们才能理解罪案的动态，即受害者与犯罪者之间发生了什么。例如，你可能了解到，受害者是一个很被动的人，但如果是这样，为什么她脸上被打了这么多下？我们通过分析得知，受害者肯定已经投降，会做任何凶手让她做的事情，但为什么她还是会这样被折磨？了解受害者可能如何作出反应，能告诉我们关于犯罪者的重要信息。在这种情况下，他肯定很享受伤害受害者。强奸对于他来说还不够，而惩罚她对于他来说才是关键，这就是我们所说的罪行中的"识别标志"（signature）。从这一点出发，我们可以补充他性格的其他部分，预测他在犯罪后可辨识的行为。

对于每个案件和每位受害人，了解这一点对于我们十分重要，但这项活动也是对精神最大的折磨。

警察和警探面对的是暴力带来的后果，这让人十分难受，但如果你干这一行的时间够长，你多少能够习惯。事实上，在我们执法部门中，许多人担心我们身边的暴力行为太多了，会让公众都将其视为理所当然。

但与我们打交道的罪犯并非将杀人作为最终目标，就像武装抢劫犯那样，他们杀人、强奸、虐待，因为他们很享受，因为这给他们带来了满足感和掌控感，在他们落魄、潦倒、懦弱的生活中，这种感觉太缺乏了。他们许多人十分享受自己做的事情，因此只想抓住每次机会，再次体验这种感觉。在加利福尼亚州，劳伦斯·比泰克（Lawrence Bittaker）和罗伊·诺里斯（Roy Norris）会录制录音带，回味他们在经过特殊改装的面包车后面性虐待和谋杀十几岁女孩时的情景，他们给这辆车起名"杀人麦克"（Murder Mac）。还是在加利福尼亚州，伦纳德·莱克（Leonard Lake）和同伙查尔斯·额（Charles Ng）绑架年轻女性之后，会录制她们被监禁时剥掉衣服、遭受心理虐待的影像，一边还用画外音品头论足。

我很想说，这些只是孤例，或者仅限于加利福尼亚州的色情变态狂。但我见过太多这些东西，我的同事也见过太多了，所以我们没法这么说。而且，"实时"听到或看到的暴力和我们所面对的一切同样难以忍受。

这些年，为我的小组评估和聘任新人是我的责任，因此我提出了一套我希望心理侧写师所具备的素质。

首先需要过硬的学术背景，其中，心理学和组织犯罪学是最重要的。但我意识到，学位和学术知识没有经验和一些主观素养重要。我们在弗吉尼亚大学和武装部队病理研究所有很好的项目，可以填补这些教育上的空白。

我开始寻找具有"合适的大脑"、能够创造性思考的人。联邦调查局和普通执法机构中有许多职位，那些工程师和会计型人才能做到最好，而在心理侧写和调查分析这一行，这类人才可能会遇到困难。

与《沉默的羔羊》（*The Silence of the Lambs*）这类故事给人留下的印象相反，我们并不直接从联邦调查局学院招人。自从我们的第一本书《心理神探》（*Mindhunter*）出版后，我收到许多年轻人的来信，说想要在联邦调查局学习行为科学，加入匡提科的心理侧写小组。但事情并不是这样的。首先，你得被联邦调查局录取。然后，你要在实地证明你是一流的、具有创造力的探员，之后我们会把你招进匡提科。接着，你要接受两年高强度的专门训练，最终才能成为这个小组合格的一员。

一个好的心理侧写师首先必须在调查中具备想象力和创造力。此人必须敢于冒险，同时还要维持同事和执法人员的尊重和信任。我们希望候选人具有领导力，不等全体达成共识就能提出自己的意见，在团队中具有说服力，又能机智老练地让错误的调查重回正轨。基于这些原因，他们必须既能独立工作，又能与团队合作。

一旦我们选定，此人就会跟着小组里的老手一起工作，就像律师事务所的年轻人与资深合伙人一起工作一样。如果他们缺乏现场经验，我们会把他们送到纽约警察局，与那里最好的凶杀案警探一起查案。如果他们需要进行更多的死亡调查，我们有全国知名的咨询师，比如华盛顿特区受人尊敬的前法医詹姆斯·卢克（James Luke）博士。在进入匡提科之前，许多我们的人——可能大部分都经历过——都会在一线办公室担任心理侧写协调员，从而与各州和地方警察局、县警署建立稳固的关系。

判断力，是成为优秀心理侧写师所必需的关键素质。这种判断力并非主要以对事实和数字的分析为基础，而是基于本能。这种素质很难去定义它，但就像波特·斯图尔特（Potter Stewart）大法官形容淫秽制品所说的那样，当我们看到时，我们就知道。

1993年在圣迭戈，拉里·安克罗姆（Larry Ankrom）和我曾在审判小克莱奥普斯·普林斯（Cleophus Prince, Jr）时出庭作证。普林斯被控在9个月时间内，谋杀了6名年轻女性。关于这一案件，我们下一章会讲到更多的细节。在预审听证时，为了判断能否采信我们基于每项罪行"独特之处"的关联的证词，辩方律师问我是否有数字化的标尺来衡量所谓的独特性。换言之，我是否能够给我们做的事情标上一个数值。当然，答案是没有。太多太多的因素汇总到我们的评估中，最终，是分析师单独给出的判断，而非客观的尺度或测试。

同样，在得克萨斯州韦科某教派总部那场悲剧发生后，各联邦执法机构都有不少反省、懊悔和自我批评，都在想当时应该怎样做才对。华盛顿司法部开了这么一场会议之后，司法部部长珍妮特·雷诺（Janet Reno）要求我让我的小组整理一张清单，列出所有僵局的情形，并给每种情形赋予一个成功的概率。

雷诺女士是一个非常聪明和敏感的人，她希望为下一次未知危机提前做好准备，而不用以纯粹被动的方式进行回应。我对此表示赞赏。但是，虽然我可能被认为不服从命令，但我告诉她，我不愿这么做。

我解释说："如果我告诉你，一种战术在一个特定的劫持情况下有85%的成功概率，而其他的方式只有25%或者30%的概率成功，你就会面临巨大的压力，要采用成功率最高的方法。但在那种情况下，我或者其他分析师可能发现有迹象表明，应该采用成功率更低的方法。我们没法用统计数据来证明，但我们的判断告诉我们，这种办法最有可能奏效。如果你想用数字说话，不如让机器来做决定。"

实际上，这是我们工作中经常出现的一个问题：机器不能做我们所做的工作吗？看起来在有足够的案例和经验之后，专业的程序员应该能够建立一种计算机模型。比如，将我的思维过程复制为一个心理侧写器。他们并不是没试过，但至少到今天为止，机器还做不了我们能做的事情，就像即使我们把字典里所有的单词及其在言语中的运用、所有语法规则、所有优秀小说的风格和模式参数都输入电脑，电脑也不可能把这本书写出来。在这个过程中，有太多独立的判断，有太多建立在训练和经验之上的直觉，还有太多人性的细微之处。我们当然可以使用计算机数据库来量化材料和进行检索，我们也是这样做的。但是就像医生做出诊断一样，客观测试也只能走到这么远。机器无法做到这一点，所以我们必须找人来做，找能够平衡客观和直觉的人。

虽然我们能够讲解技术，磨炼技能，但我们没法提供才华。就像天赋异禀的专业运动员一样，才华要么有，要么没有。就像演戏、写作、演奏乐器，或者打棒球，你能教他理念，给他建议，帮助他提高技能。但除非你生来就具有我的作家朋友查尔斯·麦卡里（Charles McCarry）称为"职业棒球大联盟眼光"的东西，否则你就不可能一直在大联盟里打球。你不是专业选手的料。

但是，如果你是我们领域的专家，并且是一个完全正常的体面人（我希望我们都是这样），那么你就不可能在没有使命感、不对暴力犯罪的受害者和他们家人产生深刻而持久的共鸣的情况下，看到我们所看的东西，你也不能像我们一样与受害者家属和幸存者沟通，更不能直面不断实施暴力的强奸犯和杀人狂，他们伤害别人只是为了找乐子。我想要相信救赎，也希望在某些情况下恢复是可能的。但以我作为联邦调查局特别探员25年以及担任行为心理侧写师和犯罪分析师差不多同样长时间的经验来说，在看到所有这些证据、统计和数据时，我不能只想要我想要的真相，而不去管我知道的事实。我的意思是，给被定罪的性驱动型杀手第二次机会，对此我毫无兴趣；我宁愿给无辜的潜在受害者一次也不被伤害的机会。

我认为我们需要的是将制定好的法律落到实处，并在判决、惩罚和假释问题上，要有更多的尝试，要以现实而非感情为基础。我认为，当今社会最需要的是一种对自己所作所为的责任心。以我看到、听到、读到的东西而言，现在已经没人能负责任了，在一个人的生活或者背景中，总能找到原谅他所作所为的理由。人生过往是有代价的，而无论我们每个人过去发生了什么，代价的一部分是我们要对当前的行为负责。

在简要提出这些观点之后，让我在开始时重复一遍几乎所有执法人员都会告诉你的东西：如果你想让我们帮你解决社交问题，那你会大失所望。当问题摆到桌面上时，已经太迟了，伤害已经造成了。我在多次演讲中都说过，许多连环杀手是制造出来的，而不是天生的。如果能意识到问题，并及时干预，许多这样的人就能在为时已晚之前得到帮助，或者至少消除他们的威胁。但如果没有，那我就会花费大量的时间来处理由此带来的结果。

我们是怎样知道这些的？是什么让我们认定，我们了解杀手以其方式行事的原因，所以即使我们不知道他是谁，也可以预测他的行为？

我们认为自己知道杀人犯、强奸犯、纵火犯或者投弹犯的想法，是因为我们是第一个直接从真正的专家——犯罪者自己——那里得到消息的人。我和同事一起做的工作，以及在我之后，匡提科仍在继续进行的工作，基本上是以我和特别探员罗伯特·雷斯勒（Robert Ressler）在20世纪70年代后期开始的一项研究为基础的。在这个过程中，我们来到监狱，和各式各样的连环杀手、强奸犯和暴力罪犯进行了大量且详细的谈话。研究密集地进行了许多年，并且在某种意义上，还在进行［我们与宾夕法尼亚大学安·伯吉斯（Ann Burgess）教授合作，将研究结果汇编成册，最终以《性凶杀：类型与动机》（*Sexual Homicide: Patterns and Motives*）为题出版］。

要行之有效地与这些人打交道，要从他们那儿得到你想要的，你首先必须做好充分的准备，研究所有的案卷，尽可能地全面了解案情，然后你屈尊，把自己降到他们的层次来对付他们。如果你不能准确地知道他们干了些什么、如何干的、怎样接触到受害者、使用什么手段伤害并杀死他们，他们就会欺骗你，从而达到自己的目的。记住，大多数连环罪犯都是操纵他人的高手。如果你不愿屈尊和他们同处一个层次，不愿用他们的眼睛来看事情，他们是不会吐露心声的。这两方面因素都会加剧紧张感。

理查德·斯佩克（Richard Speck）在南芝加哥的城中住宅内杀害了8名学生护士。当我在伊利诺州乔利埃特的监狱和他面谈时，从他嘴里什么也没得到。最终我放下联邦调查局外派员的身份，对他破口大骂，说他把"8个好姑娘从我们身边带走了"。

那一刻，他摇了摇头，笑了，转向我们说道："你们这些家伙都是疯子。把你们和我分开，真好。"

以我对受害者和他们家庭的感受来说，扮演这样的角色非常痛苦且困难。但这是必要的。自从我对斯佩克这么做之后，我开始进入他大男子主义的一面，理解他的思维方式，了解到是什么让他在1966年的晚上从简单的入室盗窃升级为强奸和大规模杀人。

人称"山姆之子"（Son of Sam）的大卫·伯科维茨（David Berkowitz）从1976年7月开始的一年中，在纽约市杀害了6名青年男女。当我来到阿提卡和他面谈时，他仍坚称是邻居家那条老得不能再老的狗让他犯的罪。这个故事经媒体报道，广泛传播。我对案子的具体细节了如指掌，并且对他的作案手法足够了解，因此我确信，他杀人并非由于如此复杂的妄想。我的这种感觉并不是自己胡编乱造出来的，而是因为我们在之前进行和分析的访谈中学到了东西。

所以，当伯科维茨信马由缰地编造有关那条狗的故事时，我对他说："嘿，大卫，别胡诌了。不关狗的事。"

他笑了，很快承认我是对的。这样就开辟出一条通往他作案手法核心的道路，而这正是我最想从他这里了解的。我们也确实了解到了。伯科维茨的反社会人格开始于他当消防员的时候。他告诉我们，他晚上就伺机寻找符合他标准的猎物。大多数情况下，他找不到猎物，于是他回到以前的犯罪现场，通过自慰来再次感受快乐和满足，以及决定另一个人生死的力量，就和比泰克和诺里斯录音、莱克和额录像是一个道理。

埃德·肯珀（Ed Kemper）是一个身高2米多的彪形大汉，他的智商可能是我见过的所有凶手中最高的。我和我们其他人的幸运之处是，我遇到他的地方是位于瓦卡维尔的加利福尼亚州医疗中心里安全的访客房间。肯珀被判多轮终身监禁，在这里服刑。十几岁时，他在加利福尼亚州北部祖父母的农场里杀害了他们，因此被精神病院收容了一段时间。20世纪70年代初，他成年后，在圣克鲁兹加利福尼亚大学附近掀起了一场血雨腥风。至少6名女生被他斩首并分尸,之后他转向自己的母亲克拉内尔(Clarnell),将她残忍杀害。她才是肯珀愤恨的真正目标。

我发现肯珀聪明、敏锐、理解力强。与大多数杀人犯不同,他知道自己不可能被放出去。他提供给我们许多重要的见解,让我们了解到高智商杀手的思维方式。

带着一种在暴力罪犯中实属罕见的洞察力,他向我解释说,他杀人之后分尸,并不是有什么性癖好,仅仅是为了拖延尸体辨认的时间,让调查人员难以追踪他。

从其他"专家"那里,我们还得到了其他有价值的信息和见解,在后来制定抓捕未知作案者的策略中,这些细节发挥了巨大的作用。例如,杀手会重返犯罪现场,这是老生常谈,但在许多情况下,这种说法是对的,虽然原因不一定是我们所认为的那样。的确,在特定的情形下,具有特定人格的凶手会后悔,从而返回犯罪现场或来到受害者的墓前乞求原谅。如果我们认为面对的是这种作案者,就能够制订我们的行动计划。有些凶手回去的原因却不同,他们对罪行感到的不是后悔,而是愉悦。知道这一点也能帮助我们抓住凶手。有些凶手会亲身参与调查,与警察闲聊,或者作为目击者站出来,从而让自己了解调查情况。1981年,在侦办亚特兰大儿童谋杀案时,我凭借看到的情况断定,作案者会与警方接触,并提供帮助。韦恩·威廉姆斯(Wayne Williams)把最后一名受害者的尸体抛入查特胡奇河(我们预料到他会这样做)后被捕,我们后来了解到,这个作案者的确以犯罪现场摄影师的身份向调查人员提供了协助。

还有一些我们采访过的人说,他们会带上同伴,来到作案区域,同伴通常会是个女性,然后找一个借口离开,时间足够长,从而真正重返现场。一个凶手告诉我们,他有时会带上女朋友去露营,然后找借口说要进树林解手离开她。这时,他就会回到抛尸现场。

23

在监狱里的访谈帮助我们了解连环杀手和强奸犯的各种动机和行为。但是我们也看到一些惊人的共同点。他们大多数都有一个破碎或者失常的家庭。他们一般都经受过某种虐待，可能是身体虐待、性虐待、心理虐待，还可能是各种虐待掺杂在一起。在他们很小的时候，我们就能看到所谓的"杀人三角"或"杀人三元素"的苗头。三元素包括在非正常年龄遗尿——或者称为尿床，放火，以及残忍地对待小动物或其他孩子。我们发现，这三个特征即使不是全部出现，也至少会出现两个。当我们第一次看到他犯下严重的罪行时，他已经20多岁了。他不够自信，因为自己的遭遇而埋怨整个世界。他有一系列案底，无论是否被当场抓住。这些罪行可能是非法入侵，可能是强奸或者强奸未遂。你会看到他被开除过军籍，因为这类人在面对任何类型的权威时，都存在很大问题。穷尽一生，他们都认为自己是受害者，被操纵、支配、控制。但是，就在这一种情况下，这个无能软弱的无名鼠辈，受到幻想的刺激，却能操纵和控制自己的受害者；他能够掌控局势。他能决定对受害者所做的一切。他能决定受害者的生死，以及如何去死。一切都由他决定。他终于做了一回主。

　　了解连环杀手相同的背景，对掌握他们的动机非常重要。1969年的一个晚上，查尔斯·曼森（Charles Manson）指示他的追随者，在洛杉矶杀害了莎朗·泰特（Sharon Tate）和她的朋友，又在第二天夜里杀害了雷诺（Leno）和罗斯玛丽·拉比安卡（Rosemary LaBianca）夫妇。我们在圣昆丁州立监狱与曼森进行了数小时的访谈，最终得出结论，促使他这样做的动机并不像大众广泛认为的那样是"混乱不堪"的末日血欲。曼森是一个16岁妓女的私生子，在姨母姨父家长大。姨母是一个狂热的宗教信徒，而姨父则虐待成性。曼森10岁就流落街头，在这之后，进出监狱是家常便饭。和我们每个人一样，他渴望名，渴望利，渴望认同。他梦想成为一名摇滚歌星。这个愿望没能实现，但他把自己打造成精神导师，让信众为他提供食物、栖身之所和毒品，这样他就能像搭便车一样度过这一生。他的"家庭"成员都是适应不了社会的人和拒绝传统社会的中产阶级，他可以肆意操纵、支配、控制他们。为了让这些人一直跟随自己而不失去兴趣，曼森鼓吹末日说，宣扬会爆发一场阶级和种族的终极战争，而只有他一个人能够赢得胜利。他用披头士的歌曲《混乱不堪》（Helter Skelter）来指代这场战争。

直到 1969 年 8 月 9 日之前，查尔斯一切都还好。这天，曼森的追随者和即将篡夺领导权的查尔斯·"泰克斯"·沃森（Charles "Tex" Watson），闯进了电影导演罗曼·波兰斯基（Roman Polanski）和他怀有 8 个月身孕的妻子电影明星莎朗·泰特（Sharon Tate）在比弗利山庄的家。在残忍地杀害了 5 个人之后（当时波兰斯基没在家），曼森意识到他必须把局面控制住，让这些杀戮看起来像是他启动了"混乱不堪"，同时必须让他的"家庭"再度杀戮，否则他就会丧失信誉，将领导权拱手让与沃森。这样，他搭便车的生活也就结束了。在曼森的案子中，暴力并非出现在他的操纵、支配、控制开始时，而是在他要失去控制时。

我们从曼森身上了解到的东西并不意味着他不像我们认为的那样是一个怪物，那只意味着，他是另一种怪物而已。了解这些差异让我们能够洞悉他的犯罪类型，以及他的人格"魅力"——这一点也同样重要。

从我们的采访和研究中，我们得出了许多观察结果，提升了我们分析犯罪和预测犯罪行为的能力。传统上，调查人员十分重视作案者的作案手法（modus operandi），即作案者实施犯罪的方法，是用刀还是用枪，或者作案者是如何绑架受害者的。

1989 年，西奥多·"泰德"·邦迪（Theodore "Ted" Bundy）在斯塔克的佛罗里达州立监狱的电椅上被执行死刑，我的同事比尔·哈格迈尔（Bill Hagmaier）就在不远处。邦迪长得很英俊，有头脑，有魅力，周围的很多人都喜欢他，是个约会的"好对象"。连环杀手并非长得都像怪物，他就是绝佳的例子。他们混迹在我们当中。邦迪是美国历史上最臭名昭著的连环杀手之一，从西雅图到塔拉哈西，一路绑架、强奸、杀害年轻妇女。他想出一套诡计，把手臂绑上悬带，打上可拆卸的石膏，装出一副残疾的样子。然后，他会向他的目标受害者寻求帮助，移动某个很沉的东西。当受害者放下戒备，他就会重击她。小说家托马斯·哈里斯（Thomas Harris）就以这种作案手法为基础，创造了《沉默的羔羊》中"野牛比尔"这一角色。

该角色另外的特征则来自其他连环杀手。哈里斯在写前一部小说《红龙》（Red Dragon）之前，曾到匡提科拜访我们。野牛比尔把他受害者锁在地下室挖的一个坑里。在现实生活中，加里·海德尼克（Gary Heidnick）在费城绑架了女性之后就这样做。野牛比尔喜欢用女性的皮肤给自己制作女性"服装"，这一点则来自埃德·盖恩（Ed Gein），他是20世纪50年代威斯康星州的农业小镇平原镇上的杀手。

这里需要注意的是，使用石膏和悬带绑架妇女是一种作案手法，但杀害妇女然后剥皮却不是。我用来形容这种方式的术语是："识别标志"，因为这就像签名一样，是这个人独有的细节。作案手法是犯罪者实行犯罪所做出的行为，而识别标志在某种意义上，是他这样做的原因，也是让他在情感上感到满足的东西。有时候，作案手法和识别标志之间可能存在清晰的界限，这取决于犯罪的原因。在野牛比尔身上综合的3个方面中，石膏绝对是作案手法，剥皮是识别标志，而挖坑则兼而有之，取决于当时的情况。如果他把"猎物"关在坑里是为了囚禁和控制她们，那么我会把这一点列为作案手法。如果把"猎物"关在那儿，看到她们遭受侮辱并在恐惧中苦苦哀求，他从中获得某种情感上的满足，那这就属于识别标志。

我发现，在研究连环犯罪者的行为时，识别标志比作案手法可靠得多。其中的原因是，识别标志是静态的，而作案手法则是动态的，也就是说，犯罪者的作案手法会随着他犯罪生涯的发展和自身经验的积累而发生变化。如果他找到了更好的办法来绑架受害者或者运输、处理尸体，他就会这样做。不变的是他一开始犯罪的情感原因。

很明显，在平常犯罪中，比如抢银行，作案手法是唯一的关键点。警察希望知道罪犯是如何成功地实施犯罪的。他犯罪的原因显而易见：他需要钱。但在一场出于性原因的连环犯罪中——实际上，在某种意义上，所有连环犯罪都与性有关——识别标志的分析可能才是关键，尤其是这种分析能够串联起一系列罪行。

斯蒂芬·彭内尔（Steven Pennell），即特拉华州的"40号公路杀手"，将妓女引诱到他特别改装过的面包车中，在里面强奸、虐待她们，最终杀害她们。他把女性引诱到车上的方法各不相同，这是他的作案手法。但一成不变的是虐待，这就是他的识别标志，也是在审判他时我出庭作证的东西。他从中获得情感上的满足。辩护律师可能会声称，不同的案件之间并无关联，并非出自同一作案者，因为使用的工具或虐待方法可能有所不同。但这都是微不足道的。重要的是虐待本身，并且虐待一直保持不变。

最后还要注意一点：你可能已经注意到，当我提到连环杀手时，总是用"他"来称呼这些人。这并不只是一种形式，或是为了行文的方便。而是基本上多重凶手都是男性，其原因我们并不完全清楚。关于这一点，有许多研究和猜测。一部分原因可能仅仅是具有高水平睾酮的人（男性）比具有低水平睾酮的人（女性）更具有攻击性。从心理学的角度来看，我们的研究似乎表明，**有受虐待背景的男性，常常具有敌视和虐待他人的经历，但具有相似背景的女性，则往往把愤怒和虐待内在化，惩罚自己而不是别人。**男人可以把谋杀、伤害、强奸他人作为应对自己愤怒的方式，而女人的应对方式伤害的可能是自己，如吸毒、酗酒、卖淫或者自杀。女性单独进行性犯罪的案子，我一个也想不出来。

这一普遍规律只有一个例外。在一个地方我们偶尔会看到女性实施多重谋杀，这就是在医院或者护理中心。女性很少用枪或者刀来反复实施谋杀。但偶尔她们会使用"干净"的武器，比如药品。这种案

27

子要么属于"同情杀人",要么属于"英雄杀人"。同情杀人是指凶手认为自己是把别人从巨大的痛苦中解脱出来,而英雄杀人是指在给受害者带来痛苦的过程中,不小心致其死亡,这样犯罪者就能让他重生,因此犯罪者自称英雄。当然,我们也为母亲杀害孩子的案子所震惊,比如南卡罗来纳州的苏珊·史密斯(Susan Smith),她的案子被报道得很多。极不正常的犯罪通常都会有一套特殊的动机,我们将在后面介绍。但在大多数情况下,连环杀手或暴力惯犯的心理侧写都以"男性"开头。如果没有他们,我和我的同事都会很高兴地失业。

但除非这真的发生——人类几千年的历史表明,这一天不会很快来临——否则我们当中总得有人继续向黑暗进发,朝着凶手阴森的心理和受害者黯淡的命运进发。

我的故事就先讲到这里。

CHAPTER II
第二章

THE MOTIVE BEHIND THE MURDER
凶案背后的动机——了解凶手为什么作案

我经常说，我们在分析凶案时做的工作，以及随便一名优秀的凶杀案探员所做的，非常类似于一名好演员在准备角色时所做的工作。我们都会来到现场，对于演员来说，是话剧或者电影剧本里的场景，而我们则是凶案现场。我们观察表面上的东西，也就是剧本里角色之间的对话或者暴力犯罪的证据，然后我们努力弄清楚这些东西告诉我们什么。也就是说，场景里的主要角色之间到底发生了什么。演员把这叫作"潜台词"，他们会告诉你，在演出一个场景之前，他们自己必须先知道的是：角色想要什么？为什么他会说这样的话，采取这样的行动？

动机是什么？

动机是犯罪调查分析中最棘手也是最关键的问题。除非你能找出凶案发生的原因，否则对于作案者的行为和个性，就很难得出有意义的结论。即使你抓住了作案者，要成功起诉也是困难重重。这就是"汉克"·威廉姆斯在塞德利·阿利的案子中面临的情况，也是他把我找来的原因。银行抢劫案的动机和其相关的因素，比如识别标志，都很明显：犯罪者想要钱，但不想通过合法的手段获得。但是，如果说你在调查的案件是一起非法入侵案，公寓的住户被强奸后杀害，那么这个案子的首要动机是入室盗窃、性侵，还是谋杀？无论是哪种情况，受害者都已经死了，但对于我们要弄清楚凶手是谁来说，差别却非常大。

1982年秋，我们接到中西部一家警察局的电话，他们正在调查一名25岁女性被强奸杀害的案子。凶案发生在她和丈夫居住公寓的起居室，他们在这儿已经住了6个月。丈夫回到家，发现家里被洗劫一空，这让警察怀疑，案子的首要动机是入室盗窃，而强奸和谋杀只是临时起意。

现场照片拍得很好，很完整。受害者被发现时脸朝上，躺在起居室的地板上，裙子被拉到腰部附近，内裤被扯到膝盖位置。虽然房间很乱，但没有打斗的痕迹，尸体上也没有防御性伤口。凶器是受害者和她丈夫的一把锤子。凶器扔在厨房的水槽里，看起来作案者在这里冲洗上面的血迹。丈夫报告说，妻子的一些首饰被偷走了。

有趣的是，法医的报告中并没有发现明显的性侵证据，受害者体内或者衣服上也没有精液的痕迹，这与现场的情形形成反差。然而，酒精浓度检测发现，她在被袭击前喝了酒。这时我说："这就对了！"这案子是被设计成这样的，一个毫无经验的人以为强奸杀人的现场就应该是这样。

警探很吃惊，我告诉他，我很确定他已经询问过凶手，而且动机不是入室盗窃，甚至不是性侵。

我认为事情是这样的：

受害者和罪犯在她的公寓里喝酒。他们吵了起来，很可能是提起以前就吵过很多次的事情。矛盾激化到罪犯无法忍受的地步。他抓起身边最近的一件武器，正好是厨房里的锤子，回到起居室，愤怒地把锤子砸向受害者的头和脸，他砸了许多下，直到她倒下。罪犯意识到他一定会成为嫌疑对象，于是冲到厨房的水池前，把手上的血和锤子把手上的血手印洗掉。然后回到死去的受害者身边，把她翻了个身，让她脸朝上，拉起裙子，扯下内裤，摆出像是被性侵的样子。然后，他洗劫了抽屉，这样看起来闯入者像是来找钱或者贵重物品的。

说到这儿，警探说道："你的意思是她丈夫干的。"

我教他如何审问这名丈夫。我说，在测谎时，关键是要强调警方已经知道他手上沾了血，而且试图洗掉血迹证据，但没有成功。

几天后，受害者的丈夫接受了测谎，没有通过，他对测谎师承认了罪行。

有时，你面对的动机应该很明显，但总感觉缺了点什么。1981年1月27日下午，在伊利诺伊州洛克福德发生的事件就是这样。

下午1点左右，有人走进弗雷德杂货店，枪杀了杂货店老板——55岁的威利·弗雷德（Willie Fredd），以及一名店员——弗雷德的侄子阿尔伯特·皮尔森（Albert Pearson），20岁。现场没有目击者。

弗雷德被发现时头朝下，躺在柜台后面的地板上。警探们认为，他被射杀时正站在柜台后面。射杀他的是点三八口径的子弹，一枪击中脖子，一枪打中脾脏。年轻的受害者想从双开门跑到外面，但只跑了一半。他被射了3次，是同一种武器，很明显，当时他面对凶手，正在往后退。奇怪的是，没有证据表明店里丢失了贵重物品。需要指出的是，弗雷德和皮尔森都是黑人。

第二天早上8点45分左右，一名男性来到洛克福德克拉克石油公司"超级100"加油站加油,在加油站的供给仓库中发现了服务员的尸体。受害者是一名18岁的白人男性,名叫凯文·凯泽(Kevin Kaiser)。他靠着墙,被一把点三八口径的枪射了5次之后倒地。后来弹道测试表明,这不是前一天在杂货店射杀了那两个人的武器。四颗子弹穿透了他的胸部,第五颗打进他的右脸,从脖子左侧穿出,很明显是近距离射击。子弹进出的地方都没有流血,说明在这之前心脏已经停止跳动了。这名年轻的受害者在最后一枪打出之前就已经死了。

至于受害者特征,认识凯文的人都说他好,说他工作努力,是个"很好的孩子"。和前一天发生的案件一样,似乎没有贵重物品丢失。但是,在这一地区有一个人可能是嫌疑人:黑人男性,20多岁,不到30岁,中等身材,短发,留着胡须。

1月28日早上7点刚过,一对夫妻来到洛克福德"轻松出行"加油站,发现服务员在加油站仓库里,脸朝上,躺在血泊中。他们发现加油站在工作时间似乎无人值守,于是想在仓库找人出来。这次的受害者是肯尼·福斯特(Kenny Foust),一名35岁的白人男性,他被开了两枪,一颗子弹从左脸进入,穿过大脑,另一颗则是在他倒地之后,从脖子右侧穿到左侧。两位顾客马上叫了救护车,他们到达时福斯特还活着。但他被送到洛克福德纪念医院不久后就死了,其间没有恢复意识。加油站被抢了150美元。没有目击者,弹道测试表明,杀害肯尼·福斯特的枪就是杀害威利·弗雷德和阿尔伯特·皮尔森的那把,这是这三起案件出现的第一个真正的关联。洛克福德警方立刻成立了重案调查组。

4天后,2月2日下午,有人走进威斯康星州伯洛伊特市的睿侠商店,射杀了21岁的店长理查德·博埃克(Richard Boeck)和26岁的男性顾客唐纳德·雷恩斯(Donald Rains)。后来,另一名顾客发现他们挨着躺在店铺后面附近的地板上。两人的头部和胸部受到多次枪击,但警探没有发现挣扎的痕迹。店里似乎丢失了一些钱,但不确定丢失了多少。伯洛伊特紧靠威斯康星州南部边界，在洛克福德以北差不多30千米。

有3个目击者声称在枪击前看到有男性在附近活动。其中一个看到的是一名黑人男性，与洛克福德第二起枪击案中发现的男性描述相似。目击者的证词和情况的相似性表明，最后这起案件可能与前3起中的一起或多起有关。因此，这是一系列跨州案件，也就意味着联邦调查局可以介入。在这起案件之后，我接到了联邦调查局伊利诺伊州办公室打来的电话，便立刻参与进来。

问题在于，这系列案子难以相互关联。武器有多种，受害者有黑人、白人，各种年纪，案件看起来像持械抢劫，但几乎又没有贵重物品被抢。这个人到底是谁？为什么要这样做？

我查看了警方报告、案发现场照片和尸检报告，越发觉得这不是一系列持械抢劫案走了火，而更像是某种类型的连环杀人案。我还没弄明白凶手真正的动机是什么，但杀人的风格很一致，我把它归为刺杀型。看起来，没一个受害人有机会抵抗，射击的次数和严重程度都远超为实施抢劫而制服他们所必需。也就是说，杀人并不只是作案手法。

杀戮有条不紊，循序渐进，但讲不通。你会认为这是狂欢杀人，而非连环案件。没有贵重物品被盗，凶案也没有性的因素。没有证据表明作案者认识这些受害者，所以不大可能是复仇。恰恰相反，这些受害者彼此之间似乎没有任何相似之处。

你基于犯罪情景分析了动机，发现说不通，然后把一切"有逻辑"的解释都过了一遍，发现没有一个解释说得通，那么你就应该往精神病这方面考虑。所有罪行都有动机，所有罪行都能用某种逻辑解释，只是这可能是一种纯粹内在的逻辑，与"客观"逻辑毫无关系。

这让我想到，作案者很可能是个偏执狂，产生了幻觉，但身体机能还正常。我认为他使用不止一种武器也证明了这一点。他只用一种弹药，很熟悉点三八口径的子弹，并且运用自如。但他的枪不止一把。我敢打赌他还有更多的枪。偏执狂总嫌枪少。

要完成这一连环案件，他必须能够从 A 地到达 B 地，这意味着他必须会驾车，也就是说他很可能有驾照，这又说明他的日常生活有一定的水平，并且他有一份工作，即使是一份底层的工作。他能与周围的人产生互动，但周围的人会觉得他"很奇怪"。

跨区域发生的连环案件中，我们会把注意力集中在第一起案件上，因为这对于我们最有意义。在连环谋杀案中，凶手一般和受害者属于同一种族。假设这 4 起案件是相关的，那情况就是，最开始的两个受害者是黑人，后来所有的受害者都是白人。凶手开始作案时，一定是他感到最舒适的地方。因此，我认为作案者是黑人，所以他很可能符合两名目击者的描述。出于同样的原因，我觉得他应该住在离弗雷德杂货店相对较近的地方。他应该能找到借口出现在那附近。

我们的数据表明，偏执型人格和偏执型精神分裂一般出现在 25 岁左右。刺杀型手法一般也出现在这个年龄。所以我推断凶手在 25 岁以上，不到 30 岁。

我认为这种类型的凶手在夜间和黑暗中会感觉更自在。第一起案件，我认定发生在他家附近，作案时间是在下午。但后面两起案件都发生在深夜或者凌晨时分。直到第四起案件，他才鼓足勇气在白天出门行凶。基于同样的原因，我认为他开着一辆深色轿车，喜欢深色衣服。他需要有一只"烈性犬"来保护他，要么是德国牧羊犬，要么是杜宾犬，他甚至可能有两只。如果今天让我来做这份心理侧写，我很可能会说是时下流行的斗牛犬。但当时只会是德牧或者杜宾。他有警用犬，可能也会用警用无线电接收机。

他应该有案底。我不认为其中涉及凶杀，但会有袭击行为，不服从权威人士，可能进过少管所。他在每一起案件中的杀人方式说明，这是一个对所有事情都"补偿过度"的人。

警方将目击者描述四处分发，最终找到一个住在汽车旅馆的男人，距离杂货店两个街区。在他的房间里找到了那个杂货店出售的香烟。

此人名叫雷蒙德·李·斯图尔特（Raymond Lee Stewart），但当警方确认他的身份时，他已经逃走了。联邦调查局探员以"为避免因持械抢劫被诉而非法逃逸"的罪名申请到搜查令，最终于2月21日在北卡罗来纳州格林斯博罗将雷蒙德·李·斯图尔特逮捕。他是一名黑人男性，29岁，身高168厘米。他在搬到北卡罗来纳州以前就住在洛克福德，他回去是因为他非婚生的孩子即将出生。他住在离弗雷德杂货店两个街区外的汽车酒店。因为害怕在汽车酒店被骚扰、打扰或者袭击，他用假名登记入住。

2月4日，在伯洛伊特市睿侠商店行凶后两天，斯图尔特回到北卡罗来纳州。他的深色老旧汽车拖着一辆U-Haul搬家卡车租赁公司的挂车，里面放着他的大部分物品。探员靠近斯图尔特的车和挂车时，看到他有两条杜宾犬，就拴在附近。在拿到挂车和他表兄家的搜查令后——他住在表兄家——调查人员找到了一把点三八口径的罗姆RG31左轮手枪、一把点三八口径的史密夫韦森M60左轮手枪、一些弹药和一个警用无线接收机。他有一系列持械抢劫自助加油站的案底。

斯图尔特被控犯下多起谋杀案，4起在伊利诺伊州，2起在威斯康星州，但最后他只受审两次，一次是因为持械抢劫和谋杀威利·弗雷德及拉尔伯特·皮尔森，另一次是因为杀害凯文·凯泽。庭审时，斯图尔特表现得十分愤怒，对体制和受害者充满了蔑视和不屑。伊利诺伊州温纳贝戈县法庭宣判他重罪谋杀罪名成立，判处死刑。后来他声称他的谋杀罪行由种族仇恨所激发，说他小时候曾受过虐待，因此应该得到赦免。

1996年9月18日，斯图尔特在斯普林菲尔德州立监狱被执行注射死刑。他的遗言是："希望你们所有人因此都能回归平静。希望我的受害人家属都能回归平静。"

将识别标志作为一个独立且不同的元素，从作案手法中分离出来，能够帮助阐明有关动机的关键性问题。在1990年1月至9月，圣迭戈有6起女性被杀案，正是动机和识别标志将这6起案件串联了起来。俄亥俄州凯霍加县前检察官蒂姆·麦金蒂（Tim McGinty）——现在是克利夫兰的法官——几年前曾与我一起侦破过罗尼·谢尔顿（Ronnie Shelton）连环强奸案，把我推荐给了圣迭戈警察局。案子来到我们小组时，被分配给了拉里·安克罗姆，他负责国内这片区域。

我们接手案子时，已经发生了3起谋杀案，全都发生在克莱尔蒙特区域的布埃纳维斯塔花园公寓。第一个受害者是圣迭戈州立大学的学生蒂凡尼·舒尔茨（Tiffany Schultz），21岁。发现她尸体的男性友人作为嫌疑人被逮捕，但很快就被释放。不久，又有两名受害者：珍妮·温霍尔德（Janene Weinhold）和霍利·塔尔（Holly Tarr）。

大白天在这样的环境里袭击女性风险非常高，因此我们认为作案者对环境十分熟悉。暴力罪犯通常从他们感觉最舒适的地方和家里开始作案。这就是连环案件中第一起案件如此重要的原因。我们还认为，他在过去曾经接近过其他女性。这些行为是他后来暴力犯罪的一种热身，当时看起来可能没什么害处，但最终无法满足他了。

在攻击蒂凡尼·舒尔茨之前，犯罪者的生活中可能出现了严重的危机，成为他犯罪的导火索。他带着愤怒来到每个案发地点。我们可以合理地推断，他要让一名女性，或者说所有女性，为自己的问题负责，这就是他处理愤怒的方式。他应该有过很多次和女性失败的恋爱关系，其中大多数关系中他都出现过周期性的暴力或虐待行为。他可能从一个或多个受害者那里拿走了珠宝之类的个人物品，然后转交给和他谈恋爱的女人，但没有告诉她这些东西的来源。

我们相信罪犯能够胜任某些工作，但因为他脾气坏且缺乏人际交往技巧，这不可能是一份高级的工作，他的工作经历会有污点。他是个失败者，和周围的人也处不来，宁愿一个人待着，经常与权威人士发生冲突。他能够轻易地与一个能为他提供经济支持的人建立起依赖关系，而和此人的矛盾可能激发了他这一连环杀人案。

与许多罪犯一样，他第一次杀人之后，行为会发生变化，周围的人能够注意到。这些变化可能包括更加依赖酒精或毒品、睡眠或进食习惯的改变、体重下降、焦虑、更渴望与他人交往等。他也会密切地跟踪案件调查的新闻。我们告诉警方，在寻找这个凶手的过程中，如果把他的特征公布出来，民众可以发挥很大的作用，而且很明显，至少有一个与他足够亲近的人已经觉察到他干了什么。

霍利·塔尔于4月被害。她来自密歇根州奥克莫斯，是一个很有前途的演员。她利用春假来这里探望她住在布埃纳维斯塔花园公寓的兄弟。案件发生后，作案者差点被捕。多个目击者称，在外面看到一名拿着匕首的男子，用T恤蒙着脸。他们唯一能提供的描述是，他的皮肤好像是深色的，比平均身高矮。在逃跑过程中，他撞倒了一名维修员，该维修员当时接到另一位租户的报告，称听到有"惨叫声"，因此正在赶往现场。维修员在卧室里发现了霍利·塔尔，她的身上盖着一条沾满鲜血的毛巾。

此时，媒体都把他称作"克莱尔蒙特杀手"。

我们预计这可能意味着将有一段冷静期，在这期间他会保持低调，放松紧绷的神经。我们预测，他在这所公寓内的活动就此结束。他甚至可能以工作或走亲访友为借口，搬到另一个城市。但是他不太可能完全停下来。这些人大多不会有"职业倦怠"。

他的确再次出现了。差不多两个月之后，出现在另一个地点，但仍然是在他觉得舒适的地区，同样是在一栋公寓楼里。这期间一直没有类似的案件发生，直到9月中旬两名女性帕梅拉·克拉克（Pamela Clark）和她18岁的女儿安珀（Amber）在大学城附近的一所房子里被杀害。虽然此次的受害者是一对母女，但帕梅拉·克拉克长得很年轻，很有魅力。6名受害者的外形特征都属于同一种类型，在照片里，安珀看起来与之前的受害者珍妮·温霍尔德极为相似。

圣迭戈警方展开了该市历史上最大规模的搜寻行动,在长达13个月的时间里紧锣密鼓地工作,为的就是找到他们确定的凶手,为这6起惨无人道的凶案负责。

他们在1991年2月初取得了突破。格若尔琳德·温威尔罗斯(Geralynd Venverloth)从家庭健康中心健身房回到家,正准备洗澡,就听到有人在转她房间的门把手。她从猫眼看到一名黑人男性试图把门打开。她把门闩锁上,这个人便跑了。但是几天之后的一个早晨,温威尔罗斯看到这个男人开车送她同事查拉·刘易斯(Charla Lewis)来上班。

此人名叫小克莱奥普斯·普林斯(Cleophus Prince, Jr.)。警方在健身房外蹲守,最终将他逮捕,并以入室盗窃的罪名指控他。警方在普林斯1982年的雪佛兰骑士汽车的地板上发现了多把匕首。但因为缺少证据,警方不得不同意其保释申请。但他们拿到了血液和唾液样本,并送往马里兰州塞尔马检测中心进行DNA比对。3周后,比对结果出来了,其中一份与珍妮·温霍尔德的袭击者匹配。

警察来到查拉·刘易斯的公寓,普林斯就住在这里。公寓就在第四名受害者爱丽莎·凯勒(Elissa Keller)住所的旁边。普林斯已经逃离,并回到他在亚拉巴马州伯明翰的家。但在刘易斯的公寓里,警探找到了一枚黄金猫眼石戒指,与霍利·塔尔父亲在她16岁生日时送给她的戒指一样。戒指的制造商告诉警方,他们只制造了63枚这样的戒指,并没有在加利福尼亚州销售。

1991年3月3日,伯明翰警方逮捕了他。普林斯,23岁,黑人,曾是海军机械员,前3起谋杀案发生时,他就住在布埃纳维斯塔花园公寓。就在圣迭戈警方联系伯明翰警方之前,他因盗窃被捕,刚被保释。在普林斯的住所,警探们找到了另一枚戒指,与爱丽莎·凯勒的十分相似,同时还找到一些鞋子,鞋印与在多个现场找到的鞋印相符。圣迭戈县警署开始调查他与1988年5月戴安娜·丹(Diane Dahn)

被害一案的关系，这起案件还未侦破。亚拉巴马州霍姆伍德警方想要和他谈谈1990年3月23岁的托尼·林姆（Tony Limb）被害一案，该起案件同样尚未侦破。两次案件的特征都与主要罪行中6名女性被刺身亡相同。

案子的关键是，在布埃纳维斯塔花园公寓的第二名受害者，21岁的珍妮的衣服上发现了精液，DNA与从普林斯那里获得的血液和唾液样本相匹配。但是另外5起谋杀案呢？

圣迭戈警方希望我们重新检查这6起案件，看看是否有合理的理由认为是同一个人犯下的案子。好几个人来到匡提科与我们见面，其中有检察官丹·兰伯恩（Dan Lamborn）和伍迪·克拉克（Woody Clark），以及重案组的警长埃德·佩特里克（Ed Petrick）。如果检方可以证明被告犯下了全部6起案件，而不只是谋杀了珍妮·温霍尔德，那么，根据加利福尼亚州法律，罪行的数量和性质将被视为"特殊情况"，这将是一起死刑案。他们不希望这个家伙再被放出去。

我们基于作案手法和识别标志，通盘考虑全部6起案件，而非一开始的3起，最后得出结论，所有谋杀实际上都是相互关联的。

6名受害者都是白人女性。除了帕梅拉·克拉克之外，其他都是深褐色头发，年龄在18岁至21岁。至于作案手法，每起案件中，凶手都是通过没锁的门或者窗户进入室内，凶器都是刀，都发生在受害者的住处，其中4起发生在公寓里，5起案件发生的时间都是午前到午后时分。4起案件中，刀都是碰巧从受害者厨房拿走的。前3名受害者住在同一栋花园公寓的二楼，这说明凶手住在附近，了解这个地方，从而感到舒适。没有强行进入的迹象，6起案件中有5起都没有抢劫发生，虽然第三名、第四名和第五名受害者的首饰被拿走。假设罪犯最初的目的不是简单的抢劫，那么，这一事实便属于识别标志。

我们当然不认为这是简单的抢劫，因为很明显，凶手没有从第一名、第二名和第六名受害者那里拿走东西，而且受害者被刺的刀伤都相对较浅，6名中有5名的伤口非常相似，集中在胸部区域，这表明凶手关注自身的愤怒。但这种愤怒被强烈且不同寻常地压制住了。在这种情况下，没有出现我们经常看到的狂躁。除了刀伤以外，几乎没有其他身体伤害。所有受害者被发现时都是脸朝上，裸露或者部分裸露，凶手没有试图隐藏尸体。

同样重要的是，这一连环案件发生时，圣迭戈附近地区没有其他类似的凶杀案发生，而且在我们的暴力犯罪缉捕计划数据库中，没有发现美国任何地方出现过与这些伤口类型相符的谋杀案。

当然，假设这是一系列连环案，我们必须考虑其中的不同。最后两名受害者，克拉克母女，并不住在公寓里，而是住在独立的房子里。6名受害者中有两名在被害前遭受过性侵。霍利·塔尔只被刺了一次，但最凶残的一个被刺了52刀。不过，我们注意到，现场证据表明，凶手在行凶过程中被打断。大部分受害者都属于低风险人群，但有两个人可以被归入高风险类型。第一名受害者，蒂凡尼·舒尔茨是圣迭戈州立大学英语专业的学生，在被害前不久，她刚开始在圣迭戈夜总会兼职做脱衣舞女。每个受害者被害时的相对风险和每个罪犯在实施犯罪时所承担的相对风险，对于我们确定受害人特征和作案者人格都是有用的指标。

在塔尔一案中，凶手试图清理现场，被害者的尸体上盖了一条毛巾。这也许代表着凶手的识别标志或者作案手法发生了变化，但也可能是他对特定的受害者有不一样的感觉。最有可能的情况是，他在作案过程中被打断。

现在这些看起来像是用统计方法来分析犯罪现场，拉里·安克罗姆所做的这些事情，似乎电脑也能做：得到数字，进行评估。但电脑无法给每个相似之处和不同之处赋予不同的权重。简言之，就是无法用数值来表示每个信息的价值，信息只能通过经验丰富的心理侧写师——比如拉里——的大脑进行恰当的评估。把所有这些加在一起，我们得出结论，6起谋杀由同一名罪犯实施，其动机就是受控的性愤怒，刀伤把这一点表现得很明显。

检察官丹·兰伯恩让我出庭作证。我当时已经想要退休了，我知道，我走了之后，留下来的人才能积累经验和名声。拉里在整个分析过程中起到了关键作用，如果出庭作证能给人留下深刻的印象，可信且权威。我建议由我首先介绍心理侧写的背景信息，由拉里就分析本身作证。兰伯恩和他的搭档里克·克拉比（Rick Clabby）对此无异议。

被告由公设辩护律师洛伦·曼德尔（Loren Mandel）和巴顿·席拉（Barton Sheela）代理。他对我们出庭作证并没有感到紧张，在审前动议时辩称，我们并非心理医生或心理学家，所以我们没有资格对心理问题发表评论，而且关于案件以及案件之间的关联，我们肯定会说不利于被告的证词。换言之，如果陪审团相信我们，认为普林斯犯了其中一起谋杀案，他们就会得出结论，其他5起也是他干的。兰伯恩和克拉比则针锋相对地反驳道，我们的证词实际上给公诉人增加了负担，因为如果陪审团相信我们说的，6起案件都是一人所为，那么要是他们认定其中一起案件不是普林斯犯的，他们就会判定他与6起谋杀案都无关。

最终，在全国法院兴起的心理分析潮流的影响下，法官查尔斯·海斯（Charles Hayes）裁定，我们确实具有超出普通人的常识的专业知识，可以为陪审团提供指导。然而，为了平衡控辩双方的关切，他裁定我们不能在证词中使用"识别标志"一词，因为被告认为这暗示着心理动机。拉里和我都对这一限制感到束手无策，但我们拼尽了全力。

陪审团审议超过9天，最终于1993年7月13日作出判决。他们判定小克莱奥普斯·普林斯犯有全部6起谋杀案和21起入室盗窃案。他们认为存在特别情况，包括抢劫过程中的谋杀和实施多起谋杀，因此他应被判处死刑。第二个月，同一陪审团又审议了一天，最后建议他在圣昆丁的毒气室接受死刑或执行注射死刑。法官海斯于11月6日批准了这一判决。在我们撰写本书时，他仍被关在圣昆丁的死牢中。

1986年，我和别人为《人际暴力期刊》（*Journal of Interpersonal Violence*）合写了一篇题为《性凶杀：一种动机模式》（*Sexual Homicide: A Motivational Model*）的文章。在介绍主题时，我们写道：

"当执法人员无法确定凶案动机时，他们会查看案件中的行为特点。联邦调查局特别探员在开发凶手心理侧写的技术时，发现需要了解凶手的思维方式，从而理解犯罪现场证据和受害者信息。证据和受害者特征能够揭示凶手计划、筹备和后续的行动力。通过这些观察，探员们揭示出凶手的动机，他们会发现，动机十分依赖于凶手心里占主导地位的思维方式。在许多情况下，潜藏的性动机会因此浮出水面，其来源是幻想。"

不幸的是，这种不受控的愤怒和对性支配的需求并非只针对陌生人。在20世纪80年代中期，多伦多一起案件把我叫了去。一名马来西亚大学生德里安娜·亨（Deliana Heng）被发现死在自己公寓的浴室里。她被发现时，头朝下躺在马桶旁边，腿在脚踝处被皮带绑住。脸和头遭到暴打，最后被相机包的皮带勒死。她腰部以下裸露在外，腹部和左腿沾满了血。她遭受了性侵，脖子上戴着的十字架吊坠也丢失了。现场没有强行进入的痕迹，从受害者特征和犯罪现场证据来看，我认定凶手是她认识并且信赖的人。

多伦多警方表示同意。在调查与亨有过接触的人时，警方确定主要嫌疑人是她的一个朋友苏潭波（Tien Poh Su），他是一名健美运动员，在附近的健身房锻炼。问题在于，如何得到足以说服检察官和陪审团的证据。

警方想要的是一份血液样本，但他们不想让这个家伙意识到自己被怀疑了。在没有足够证据的情况下，如果他拒绝提供血样，警方就无法强制进行测试。

加拿大法律在诸如庭审舆论这样的问题上很严格,但警察在搜查和搜集信息方面的自由度是美国警察没有的。比如,美国不能监听牢房,警察也不能伪装成牢友。正因为他们限制较少,多伦多警方创造性地提出了一项先发措施。

他们找到了一名警察,他曾是举重运动员,让他开始频繁光顾嫌疑人运动的健身房。他假装恰巧与苏潭波同时在相邻的器械上锻炼。

他们四目相对,没过多久,两人就友好地打招呼,交流训练技巧和训练习惯。显然,嫌疑人很钦佩这个比他年长的男人的体格和轮廓,羡慕他在每项运动中都能打败自己。苏潭波开始询问他要怎样做才能打造出这样的肌肉。

他说有一份特别的食谱,是根据他的身体和代谢各种营养物质的情况定制的。

苏潭波也想尝试这种食谱,但警察告诉他,自己去找了一名特别的医生,分析了血样,从而找出自己缺乏的营养物质,这样食谱才有用。苏潭波说他也想去找这位医生,但警察告诉他,这是一项新技术,没有纳入监管,所以有些不合法。

警察自告奋勇地说道:"这么说吧。如果你信得过我,我就从他那儿拿一份抽血工具,取了你的血之后交给他。然后我会告诉你他分析出你应该吃什么、摄入什么营养品。"

嫌疑人认为这个主意不错,就不停地提醒警察取血的事情。于是,没过多久,警察拿着抽血工具来到健身房,扎进苏潭波的手指,取走了血样。血样与犯罪现场发现的血迹相符。这样,警方能够申请到搜查令了。他们找到了其他有罪证据,指控该名男子谋杀。

苏潭波已经结婚了,警方了解到,他最近送给妻子一个十字形吊坠,与凶案受害者脖子上丢失的吊坠一样。

检察官让我到多伦多出庭,并提供起诉策略上的咨询。他们认为被告可能会出庭作证。而如果他作证，陪审团会觉得他可信度很高。毕竟，他认识这个女人，而性虐待狂的愤怒和控制欲，是一个很难让人理解的动机。如果他确实要出庭作证，我们知道，必须找到办法对他产生震慑。

这起公诉案件关键性的一份证据就是受害者沾有血迹的内裤。我建议检察官把内裤拿到证人席，强迫他拿着。在几次对嫌疑人成功的审讯中，我发现如果你能让他把注意力放在与凶案相关的物件上，比如受害者的东西、凶器，或者任何对凶手有意义的东西，你就能打败他。1979年，在佐治亚州阿代尔斯维尔，12岁的玛丽·弗朗西斯·斯托纳（Mary Frances Stoner）被害。我们把一块沾血的石头——这就是凶器——放在与本案主要嫌疑人达雷尔·吉恩·德维尔（Darrell Gene Devier）视线成45度角的地方，最终成功让他认罪。他最后被判一级谋杀罪名成立，在凶案发生16年后被执行死刑。

这一策略在这里也起了作用。一接过内裤，苏潭波就明显沮丧起来。他被迫拿着证物的时间越长，他就动摇得越厉害。从那一刻起，他用证词粉饰的体贴和天真就不复存在了，陪审团开始了解他真正的为人。

在休庭期间，我碰巧在走廊上遇到了辩方律师。他对我坦言，他的当事人在证人席上的表现真是丢人。

"你在说什么？"我问道。

他说，陪审团用这样一种不幸的眼光来看他，真是太可惜了，仿佛他在哀叹自己的当事人那天早上的穿着不合适，留下了不好的印象。

"你在开玩笑吗？"我回答道。"这是一个典型的案子。这是一个适应不了社会的人。他走进来，在镜子前面强奸了那个女生，释放出他所有的幻想、愤怒和敌意。而且为了让幻想继续下去，他把十字架挂饰送给了他的妻子，这样他就可以想象对他的妻子做他对被害女生所做的一切。你在为一个典型的杀手辩护。"我说道。

就像在监狱里的访谈一样,如果你对作案者和他的罪行足够了解,你就能很快切入真相。

在我看来,如果苏潭波没有被抓到并定罪,他毫无疑问将成为加拿大下一个连环杀手。

CHAPTER III
第三章

CANDY FROM STRANGERS
陌生人的糖果——让孩子保持警觉

一年春天，我的小女儿劳伦大约 8 岁，我带她到一个在公园里的集市上玩。这里离我们住的地方不远，有冰激凌、热狗、棉花糖、展品、各种供售卖的工艺品，还有给孩子们玩耍的游乐设施，洋溢着节日的氛围。每个人似乎都很开心。

我在人群中从来没有放松过，这也许可以追溯到我当救生员的日子。我一直在寻找"上下起伏的头"，即遇到麻烦的人或者看起来不对劲的事情。当我环顾四周时，我看到了这个人，约莫 170 厘米高，腆着大肚子，戴着眼镜，脖子上挂着一架相机，看孩子们骑着小马。我离他四五米远，从他看这些孩子的眼神中，我敢肯定里面没有他自己的孩子。他看着骑马的孩子，流露出的表情就像是情欲发作了一样。只有这个词能形容他的表情。

我觉得这是一个好机会，可以给劳伦上一堂有用的课。我问她："劳伦，你看到那边那个人了吗？"

"哪个？"

"就在那儿的那个人。你看到了吗？看他看那些孩子的眼神。你看到了吗？这就是我一直跟你说的东西。"

她小声地说："爸爸，小声点！"

我说："不。转过身来看着他。看他在干什么。你看到他盯着从马上下来的小女孩的样子了吗?"

"看到了,爸爸。我看到他了。现在可以小声点了。你真让我尴尬。他会听到我们的话。"

"不,我们要盯着他,劳伦。他在跟着这些孩子。你看到他怎样跟着她们吗?"

于是,我们在公园里跟着他,而他则跟着这些小女孩,偶尔拍几张照片。劳伦开始明白,这个盯着孩子的人居心叵测。我向她解释和警醒的是,这并不是那种会提前计划,然后大胆地从大街上把孩子掳走的人。他不会走上车道,把她从自行车上拽下来。但是,如果她一个人去兜售童子军饼干,或者我让她一个人在万圣节晚上出去要糖吃,然后她去敲了这个人的门,当他发现她没有大人跟着时,那么这种时间和环境就非常适合他。如果我允许这种情况发生,那就意味着我亲手把女儿交给了他。

差不多两年后,我的实景教学得到了回报。劳伦当时一个人走在我们镇上的一条主干道上,发现同一个人跟着她,拍她的照片。对于一个10岁的孩子来说,这个人看起来人畜无害,甚至还有些吸引人,就像一个孤独的可怜虫。但是,因为两年前我们在集市上的经历,以及我让她经受的一些不太愉悦的锻炼,她意识到他在做什么,并有能力应对这种情况。

她躲进本·富兰克林（Ben Franklin）的店里，环顾了一下周围，然后走到一名女顾客身边，开始和她说话，她使出浑身的演技，让那个男人以为这是她的母亲。看到这些，那个男人很快就溜了。

这种事情经常发生。只要我们有了意识，这些事全都会冒出来。大约5年前，我和妻子帕姆带着10岁左右的大女儿埃丽卡住在弗吉尼亚州汉普顿。当时我们正在海港附近，看一个女生舞蹈班为公众举办的演唱会。这个地方很不错，有各类商店、各种景点。我看着表演，突然在150多名观众中看到了一个男人。他大约40岁出头，脖子上挂着一台相机。

我轻轻推了推帕姆，她对我说："对，对，我也看到他了。我知道你要说什么。"鉴于我做的工作，她对此已经习以为常。但我从他的眼神中看到了那种东西。他看着这些孩子，就好像她们是火箭女郎舞蹈团[1]一样。

再说一次，这种人不会在众目睽睽之下掳走孩子。他甚至可能都不知道自己会把幻想付诸实施。

但是他拿着相机，发现了一个符合他特殊喜好的孩子在演奏结束后正从台上下来。这种类型的基本要素有哪些？可能包括性别偏好（这里就是小女孩）和一般性的外表特征，但她的一些行为特点对于一个敏感的观察者——我们看到的这家伙对这一点就非常敏感——来说，可能更为重要。他要找一个不吵不闹、不够自信的孩子，看起来比较害羞，自我意识不够强。他要找一个天真、内向的孩子，渴望得到赞美和肯定。当然，这个孩子身边不能有家长或者监护人。

1　火箭女郎舞蹈团（the Rockettes）成立于1925年，1933年首次登上纽约无线电城音乐厅演出，曾是世界最著名的舞蹈团之一。无线电城音乐厅位于纽约曼哈顿第六大道，自1933年至今，每年圣诞节期间的"无线电城圣诞奇观"歌舞秀都在这里进行，是纽约人过圣诞节的一项不可错过的节目。——译者注

所以，他可能会接近这个孩子，告诉她她在台上表现得多么好，告诉她他在一家杂志社或者舞蹈工作室工作，他想在外面光线更充足的地方给她拍几张照片。如果他成功引诱小女孩离开人群，如果她自愿和他走，那么事情就会一件接着一件地发生，最后我们可能再也见不到那个小女孩了。

这就是发生在艾莉森·帕罗特（Alison Parrott）身上的事情。

1986年7月底，美国全国地方检察官协会和加拿大皇家检察官协会在多伦多举行会议，两国大约有500名检察官出席。会议开始之前，我发表了一次讲话。我与多伦多大都会警方联系密切。两年前，我曾在克里斯蒂娜·杰索普（Christine Jessop）一案以及多伦多儿童医院婴儿死亡案中与他们合作过。我们之后会简短地讨论一下杰索普的案子。所以当我在多伦多时，他们让我为一起年轻女孩被害案提供咨询。女孩周五早上离开住处后便失踪了，最后在当地的一个公园里发现了她的尸体。

艾莉森·帕罗特11岁，是当地的一名田径明星，正在准备参加新泽西州举办的一场比赛。这是一件大事，当地报纸都进行了报道，还放了她穿着学校田径运动服的照片。

警方了解到的情况是：艾莉森的母亲莱斯利（Leslie）说，一名自称摄影师的男人曾打来电话，说他想在瓦斯蒂体育馆为一家体育杂志给艾莉森拍摄宣传照片。她同意了，在预定的时间，独自从郊区的家出门乘坐地铁，在圣乔治站下车，然后走到体育馆。警方知道这些是因为一家银行的监控摄像头正好拍到了两张艾莉森的照片。这个摄像头每15秒拍摄一张照片，当艾莉森在街上朝体育馆走去时，摄像头通过临街的窗户拍到了艾莉森腰部以下的正面图像，她母亲从穿着和鞋子认出了她。

她再也没有回家。不到24小时之后，两个男孩穿过怡陶碧谷的国王磨坊公园时，发现了艾莉森的尸体，全身赤裸，头朝下，躺在含伯河河岸的淤泥里。尸体没有遮挡物，口鼻处和直肠区已经有昆虫幼体存在，这表明她曾遭受性侵而流血。死亡原因似乎是窒息。

多伦多警方把我带到抛尸现场。根据场景和现场证据，我给出的犯罪者心理侧写是**一名白人男性，30多岁，受人尊敬的样子，外表不具有任何威胁性。他可能有一份让他能待在孩子周围的工作，虽然他与孩子可能没有直接接触，比如学校管理员或者维修技师。他以前可能有过违法记录，很可能是一些针对他模棱两可但涉及孩子的投诉。我认为他不太可能曾经因为谋杀或暴力犯罪而被逮捕。他可能与摄影有些关联，至少是一个业余爱好者。他更可能是本地人**，而非外来者，可能是一个消遣猎人或者渔夫。

我感觉这是一个年龄偏大、更加成熟的人，因为故事中出现了几个关键要素。在报纸上看到艾莉森的报道之后，他开始对她产生幻想，并设计了套路与她见面。他并不知道艾莉森的家庭住址，就必须找借口给电话黄页上所有姓帕罗特的人一一打电话，每次都找艾莉森，直到最后成功。为了让自己显得可信，从而让她同意在她自己家或者学校以外的地方与他见面，他的谈话技巧一定经过精心训练，让人信服，能够消除别人的疑虑。缜密的计划和复杂的程度都指向一个成熟、聪明、有组织的犯罪者。他曾经利用这种方法吸引过其他孩子，虽然结果不像这次这样悲惨。但这次会面绝非心血来潮或者偶然为之。

我以为的事情后来都没发生。在我看来，艾莉森来到体育馆，一个男人向她走来，手里拿着摄像机，看起来很像一名摄影师。但他进不了体育馆，并且即使他可以，那也不是一个受控制的环境，里面会有保安或者看守，他立马会被叫住。

所以他必须把她带到一个他觉得舒服的地点。他很可能告诉艾莉森，因为多云、时间不对，或者其他什么原因，比如光线不好，所以他想要开车带她到另一个地方去，有可能就是发现她尸体的公园。这就是他把她骗进车的办法。

车是什么样的车呢？我想那是一辆商用面包车，没有后窗，袭击正是发生在车后部。白天在体育场和公园之间，路上的交通很繁忙，他不可能找到一个僻静的地方。因此，他必须能够在光天化日之下对付她，而无须担心有目击者。根据我们过去大量积累的在类似情况下作案手法的经验，这种情景说明他用的是面包车。

虽然他明显事前做了充足的准备，但他并不一定想要杀害艾莉森，他甚至可能想都没想过这样做。面包车经常成为性虐待狂作案的交通工具，比如斯蒂芬·彭内尔，他开着面包车，在特拉华州40号和13号州际公路沿线哄骗女性上车，然后将她们强奸、拷打、杀害。我曾在彭内尔受审时出庭作证，指认了他罪行中的识别标志。1992年，他被执行注射死刑。与这个恶魔对无辜被害者所做的相比，这种死法太过温和，太有人性了。

关键就在这里。彭内尔是个恶魔，在伤害被害者和决定被害者生死的行为中，他得到性快感和性满足。他的面包车上装了一套"强奸工具"，以及他能用到的其他拷打工具。与这些女人正常的性"关系"——即便他能建立起这种关系——也满足不了他。他的目标就是伤害这些女人，让她们受苦，在她们的尖叫、痛苦和最后的死亡中得到性满足。

艾莉森案的凶手并不符合这一心理侧写。虽然性侵残暴异常，但杀她的行为本身却很"温柔"，尸体上也没有拷打或者虐待的痕迹。相反，我认为此人幻想他与这位即将进入青春期的漂亮小女孩之间产生了真正的感情。她愿意坐上面包车，这在他心里强化了这种幻想，他认为这意味着艾莉森对他有兴趣。

但当他开车来到大约8千米之外的公园，问题就出现了。这些人大部分都对孩子会怎样回应他们有一种极度扭曲的想法。在这个男人的幻想中，她应该像一个自愿和他发生关系的成年女性一样回应他的性追求。但事实恰好相反，这是一个吓坏了的小女孩，根本不想跟他在一起。她大声哭起来,很痛苦,想要回家。很快他就失控了。

他不能让她走,因为一旦他放她走了,他的生活就毁了。他没有想过伪装自己。他的受害者并非三四岁的小孩——可能还不懂他做的这些事情。这是一个聪明的年轻女子,已经快到青春期了,能很容易认出他和他的车来,并且可信度非常高,无论他说什么都无济于事。于是,他袭击了艾莉森,然后必须处置她。

对于自己而言,他要做得尽可能简单;对她,则尽可能不造成痛苦。他很可能没有武器,那不是他控制受害者的方式。他在面包车后面把她勒死,然后要把尸体处理掉。

现在,尸体的摆放和犯罪的其他方面同样重要,并且向我透露了大量关于作案者的信息。警察把我带到了公园,我立马意识到,这一定是一个非常熟悉环境的当地人。他把艾莉森带到他感觉舒适的地方。他必须在晚上背着尸体走进黑暗的树林。除非他非常了解这个地方,了解这儿有什么,并且知道不会有人打扰,否则他不可能做到这一点。

到了那儿之后,他可以随心所欲地处理尸体。他可以把尸体扔到穿过公园的河里,这样能够尽可能地延迟尸体被发现的时间,还能抹掉绝大部分尸检证据。他可以把尸体扔到树林深处,可能永远不会有人发现,或者即使发现,那也会是在尸体变成白骨之后。

但是他所做的是把她轻轻地放在一条小路旁。在这儿,尸体还没被分解就能很快被发现。他不像有些人那样,对待尸体就像用完的垃圾。他希望人们找到她。他希望她死后得到关怀,有一个体面的葬礼。在我看来,这对于我们找到他来说,是一个好现象。他对发生的事情感到并不好受。

干出这种事情的人,不会对自己感觉很好。你可以说,一个性虐待狂,或者一个喜欢虐待孩子的人,可能会对自己的"作品"感到骄傲,会心满意足地回顾为满足自己兽欲而操纵、支配、控制受害者的能力。但一个幻想与 11 岁女生产生"正常"恋爱关系,在意识到自己的幻想无法实现后立刻崩溃的人,会觉得自己极度无能、无比笨拙。这个人不会为自己的所作所为感到骄傲,相反,他会感到后悔。

这给了我们针对他的精神状况采用先发措施的机会。这是抓住他的关键。

虽然我并不认为艾莉森·帕罗特的凶手是一个连环杀手,但从他作案的熟练程度来看,如果他再有机会,肯定还会杀人。从我们对连环杀手的研究可以了解他们的行为,这对我们很有帮助。对于这种类型的罪犯,心理侧写可以帮助缩小嫌疑人名单,或者确定在调查过程中出现的新嫌疑人。但对于我和我的团队来说,**心理侧写最有价值的是用来制定先发措施,而这才是应该重点关注的地方。**

在本案中,心理侧写的细节并没有那么重要。我们真正需要知道的一件事,正是我们从犯罪的细节和现场确切了解到的,就是作案者对自己所作所为感到难过。因此我告诉警方,我们应该让他回到艾莉森的墓地。我们的研究表明,罪犯这样做出于两种几乎相互排斥的原因:一种是出于后悔,而另一种则是再次体验犯罪的刺激,象征性地重回当时的情景。如果这个人回到抛尸地点,一定是出于后悔,我们可以有很多方法利用这一点。

我建议报纸上的文章详细介绍艾莉森的生活和她取得的非凡成就,向这个男人展现她的人性和个性,而他却在行凶后尽力不把她当人看待。我建议在墓地或者抛尸现场举行一场葬礼并大力宣扬。我希望有人能认出他,或者提供他的描述,于是建议放出风声,说他很可能对其他孩子也这样干过。我觉得他很可能在犯罪前喝了酒,从而降低自我控制力,并且犯罪以后,他可能开始用酗酒来应对压力。他周围的人——朋友、家人、同事——可能注意到他的外表和行为发生了明显的变化,这就是一个提示。

并且,我强烈地感觉他开着一辆面包车,因此建议警方公开宣称在体育馆附近或者公园里发现了一辆可疑的面包车,任何人,只要有关于这辆车的信息，都应该与警方联系。通过这种办法，让他产生疑惑。这样做可能会让作案者现身，澄清关于面包车的报告。他可能会说自己是这辆车的主人，但能够为他出现在这个区域提供一个合法或者无辜的理由。

这就能把他直接交到警方手里。

即使多伦多警方为提供抓住艾莉森·帕罗特凶手的线索悬赏5万美元，但凶手一直没有找到。他们对此一直耿耿于怀。对于我和我在匡提科的同事来说，大部分案子我们都不能留在现场，为我们建议采取的后续行动提供建议，这让我们十分沮丧。我并不怪多伦多警方，他们与我合作过的任何组织一样出色。此案发生时，他们凶杀案的破案率高达90%以上，前一年的案子中，只有一件没破。他们排查了附近所有的照相馆，按照心理侧写描述他们在找的人。但我的其他一些建议却没有得到实行。每个人都有自己的方法和程序，别人的建议很容易被束之高阁。我仍相信这个人是能抓住的，虽然经过了这么多年，抓起来会困难许多。

对于我们认为是非陌生人犯罪的凶案，我们会采用更加保守的方法，因为潜在的嫌疑人群体数量有限。但对于看上去像是陌生人行凶的案子，我们更可能采取一种更极端、更具创造力的方式。

我会建议寻找罪犯的弱点。当然，如果你有一个作案者，这一点可能很难确认。但在这起案件中，我相信他的弱点就是感到后悔，而你得保持对他施加心理压力。一种做法就是，我会利用艾莉森的生日或者忌日来迫使此人现身。提醒他这是个重要的日子。你可能会想，如果凶手事先就熟悉我的策略，他可能会避开我们设下的陷阱。但是我以长期的经验告诉你，他越是努力逃避，就会暴露越多的行为给我们，而我们也就有越多的东西可以利用。世界上不存在完美犯罪或者完美罪犯。

在我心里，艾莉森之死是一出双重悲剧。不仅是一个充满爱和希望的年轻生命被残忍扼杀，而凶手未受到惩罚，而且她的死本可以避免。我想，如果艾莉森的父母或者其他大人陪着她去见这个所谓的摄影师，那么什么事情都不会发生。他可能会拍完照片，然后离开。他不会把照片卖给杂志，而会留着照片供自己幻想。想到他对着孩子们的照片恶心地自慰，开心地回忆自己差一点就抓到她们，这真让人不快，但这个小女孩无疑比罪犯更聪明，也不会因此丧命。我相信当他看到艾莉森一个人出现时，着实惊呆了。因此他会认为，她已经独立而且成年了，他可以比以前更进一步。

作为父母，我们可能无法避免我们见过的所有可怕的事件最终发生在自己孩子身上。但是如果我们试着去了解这些威胁的本质以及威胁者的个性与动机，我们就能避免其中一些。尝试是很关键的一点。我很讨厌说我们不能轻易相信别人，我很讨厌给我自己的孩子这样的信息，但我们必须接受现实。我们不用过分害怕，以为每棵树后面都藏着一个魔鬼，因为事实并非如此。从统计数据来看，诱拐孩子的数量很低，并且大部分都是被没有监护权的一方父母带走的。我们无须过度紧张，但必须提高警惕，注意观察。

离发现艾莉森·帕罗特尸体的地方约64千米，另一种人格类型的人谋杀了克丽丝滕·唐·弗伦奇（Kristen Dawn French）和另外至少两名儿童。这个人才是真正的魔鬼。

克丽丝滕·唐·弗伦奇是一名各方面都出色的女生。她住在尼亚加拉瀑布附近的安大略省圣凯瑟琳斯市，毗邻美国纽约州边境。克丽丝滕很漂亮，一头乌黑亮丽的头发，家人、朋友、老师都很喜欢她，她还是圣十字中学的优秀学生。她从小就开始滑冰，现在已经是优秀的滑冰手。朋友们说她脸上总挂着笑容，总能帮他们解决问题，和她第一任男朋友十分相爱，是一个真正幸福的人。

1992年4月16日，一个烟雨蒙蒙的周四，耶稣受难日的前一天，下午3点刚过,克丽丝蒂·弗伦奇[1]在从学校回家的路上失踪了。这天距离她16岁生日还不到一个月。道格·弗伦奇(Doug French)和唐娜·弗伦奇(Donna French)了解自己的女儿,知道她一定会准时回家,否则也能给他们一个合理的解释。他们甚至想过她放学后被留下来作为惩罚,但这太不符合克丽丝蒂的个性了,因此他们很快打消了这个念头。直到5点30分克丽丝蒂还没到家,唐娜向尼亚加拉警方报案称克丽丝蒂失踪了。

至少有人手的地方。5名目击者报告称看到与克丽丝滕失踪有关的情况。第一名学生在2点50分左右看到她从学校走出来,穿着绿色格子裙、长筒袜、V字领毛衣和白色衬衫校服,以及一双深红色Bass牌休闲皮鞋,这时一个男人开着面包车朝林威尔路的拐角处驶去。第二名学生称,2分钟后看到一辆米黄色的雪佛兰科迈罗停在路德会灵恩堂前面,车后部有锈迹,车身有底漆露出来。3分钟后,车里有两名男子在与克丽丝滕说话,车窗摇了下来,司机看上去在24岁到30岁,棕色头发。第三名目击者当时正赶往市中心接女儿,说她看到车里有个女生与一名乘客扭打在一起,他想把她推到褐红色的后座上。但她觉得这可能就是男生女生在打闹,或者起了小争执而已。第四名和第五名目击者是两名司机,他们差点和一辆超速的科迈罗相撞,当时这辆车刚从教堂的停车场出来,时间是3点左右。还有人觉得在绑架案发生前几天,他们在圣十字中学附近和湖港中学旁边见过一辆类似的车。这让警方猜测克丽丝滕或者还有其他学生被人跟踪,而这次绑架也是早有预谋,并非临时起意。

随着调查的深入,警方的心理学家利用催眠帮助潜在目击者唤醒当天下午的记忆。不止一个人描述称,绑架发生时,看到一对老年夫妇从教堂旁走过,还十分震惊地对着车和克丽丝滕指指点点。如果真

1　克丽丝蒂是克丽丝滕的昵称。译者注

的有这样两个人,他们却没有站出来。

所有这些信息都很重要。但是,我们见过太多信息与案子无关的情况了。如果信息与案子无关或者干脆就是错的,那么就会把调查引入歧途。因此,我总会建议把精力集中在对案情整体的分析上,而不是局限在单一的线索上。

在停车场,现场技术人员找到了轮胎印、一幅破旧的加拿大折叠地图和一缕似乎是克丽丝滕的头发。耶稣受难日当天,克丽丝滕的好友、滑冰伙伴米歇尔·图尔斯尼昂(Michelle Tousignant)和她的母亲一起开车在昂维尔路上进行社区搜索时,发现一只右脚深红色休闲皮鞋,看起来像是克丽丝滕穿过的。她捡了起来,交给两名尼亚加拉警探,他们正沿着克丽丝滕从学校回家常走的路,挨家挨户地进行地毯式搜索。唐娜·弗伦奇认出了这只鞋,里面有一个足弓垫,这就是她女儿的。

警方进行了大范围的搜索和调查。圣十字中学的学生充满希望但又焦虑痛苦地等待着他们的朋友回来。他们在树上和电线杆上绑上绿丝带,象征着希望和纪念。道格·弗伦奇公开呼吁让他心爱的女儿安全回家,他的妻子一想到克丽丝蒂可能的遭遇就痛苦不堪。几乎每天晚上,她都会梦见克丽丝蒂放声大哭,但无论她做什么都找不到克丽丝蒂。

关于克丽丝滕·弗伦奇的失踪,还存在一个让人不寒而栗的可能:在加拿大这片相对平静安全的区域,有一个连环杀手正在作案。莱斯莉·埃琳·马哈菲(Leslie Erin Mahaffy)与克丽丝滕·弗伦奇一样,还有一个月就是她16岁生日。6月14日晚上7点,她离开了伯林顿的家。柏林顿位于安大略湖西岸,与圣凯瑟琳斯隔湖相望。这一区域被称作金马蹄地区[1]。

---

[1] 金马蹄地区(Golden Horseshoe area)位于加拿大安大略省南部、安大略湖西端,以大多伦多地区为中心,是该省的主要都市带,形状呈马蹄形,因此而得名。——译者注

莱斯莉很漂亮，在伯林顿中学上九年级。当时她正赶往史密斯殡仪馆，为她在学校的朋友克里斯·埃文斯（Chris Evans）守灵。埃文斯和另外3名青少年同时死于一场车祸。莱斯莉答应母亲黛比（Debbie），她会在晚上11点宵禁之前回家。她的母亲在附近的哈尔顿当老师。

宵禁意味着母女之间存在一些问题和冲突。莱斯莉一直是个聪明伶俐又独立自主的女孩，但当她快到15岁时，青少年常有的多愁善感和反叛情绪开始在她心里滋生。她常常待到父母规定的宵禁时间之后才回家，有时甚至整夜都待在外面。她有一次还被发现在商店里行窃。她的父亲罗伯特（Robert）——大家都叫他丹（Dan）——是政府的海洋学家，经常出门在外，这让问题更加棘手。

守灵当晚，莱斯莉和几个朋友相约在树林里的一片空地，当地年轻人经常来这里。他们喝了点啤酒，相互宽慰。一名男性朋友想确定莱斯莉安全到家，便陪着她回去。莱斯莉走路到家时已经是凌晨2点，屋里一片漆黑。她告诉朋友，如果她父母这时候看到她，一定会对她大吼大叫，所以他最好在她进屋前就离开。他对她道了晚安，说他第二天早上会来接她一起去参加葬礼。

莱斯莉试了所有的门，发现都锁上了。她的母亲这次决定给她一个教训，把她锁在门外。她必须按门铃，把她的母亲叫醒才行。她必须直面母亲的诘问和惩罚。

但莱斯莉并没有这样做，而是走到上中路，打电话给她的朋友阿曼达·卡尔皮诺（Amanda Carpino），看看她是否可以在阿曼达家过夜。但阿曼达害怕和她的母亲杰奎琳（Jacqueline）说，因为她的母亲知道莱斯莉和她的母亲黛比有矛盾，而且马哈菲太太曾对卡尔皮诺太太抱怨过。巧的是，当时阿曼达的妹妹在另一个女友家过夜，但打电话回家说她病了。大约2点30分，杰奎琳·卡尔皮诺穿好衣服，出去接她。得知莱斯莉给阿曼达打了电话后，她开车到上中路，看看能不能看到莱斯莉把她带回家。

然而，此时莱斯莉显然已经回家了，准备好直面母亲的责难。

但她没有进屋。黛比·马哈菲早上起床时，莱斯莉没在家。她以前也这么干过，跑到朋友家去，所以黛比没有特别担心。但莱斯莉没有在克里斯·埃文斯的葬礼上出现，事情就很不正常了。莱斯莉肯定会参加葬礼。到了下午4点30分，黛比·马哈菲陷入恐慌。她向哈尔顿警方报警称女儿失踪。在接下来的几天里，莱斯莉的家人和朋友在伯林顿和哈尔顿地区张贴了500多张寻人启事，希望能找到一丝线索。

1991年6月29日，莱斯莉失踪后两周，人们在附近的吉布森湖里发现了莱斯莉被肢解的尸体。尸体被装在好几块混凝土块里，沉在不是很深的湖水中。尸检报告显示她遭受了残暴的性侵。

我所遇到的每一个孩子成为暴力犯罪受害者的父母，都会痛心地自责，为自己本来可以避免这些事情的发生而懊恼不已。黛比·马哈菲也不例外。莱斯莉失踪后，她就在想，如果她没有把女儿锁在外面，她就还和自己在一起，这个念头一直折磨着她。

莱斯莉的父母还没来得及把她下葬，当地另一名女生尼娜·德维利耶（Nina DeVilliers）也被杀害了。两起案件没有明显的关联，但在同一地区，两名女孩相继遭受暴力而死，这似乎不只是巧合。前一年11月，15岁的特里·安德森（Terri Anderson）在一天凌晨2点左右从她家失踪。她是湖港中学的一名好学生，还是啦啦队队长。湖港中学就在圣十字中学旁边。她失踪前刚参加完一个聚会，据称她在聚会上第一次服用了迷幻药。

时间过去了好几个星期，这些担忧与日俱增，但还是没有一点克丽丝滕·弗伦奇的消息。警方发出全域通告，寻找米黄色科迈罗汽车。调查开始之前，渥太华的广告牌上登出了警察正在寻找的汽车类型和热线电话，每当有警员看到米黄色的科迈罗或外观类似的汽车时，就会上前询问司机，然后在挡风玻璃上贴上贴纸进行标记。

1992年4月30日周四，克丽丝滕失踪已经两周了。这天早上一名

49岁的废旧金属经销商罗杰·博耶（Roger Boyer）在寻找废旧农具进行回收时，在路边的树丛下发现了一具裸露的尸体，吓得他大惊失色。尸体被摆成胎儿的姿势，像在睡觉一样。黑色的头发被剪成像男孩一样的短发，但从尸体的体形和手脚的大小来看，博耶认为这很可能是一名成年女性或者女孩。

碰巧的是，这里与伯灵顿的哈尔顿山纪念园只隔着一条狭窄的绿化带，那里是莱斯莉·马哈菲的墓地。

警方接到博耶的报警后立刻出动，在该区域周围拉上警戒线。但没过多久，媒体得知了这一消息。关于这一案件的流言蜚语闹得满城风雨。案子落到了哈尔顿警探伦纳德·肖恩（Leonard Shawn）的头上，他确认了大家最坏的猜测。克丽丝滕小时候发生过一起事故，左手小指尖被切掉。肖恩抬起尸体的左手，看到了同样的残疾。

法医报告更加剧了恐惧：死亡原因是被勒紧窒息。和莱斯莉·马哈菲一样，她遭到了殴打和性侵。尸体保存完好，表明克丽丝滕在几天前，甚至不到24小时之前还活着。这样做的无论是谁，都把她监禁了至少一周半。

5月4日，4000多名哀悼者在圣凯瑟琳斯圣阿尔弗雷德教堂参加了克丽丝滕的葬礼。公众的同情之情喷涌而出，甚至这么大的教堂都装不下前来哀悼的人。1000多人不得不站在教堂外参加葬礼。克丽丝滕被葬在普莱森特维尤公墓的家庭墓地里，就在她祖父母旁边。大家很快发现，几乎所有与克丽丝滕案有关的人，从警探到犯罪现场技术人员再到法医，都受到了案子的影响，他们这样的老手很少会有这样悲痛的感受。

整个金马蹄地区都陷入恐慌之中。克丽丝滕·弗伦奇的尸体被发现之后，警方立刻成立了绿丝带行动组，这是加拿大执法史上最大规模的一次追捕行动。此次跨部门行动组以克丽丝滕的同学们发起的活动命名，由经验丰富的尼亚加拉警察局警督文斯·贝文（Vince Beven）

领导。全加拿大都知道了这一系列"校园女生谋杀案"。

5月21日,特里·安德森的尸体被发现漂在安大略湖达鲁斯港口。证据无法表明死亡原因。警方最终认定她的死是偶然事件,与注射毒品有关。

虽然警方已经尽全力淡化谣言的影响,但媒体关于安德森、马哈菲、德维利耶和弗伦奇之死的猜测层出不穷。贝文警督是一名工作尽心、头脑清楚的侦查员,没时间和耐心与媒体打交道。这意味着行动组在宣传和公关方面面临巨大的问题。哈尔顿警方长期向社会公布信息,希望能够有人提供有价值的线索。然而,尼亚加拉警察局则很少透露信息,这就促使媒体自己对重要的案件开展独立调查。

经验告诉我,在把危险的罪犯绳之以法的过程中,公众是警察十分关键的伙伴。所以,有时候在保留某些特定的细节和证据的同时,我更倾向于和媒体合作,让公众尽可能地帮助你。

在跟进线索和尸检得到的信息的同时,绿丝带工作组联系了联邦调查局,确切地说,是纽约州布法罗驻地办事处的特别探员查克·瓦格纳(Chuck Wagner)。布法罗就在金马蹄地区以南,跨过国境线就是,而驻地办事处一直与加拿大地方警察和加拿大皇家骑警保持着互惠互利的关系。查克作为驻地办事处的心理侧写协调员,联系了匡提科调查支持小组的格雷格·麦克拉里(Greg McCrary)。

小组内部的组织方式是,每位警探都有一片负首要责任的地理区域。格雷格曾是一名中学教师,日本少林拳法黑带。在我们把他调到匡提科之前,他是纽约的一名一线警察。

格雷格一看到案情,就对克丽丝滕·弗伦奇的抛尸地点感到震惊,这离莱斯莉·马哈菲的墓地太近了。莱斯莉在伯林顿被人拐走,抛尸在圣凯瑟琳斯附近。克丽丝滕则在圣凯瑟琳斯被绑架,扔在了伯林顿附近。他认为这绝非偶然。要么两起案件真的有关,要么就是作案者想让警察往这方面想。无论如何,杀害克丽丝滕的凶手显然是在回应杀害莱斯莉的凶手。

格雷格认为，两起案件都有陌生人谋杀案的全部特征。虽然两个女孩事前可能都被监视和跟踪过，但没有任何证据表明，这个或这些凶手认识两个女孩。对于行凶者来说，这样的行为风险非常高。克丽丝滕是在大白天，在目击者的眼皮底下从教堂停车场被掳走。莱斯莉则是在她自己家门前，在她父母卧室的窗户下被绑架。

我们看到这样的案子时，首先想到的是，这是一个年纪不大、经验不足，可能做事有些杂乱无章的作案者，他的性幻想已经到了病入膏肓的程度，迫使他越来越急切地想要付诸实践。出于这一原因，当我们看到一起高风险案件时，我们认为受害者会在相对较长的时间内活着，这正是克丽丝滕·弗伦奇案中，法医检查得出的结果。

但目击者证词提到两名罪犯，这就改变了心理侧写需要考虑的问题。如果有两个人在白天冒着高风险进行绑架，那么评估就会发生变化，我们会判断凶手的经验很丰富。幻想这方面仍很重要，但现在看起来案子更像是由年龄更大、作案经验更丰富的人预谋、组织和实施的。在两所学校跟踪监视两名女生也说明了这一点。如果是独自一人作案，那么可能是他第一次。**而两个人犯同样的罪行，则说明他们的作案手法更加复杂、先进。**

我们考察的两起主要谋杀案中，**对尸体的处理非常不同，说明可能有两名凶手**。但在通盘考虑之后，格雷格认为这不太可能。更有可能的情况是，凶手要么胆子越来越大，要么越来越聪明，或者两者兼而有之。他分解尸体，搅拌混凝土塑形，把混凝土块放到车里，再开到吉布森湖，显然非常麻烦。虽然做了这么多，尸体仍然很快就被发现和识别。所以下次何必呢？这部分作案手法的变化有另一种可能的解释是，凶手越来越自信，向警方炫耀他的"成果"，让他们知道他就是杀害莱斯莉·马哈菲的人，因此才把他最近的猎物"埋在"附近。无论哪种解释是对的，或者两者都对，一个明显的事实就是，他的手法在升级,他已经在把自己的幻想付诸实践,并说服或者强迫另一个人与他合作。

剪掉克丽丝滕的长发和她身上被性侵的证据表明,案犯仇恨或者蔑视女人,这是一种践踏女性的情感需求,就是为了体验有力量或者有能力的感觉。这个男人进行正常的性生活可能有困难,如果他还一直保持着与妻子或女朋友的关系,那么他一定需要用类似的方式对她进行性控制或者侮辱。

几年前,格雷格曾对纽约州罗切斯特发生的妓女和流浪女性连环谋杀案凶手进行心理侧写。根据掌握的事实,格雷格预测该男子存在某种性功能障碍,可能是勃起障碍一类。作案者后续的作案手法进一步升级,因此格雷格建议秘密监视最新发现尸体的抛尸现场,他觉得凶手会回来。通过这一策略,他们最终抓住了亚瑟·肖克罗斯(Arthur Shawcross),他被判多起二级谋杀罪,判处250年监禁。肖克罗斯光顾过的其他妓女在访谈中透露,他无法维持勃起或者达到高潮,除非她们假装是死人。

格里格预测,如果是两名罪犯合谋,那么其中一个是主导,而另一个则是卑微的追随者。强奸和性谋杀中出现两名罪犯并不常见,但我们见过,也研究过。这样的案子可以追溯到肯尼斯·比安奇(Kenneth Bianchi)和他的表兄弟安吉洛·布诺(Angelo Buono),他们被称为"山坡扼杀者",在20世纪70年代末期,让洛杉矶陷入恐惧之中。在那之前,是詹姆斯·罗素·奥多姆(James Russell Odom)和小詹姆斯·克莱顿·劳森(James Clayton Lawson, Jr.),他们相识于加利福尼亚的阿塔斯卡德罗州立精神病医院,两人都曾因强奸罪在加利福尼亚服刑。

为了消磨在监狱里的时间,克莱·劳森[1]对罗素·奥多姆说,他出狱后想绑架女人来折磨。他自己对做爱没兴趣,但奥多姆却很感兴趣。

---

1 即克莱顿·劳森。——译者注

于是，1974年出狱后，奥多姆在南卡罗来纳州找到了劳森。几天之内，他们绑架、强奸、杀害，并残忍肢解了一名年轻女性，她之前在两人路过的一家7-11便利店工作。受害者尸体被扔在外面一览无余，几天之内凶手便被绳之以法。顺从的奥多姆吓坏了，承认了强奸，但否认参与谋杀。他被判强奸、非法持有武器，以及在谋杀前后进行协助等罪名成立。主导人劳森在对他单独审判的法庭之上把粉笔吃了下去，他坚决否认参与强奸，说道："我只想毁了她。"他被判一级谋杀，于1976年在南卡罗来纳州被执行死刑。

如果还存在更邪恶堕落的合作关系，那就一定是劳伦斯·比泰克和罗伊·诺里斯。和奥多姆和劳森一样，他们在监狱相遇，这次是在圣路易斯–奥比斯波的加利福尼亚州男子监狱。他们发现彼此对支配、伤害和性虐待年轻女性有着共同的爱好。1979年，两人保释出狱后，便计划在洛杉矶一起绑架、强奸、虐待、杀害10多岁的少女，从13岁到19岁，每个年龄各一个。他们残暴地对5名女孩实施了计划，第六名受害者在被强奸后成功逃脱并报了警。诺里斯是这对伙伴关系中的顺从者，他在警方的审问下屈服，承认并指认了他的主导者，以此换取免于被送进毒气室的命运。他还向警方供述了受害者尸体的位置。比泰克则毫无悔意，他是我见过的最邪恶卑鄙的人，却成了加利福尼亚州死刑犯中的明星。狱友向他索要签名时，他签的是"钳子手比泰克"，钳子是他最爱的酷刑工具。

这并不是说此类罪犯就没有深层次的真挚感情。我和特别探员玛丽·埃伦·奥图尔（Mary Ellen O'Toole）曾在圣昆丁采访过比泰克。在与我们交流的数小时内，比泰克从没看过玛丽·埃伦的眼睛，我们认为这一行为意义重大。但我们提起他犯的案时，他哭了。又高又壮的劳伦斯·比泰克居然流下了悔恨的泪水。但他并非为受害者之死而哭泣，而是为自己被抓，一生就此毁掉而流泪。

格雷格·麦克拉里认为，克丽丝滕·弗伦奇一案中的主导凶手也差不多是这样。他的年龄在25岁至30岁出头,这与目击者的描述一致。他是个杀人犯,一个天生的操纵者,以压榨他人生活。和劳伦斯·比泰克或克莱顿·劳森一样,他不会因为受害者、她的家人和社会的痛苦而觉得自己有罪或者后悔,这一点与杀害艾莉森·帕罗特的凶手不同。杀人成功只会助长他施虐嗜血的胃口。

这种支配欲会渗透到他的生活中。许多性虐待狂都已结婚,或者正与女性保持着恋爱关系。如果作案者属于这种情况,他可能会殴打和性虐待自己的伴侣。细小而普通的事情——比如问他为什么来去不定——就足以引发他的暴怒。

他可能有过性犯罪,从暴露癖或者偷窥癖开始,最终升级为性侵犯,也可能没有因这样的罪行被捕。但有人,无论是他的妻子、女朋友,还是犯罪同伙,会知道他这段历史。格雷格觉得他可能从事体力活,可能从事操作电动工具或者在金属加工厂工作,并且在家里开了自己的店。最后,某种压力源让他暴怒,促使他第一次杀人。这个压力源也许是妻子把他赶出了家门,也许是他丢了工作或遭受了严重的事业挫折。也许两者都有。

在警察寻找米黄色的科迈罗汽车,跟进每一条线索时,调查工作却进展缓慢。绿丝带工作组不想让案子成为陈年旧案,于是决定求助于公众,这正是我们在匡提科一直主张的。

1992年7月21日周二晚,安大略省汉密尔顿的CHCH-TV电视台播出了一档不同寻常的节目,这档节目也通过加拿大其他电视台在全国范围内播出。节目以《克丽丝滕·弗伦奇绑架案》为题,采访了绿丝带行动负责人文斯·贝文和安大略省警察局的心理侧写师凯特·卡瓦纳(Kate Cavanagh)警长,以及查克·瓦格纳和格雷格·麦克拉里。

《克丽丝滕·弗伦奇绑架案》使用了警方报告、图表、目击者的描述,重现了科迈罗汽车在案件不同节点出现位置的情况,从而将案件的重要细节都公之于众,希望有观众能认出一些东西,从而让调查继续下去。警方第一次向公众披露了目击者对车里两名男性的描述,他们可能与绑架有关。从节目播出开始到播放后几周,由训练有素的志愿者担任的热线电话接线员都在接听线索报告。贝文和主持人丹·麦克莱恩(Dan McLean)利用在犯罪现场找到的地图,做的第一件事情就是鼓励公众打电话提供线索,只要是在这一时间出现在这一区域的成年男性,向他们问路或求助而让他们感到可疑的线索都行。警方关注的焦点之一是找到这辆车,这样就可以通过车找到车主。

节目播出到一半时,格雷格·麦克拉里上场,他把心理侧写的要点过了一遍,阐明这名作案者年龄在25岁到30岁出头,是性犯罪的惯犯,并且解释了他的行为线索意味着他是怎样的人。剪下克丽丝滕漂亮的深色长发,说明他通过羞辱、践踏女性来掩盖自己在性格和性能力上的不足,这是他的情感需求。接着,格雷格简要地说明了性犯罪中主导和顺从型同伙的典型关系,阐述了在罪犯的行为中要寻找什么,以及克丽丝滕被绑架后数日到数周之内,周围的人能明显发觉他行为的改变。

基本上,从4月16日到最早4月30日克丽丝滕的尸体被发现当天,他(或者他们)的正常生活会被完全打断。我们知道,直到这天前不久,克丽丝滕还活着,这意味着作案者无论把她关在哪里,都必须给她食物,维系她的生命,并监视她,同时还会在幻想的驱使下侵犯她。这种打断并不是说如果他有一份稳定的工作,他会在整个这段时间缺勤,而是说他会显得担心、焦虑,朋友和同事会明显感到他的行为有变化。他会密切关注调查进展和媒体报道,会经常参与案情和警方调查进展——抑或没有进展——的讨论。如果他当时正与一名女性交往,这段感情也会显得比平常更有压力,他的怒气爆发得更频繁、更严重,他甚至会更加暴力。

我们心理侧写的主要目的是让观察者辨认出这些行为,帮助我们锁定作案者。通过向公众提供更多的信息，我们可以让最接近作案者的人成为心理侧写师。

基本上所有性连环杀手，尤其是有组织的这一类，都会密切关注媒体对调查的报道。我们拿着搜查令进去时，会看到作案者收集了各种新闻报道的剪贴簿、剪报、录像带，我们对此并不感到惊讶。我们因此认为，杀害克丽丝滕的凶手或凶手们会密切关注这档经过广泛宣传的节目。因此，丹·麦克莱恩问格雷格，凶手会是什么感觉。

"有压力。"格雷格回答，但这种压力与负罪感或后悔无关，只是害怕会被发现和逮捕。

格雷格直接对克丽丝滕·弗伦奇的未知凶手宣布："如果你在看，我想对你说，你一定会被逮捕归案，这只是时间问题。"

如果有人认出格雷格和卡瓦纳警长描述的行为，提供了线索，那逮捕将会来得更早。格雷格强调说，终有一天，作案者会被逮捕，他最好别放松。

格雷格继续解释说，随着作案者的压力陡增，他的密友和亲人面临的危险也会越来越大。他会变得越来越愤怒且阴晴不定，越来越难以控制他的恐惧和脾气。有两个人会处于最危险的境地，这就是可能知道他罪行的人：顺从的帮手，他的妻子或者女朋友。与主犯不同，他们参与谋杀了一个无辜的人，他们无法面对自己的负罪感。格雷格和警方敦促这两名从犯站出来，否则一切都会太晚，他们其中一个就是下一个受害者。

文斯·贝文说："如果你在听，为了你自己，给我们打电话！"

这种先发措施在过去给我们带来过丰厚的回报。举个例子，唐娜·林恩·维特（Donna Lynn Vetter）是联邦调查局在西南地区一个驻地办事处的速记员，罪犯闯入她位于一层的花园公寓，将她强奸并残忍杀害。当时联邦调查局局长想要立刻发出强硬信号：你不可能杀了联邦调查局的人还逍遥法外。匡提科两名经验丰富的顶尖探员——行为科学小组（侧重教学与研究）的罗伊·黑兹尔伍德和调查支持小组的吉姆·怀特，立即乘坐局长专机赶往现场。

在勘查了凶案现场并进行了初步的法医检查后，罗伊和吉姆认为这是一起走火的强奸案，杀人不是罪犯的计划或主要意图。他们觉得自己对袭击者的行为形象十分了解，包括袭击者的背景和教育程度、他的住所距离这所公寓多近、他长期愤怒和不健全的人格。他们觉得凶手可能把行凶的事实吐露给了亲密的人，要么是同事，要么是被他虐待却接济着他的女人。探员们认为，这个人现在的处境很危险。他们在现场的时间很短，之后不得不返回匡提科。在停留期间，他们接受了当地媒体的采访，公布了心理侧写大部分——尽管不是全部——的细节，并敦促作案者的心腹在他（或她）被伤害甚至被杀之前站出来。

几周之内，凶手持械抢劫的同伙联系了警方。作案者被逮捕，他的掌纹与凶案现场发现的一枚掌纹相符。他最终被起诉。事实证明，这份心理侧写在每个重要细节上几乎都非常准确。凶手为男性，22岁，与他姐姐同住并需要她接济。作案时，他正处于因强奸被判刑的缓刑期。他接受了审判，被判有罪并被判处死刑，几年前被处决。

我们希望在全加拿大播放这一节目能得到相同的结果。

实际上，克丽丝滕·弗伦奇的凶手真的在看这档节目，还录了下来。

他名叫保罗·肯尼斯·贝尔纳多（Paul Kenneth Bernardo）。他一边看节目，一边自大地认为心理侧写非常不准，并因此暗自高兴。虽然他的确是28岁，但并不干体力活，也不在金属加工厂工作。他智商很高，大学学的是会计。他没有通过严格的全国会计考试，但在这之前，他在普华永道担任初级会计员。过去几年，他在边境偷运成箱的美国香烟入境加拿大，并将其转售，通常是卖给加拿大的摩托党。他以此为谋生手段，并且过得还不错。他并没有米黄色的雪佛兰科迈罗汽车,也没开过这样的车。实际上,他有一辆香槟金色的日产240SX掀背车。他在教堂停车场绑架克丽丝滕时开的就是这辆车。不同目击者看到的罪行都不同,这也是为什么我绝不将目击证词当作绝对真相的原因。并且,贝尔纳多作案时,没有一个服从他的男性同伙。帮助他绑架弗伦奇、把她塞进车的,是他漂亮的金发妻子卡拉·利安娜·霍穆尔卡(Karla Leanne Homolka),22岁,嫁给他还不到一年。

莱斯莉·马哈菲被锁在门外那天晚上,是保罗把她带回家交给卡拉的。他之前就在跟踪莱斯莉,看到她坐在门廊上就上去搭讪。莱斯莉把事情的来龙去脉都告诉了保罗,点了一根烟,钻到车里和他说话。然后保罗掏出刀威胁她,把她的眼睛蒙上,之后开车回了家。

警察在找一个不存在的男性同伙和一辆不存在的车。

"他们抓不到我!"贝尔纳多看着电视对卡拉欢呼道。麦克拉里探员保证说迟早要把他逮捕,这听上去很滑稽。

显然,保罗·贝尔纳多没有弄明白的是,卡瓦纳和麦克拉里心理侧写的各个方面都是正确的。他并不从事体力活,但他的确在地下室有一间工作室,存放着他用来肢解莱斯莉·马哈菲的工具,并把尸块装进混凝土块中,这些混凝土块是他用纸板盒子浇筑成的。他的确长期虐待和羞辱妻子,殴打她,不经同意就对她做出施虐性行为,还有各种贬损妻子的习惯,比如把她锁在租住房子的地窖里,或者让她睡在他床边的地上。他的确不停地需要这种虚假的解脱,来应对自己勃起功能不足和经常性阳痿的问题。他一边要卡拉——他以前的女朋友,以及所有受害者叫他"国王"或者"主人",一边象征性地掐她们脖子、强奸她们,或者以其他方式在性方面征服她们。

并且,他的确有犯罪经历。实际上,虽然警方不知道他是谁,但他已经小有名气了。

他就是"斯卡保罗强奸犯"。

1987年5月至1990年5月,斯卡保罗强奸犯活跃在多伦多东北郊区,他也因此得到这一称号。他的主要作案手法是,通常在很晚的时候尾随刚下公交车的女性,制服她们,然后将她们强奸。在他犯案的过程中,他会从精神上折磨受害者,说他会杀了她们,并且辱骂她们。格雷格·麦克拉里在那段时间去了多伦多,我和他俩都在对这名强奸犯进行心理侧写。我们得出的结果与这个晚上高兴地看着电视的这个人非常接近。

当局没人把斯卡保罗强奸犯和校园女生谋杀案联系起来,因为作案手法差别太大。强奸犯在公交车站等着,从后面突袭受害者。他没有杀人。然而谋杀案的凶手则是在光天化日之下,或者在受害者家门前把她们绑架。他们没有考虑到的因素是,从斯卡保罗强奸案到莱斯莉·马哈菲被害,已经过去了数年时间,而我们当时对这名强奸犯的预测就是,他会变得更加愤怒,并总结经验,学以致用。

虽然保罗·贝尔纳多没有案底,但警方已经有他的资料了。1990年5月29日周二,《多伦多太阳报》(*Toronto Sun*)刊登了斯卡保罗强奸犯的复原画像图,画像以最近一名受害者的描述为基础,她是唯一看到强奸犯的人。这张图看起来非常像保罗·贝尔纳多,甚至他的朋友都跟他开玩笑说他就是这个强奸犯。其中有一个看待这件事情更为认真,还联系警方提供了线索。警方上门询问了贝尔纳多,他表现得十分合作,且富有魅力,提供了他的血液、头发和唾液样本。

虽然他从未正式洗清嫌疑,但这件事也没有再继续下去。以前,DNA检测费时费力,警方实验室的检测能力极为有限,要把每条线索都检查一遍,需要花费好几年的时间。保罗·贝尔纳多没有任何犯罪记录,也就没有列为嫌疑人名单中的重点排查对象。因此,他的样本甚至没有经过检测。如果检测了,莱斯莉·马哈菲和克丽丝滕·弗伦奇今天可能还活着。

还有一名受害者,但甚至没人知道她也是受害者,所以绿丝带工作组根本没有考虑过她。这就是卡拉·霍穆尔卡的妹妹塔米。15岁的塔米·琳·霍穆尔卡（Tammy Lyn Homolka）和她姐姐一样，是个金发美女。1990年圣诞节前一天清晨，塔米在她父母家离奇地失去知觉后，死在圣凯瑟琳斯综合医院。保罗和卡拉当时也在，并声称他们都看着电视睡着了。塔米的喘息声和沉重的呼吸声把他们吵醒，很快，塔米出现了完全呼吸窘迫症状。保罗和卡拉叫了救护车，警方认为这只是一起事故。

实际上，塔米是她姐姐的未婚夫保罗性迷恋的对象。保罗让卡拉帮他给塔米下了药，他便可以在她不省人事的时候强奸她。在药物的作用下，塔米吸入了自己的呕吐物。第二年6月，保罗和卡拉举行了一场盛大的婚礼。同一天，莱斯莉·马哈菲的尸块在吉布森湖中被发现。

现在，一个显而易见的问题是，如何让一个聪明的年轻女人嫁给一个强奸她妹妹、造成她妹妹死亡的男人，如何让她屈服于他，遭受身体和情感上的侮辱，还亲自参与他绑架、攻击和杀害无辜年轻女性的计划？

我希望这个问题有个简单的答案，但并没有，虽然我们研究性虐待者和他们顺从的受害者已经很多年。我们知道的是，这种事情时有发生。通过罗伊·黑兹尔伍德的开拓性工作，我们确定了性虐待关系中常见的几个阶段，而这种关系一开始都很正常。

第一步，性虐待者会找到一个单纯、顺从或脆弱的女人。实际上，她表现得很脆弱，可能是因为她正处于一段虐待关系中，而她想当然地以为这个男人可以挽救她。

第二步，虐待者通过礼物、情感或经济方面的支持、安全保护等她所需要的东西将她迷住。她会觉得他很有爱心，总是支持鼓励自己，从而反过来爱上他。保罗·贝尔纳多很有魅力，英俊圆滑。女人很容易爱上他。

第三步，一旦虐待者达到了这个目的，他就会开始鼓励或劝说她进行她可能觉得不同寻常、十分奇怪甚至有些变态的性行为。最开始这些行为只是偶尔发生，但最后会发展成他们之间的习惯，最终让她崩溃，或者摧毁她从小到大所秉持的价值观和行为规范。这反过来又把她隔离在家人和任何她能倾诉的人之外，因为她不想讨论这些性行为。

第四步，虐待者会阻止她与家人、朋友联系，从而完成对她的隔离。她的所作所为必须经过他的同意，包括什么时候来，什么时候走，以及每天的活动。他要成为她存在的中心，将其他任何事情都排除在外。他会拿走她的信用卡，控制给她的现金，要求她在特定时间待在家里，如果不照做就严厉地惩罚她。实际上，任何被他视为不服从或不忠诚的行为都会遭到惩罚。

第五步，这名女性被隔离在所有人之外，虐待者就成了她唯一的支撑。她会努力去得到他的爱和感情，避免惹他生气，使他动怒，虽然他的爱和愤怒都和她关系不大，只是他自己的情绪和一时冲动而已。虐待者做的所有事情，对她说的所有话，都在强化她不好、卑微、愚蠢、没有能力的自我形象，为他的愤怒和惩罚提供借口。如今，愤怒和惩罚对于她来说已经是家常便饭。卡拉写给保罗的卡片、信件和便条有几百张之多，都是在为她的过错道歉，并保证会努力做得更好。

罗伊的五步分析法都非常准确地描述了卡拉·霍穆尔卡遇见保罗·贝尔纳多之后各方面的情况。后来我们才知道，克丽丝滕·弗伦奇被囚禁期间，这个聪明机智的少女曾试图说服卡拉帮助她，和她一起逃跑。但是卡拉这时已经陷得太深，只感到无望和孤独，她能想到的只有保罗发现后的愤怒和对她严厉的惩罚。这完全超越了她看着这个无辜女孩被强奸和虐待时的惊恐，虽然她知道，女孩不久之后就会被杀掉。

虽然有家人和朋友知道保罗偶尔会打卡拉，但是没有人发现或承认这是严重的施虐。她总是给被他殴打造成的瘀伤和红肿找各种借口。要么是她摔了一跤，要么是遭遇了车祸，要么是她上班的宠物医院里有动物攻击了她。甚至有一天卡拉脱下衣服试婚纱时，她的两个朋友都注意到她瘦小的身体上有大片的瘀青。但当时她们什么也没说。

保罗不断暗示她，总有一天他会杀了她。他们在进行性虐待的角色扮演时，他甚至会用绳子勒住她的脖子，这正是他用来勒死两个女孩的那根。他威胁要告诉她父母塔米之死的真相，由此让她保持沉默。这是她想都不敢想的事。

大多数性虐待者都是彻头彻尾的自恋狂，保罗·贝尔纳多也不例外。他喜欢设计时尚的衣服，把自己想象成企业家，把自己的失败都怪罪于这个世界。他认为自己可以永远这样下去，在彻底操纵、支配、控制自己曾经性格外向、精力充沛的妻子的同时，与其他女人保持联系，绑架十几岁的少女寻求刺激。他甚至幻想过建立一个性奴殖民地。在他开始强奸之前，他有个习惯：把车停在精心选择的位置，然后坐在自己车里，透过卧室窗户偷窥年轻女孩脱衣服。有时他还会把这个过程录下来。据我们所知，没人注意到或者站出来举报他这一行为。但即使有人这么做了，这种行为会被严肃处理吗？

最终导致保罗·贝尔纳多被抓的事件正是我们小组所预料的：卡拉通过中间人找到了警方，虽然很难说她这样做是听了格雷格·麦克拉里的话。但她最后的处境是无法避免的，被虐待的证据在她父母和朋友眼里也错不了。即便如此，她还是在最后离开之前犹豫了几次。

律师开始为她协商辩诉交易以换取她指证她的丈夫。她在西北综合医院住了7周，以便进行心理评估。最终，辩诉交易主张判处12年有期徒刑，得到了莱斯莉·马哈菲和克丽丝滕·弗伦奇家人的同意。1993年2月17日，保罗·贝尔纳多被捕。他就是一个以自我为中心的懦夫，这是他这种性虐待狂的典型表现。入狱后，他就立马表现出格雷格·麦克拉里所说的明显的"态度转变"。他向警方抱怨说他害怕其他犯人会以牙还牙地对付他，提出为了他自己的安全，要与普通囚犯隔离关押。

他的审判成了加拿大的"世纪审判"。法官完全封锁了新闻报道，这在加拿大是合法的。他的罪行引发加拿大人的广泛关注，热度不亚于1995年夏天差不多同一时段在美国发生的O. J. 辛普森（O. J. Simpson）案。

在长达数周的出庭作证中，卡拉讲出了他们关系的所有细节，谈到了各种让人震惊的事实，比如保罗不但会把侮辱她的过程录下来，甚至录下了他强奸和折磨那两名少女的过程。她作证说保罗强迫克丽丝滕观看莱斯莉被强奸的录像，以达到控制和让她服从的目的。她还说是她在保罗的命令下，剪了克丽丝滕的黑色长发。她说保罗像进行宗教仪式一样，密切追踪斯卡保罗强奸犯和后来的校园女生谋杀案的调查——我们预料到罪犯会这样做。

正如格雷格在心理侧写中所指出的，贝尔纳多坐着听完了全部令人毛骨悚然的证词，却没有任何感情上的反应，或者表现出丝毫的悔恨或人类应有的感情。他唯一后悔的是被抓，以及他的妻子兼性奴背叛了他。保罗承认了参与强奸，但杀害女孩的是卡拉。

1995年9月1日周五，经过一天的审议，陪审团判决所有9项罪名成立。贝尔纳多因为最严重的两项——谋杀莱斯莉·马哈菲和克丽丝滕·弗伦奇——而被判一级谋杀罪名成立，最终他被判终身监禁，并在至少25年之内不得保释。

保罗·贝尔纳多案中最大的一个悲剧是人们错过了所有的机会：早期发现犯罪和性虐待人格信号的机会；通过DNA测试，在斯卡保罗强奸犯升级成杀人犯之前抓住他的机会；备受虐待的妻子在自己成为重罪犯之前离开丈夫的机会；妻子的家人朋友察觉出已经十分明显的问题的机会；卡拉与克丽丝滕一起逃脱的机会；以及最重要的是，两名聪明漂亮的年轻女性长大、恋爱、结婚、实现梦想的机会。

作为心理侧写师，我们从自己的错误中吸取了什么教训吗？当然有。我们会犯相同的错误吗？可能会。按照法医证据和目击者证词，我们会再寻找两个男人，一个主导者和一个顺从的同伙。但我认为我们至少会记住这一点：在一桩不堪入耳的罪行中，顺从的女性受害者同样可以成为同伙。

我之前提过，最初的斯卡保罗强奸案发生后，多伦多警方就联系了我们，我和格雷格·麦克拉里分别在不同的场合亲自给他们提供咨询。我们当时提出的先发措施中有一条是"目标强化"，即迫使作案者在你想要他作案的地方出手，就像侦破系列银行抢劫案一样。这一策略说不一定能奏效，但没有实施。我在这里并不是责怪任何个人或者组织。这只是说，如果我们所有人能提高警惕，对不寻常或看起来挺正常的事情给予更多的关注，也许在未来能避免更多的悲剧发生。

要做到这一点，一个要素就是知道你在找什么，知道谁是或者可能是你真正的敌人。20世纪50年代的生活没这么复杂，胡佛不只是一个打击犯罪的宽下巴硬汉形象，他还是所有美国青年严厉却慈爱的父亲一样的人物。当时，联邦调查局用一张画来警示孩子远离可能的危险。我记得画上是一个男人从树后面走出来，拿着一袋糖果送给一个天真轻信的孩子。其中的隐喻和信息很明确：小心陌生人给你的糖果。

绘画的意图无疑是值得称赞的，并且在20世纪50年代，那时的危险似乎更为清晰，但是，经验恐怕会告诉我们，我们要担心的远不止陌生人的糖果。

这也是我参与的第三起加拿大案件的情况。与帕罗特、马哈菲和弗伦奇的谋杀案一样，这起案件也涉及强奸和谋杀一名无辜的孩子。但案件发生的环境和我们从中得到的教训很不一样，就像前两起案件之间也十分不同。

1985年1月，当时我在多伦多就审判挺波·苏（Tien Poh Sn）向检方提供控诉策略的建议。杜兰县警察局犯罪调查组的约翰·谢泼德（John Shephard）和伯纳德·菲茨帕特里克（Bernard Fitzpatrick）警探找到我，问我能不能和他们一起驱车前往最近发现的一个抛尸现场，然后告诉他们我的看法。我在法庭上已经待了一整天，精疲力尽，只想回酒店喝点东西，然后瘫在床上。他们已经把案子提交给当时布法罗驻地办事处的心理侧写协调员、特别探员奥利弗·津克（Oliver Zink），我想案子最终会回到匡提科。但听了案件的细节之后，我认为不能放任不管。

前一年的10月3日，在多伦多北部的安大略省昆士维尔，有人看到9岁的克里斯蒂娜·玛丽昂·杰索普（Christine Marion Jessop）在回家路上买泡泡糖吃。这是最后一次有人看到她。警方和志愿者展开了数日大规模的搜索，但什么也没发现，没有任何线索。

恐惧笼罩着这个小镇。警方推测，她一定是被路过的人绑架然后带走了。市长和市政府官员敦促家长们提醒自己的孩子，小心提防外来人，不要接受陌生人的礼物或者拿他们的糖果。克里斯蒂娜失踪后，人们的偏执和恐惧一样深。在昆士维尔，这一年的年底节日季充满了悲伤。

然后，在元旦前一天，附近桑德兰的一个农场主和他的两个女儿一起穿过一片地，想要找到他们之前看到的一条走失的狗的主人。这时，他们在地里发现了一具大部分已经白骨化的尸体。尸体腰部以下裸露，只穿了一双带有蓝色花边的白色短袜，摆出的姿势像青蛙一样。剩下的衣服严重腐烂，旁边还发现了一双耐克跑鞋。在附近的草丛里发现了一个帆布袋，里面有一支塑料制的竖笛，吹口后面贴有一块胶带，这与克里斯蒂娜失踪当天音乐课上发的一样。法医检查和牙齿记录确认了这具白骨化的遗体就是克里斯蒂娜。她被刺数刀，内裤上有血迹和精斑，说明她曾遭受性侵。我的大女儿埃丽卡和克里斯蒂娜年纪相仿。

我们坐在一辆没有标志的警车里赶往抛尸现场，一路上两位警探给我讲述了此案更多的细节。那天杰索普一家都不在。她母亲珍妮特和她家的养子——14岁的肯尼斯一起去看牙医，然后去监狱探视他们的父亲罗伯特。当时罗伯特因白领犯罪正在服刑。

我们知道克里斯蒂娜当天领到了这根竖笛，老师对警方说她非常高兴。我们也知道她买了泡泡糖,昆士维尔综合商店的员工回忆称,在街上看到一辆深色汽车,镇上每个人都认为这就是绑架克里斯蒂娜的可疑陌生人的车。但我认为这辆车很可能和案子无关,仅仅只是一个转移视线的东西。她不是从街上被绑的。我们知道她到了家,把她的自行车停在车库里。房子距离马路有 70 米到 90 米,我不认为一个陌生人会冒着被发现的危险,从车道上一直走到她家,因为他根本不知道她家里有没有其他人。关于暴力犯罪的一个事实是,人们想要提供帮助,因此他们会提供自己想到的任何可能相关的事情。这一点很重要,我们也鼓励这样做。但我们也必须筛选获得的线索,把真正的线索与偶然的事件区分开。

他们还带我去和克里斯蒂娜的父母谈话,这让我更清晰地了解了他们的女儿是怎样的一个女孩。那天晚上,我记得我坐在这辆没有标志的警车后座上。在勘查了抛尸现场,看了她家的房子和小镇周边的相关区域后,我对两位警探说道:"这不是陌生人凶杀案。凶手就住在这个地区。实际上,他认识克里斯蒂娜,居住地离她家走路就能到。"

两位警探先是互相看了看,然后同时转过头来看着我。他们其中一个说:"今晚你能把这个写下来给我们吗?"

我说:"现在是凌晨 1 点,我已经困死了。"但这对于他们好像真的很重要,于是我要了一个录音机,让他们把我送回酒店,躺在酒店房间的床上,把法医报告摊在我周围,然后我开始口述我的思路。

也许是因为我真的累极了,我发现自己进入了一种恍惚的状态,有时候我的确会这样。案子在我脑海里生动地浮现出来。

我了解到的克里斯蒂娜是一个聪明、好奇、热情的孩子。我想,从学校回到家后,她对自己的新竖笛很是兴奋,但家里没人分享她这份喜悦。所以我相信,她走出家门,想在家附近找到一个人,一个可以和她说话的人,一个能欣赏她在音乐课上学到的东西的人。我说,无论这个人是谁，他很可能就是凶手。

作案者必须用车把她带走。他要么走房子后面的路，要么冒着被看到的风险穿镇而过。不管是哪种情况，他显然知道该往哪儿去。他了解这个地方。他必须到旁边桑德兰僻静的乡村田野去。

我相信接下来发生的与艾莉森·帕罗特遭遇的有些相似。在半路上，克里斯蒂娜可能发现了他们不是去作案者说要带她去的地方，他可能说要带她去看父亲。她害怕起来，这时他可能掏出了一把刀子来控制她。但他控制不了这个瘦小的 9 岁小姑娘，这也证明他不是一个专业杀手。情况就这样发展下去，直到她给了他机会。

克里斯蒂娜是一个非常外向而友好的孩子。他可能误解了她的率真和热情，以为她会同意他的性追求，因为那是他幻想中的一部分，无论这幻想是针对克里斯蒂娜一个人，还是针对所有青春期之前或刚进入青春期的女孩的。这在性问题上不成熟的罪犯身上并不少见。他可能开始抚摸她，或者强迫她做自己不愿意做的事。我相信克里斯蒂娜一家和他很熟，所以当她开始叫喊或者哭泣时，他知道她会告诉她的母亲。所以他必须杀了她。全身上下的刀伤说明他很难制服她。即使她受了伤，但仍然试图逃脱。法医甚至发现刀击中了一条肋骨。

我说道，我描述的这个人很可能 20 岁出头，虽然在本案中年龄很难判断。考虑到他控制这个女孩很艰难，更不用说制服他幻想中的对象了，因此他很可能更老一些，而且情感发育停滞。我说警方很可能已经询问过他了。

不同类型的刺伤更证实了她曾试图反抗，也表明这不是一个经验丰富的罪犯。很有可能这是他第一次杀人，但我认为他可能会有轻罪的案底，比如偷窥或小型纵火。如果是年纪更大或者更有经验的作案者，我会看到死因是窒息或钝器击伤，这比用刀乱刺整齐得多。尸体在距离绑架地几千米的地方被发现，说明他想要逃离每个人都认识他的地方。同样，尸体张开的四肢和不完全的遮蔽物向我表明这是一个相对缺乏章法的罪犯。出于这个原因，他可能不修边幅、昼伏夜出，喜欢在白天睡觉，而且即使他有工作，也不会带来很大的精神压力。他的车保养得不好，行驶里程也很高。

我认为当时作案者的生活中出现了重大的压力源。从罪行的类型和细节上看，我认为他没有结婚或正与一名女性保持恋爱关系，所以我认为这不会是造成他压力最重要的原因。也许是工作上出了问题，或者被解雇。他也许和父母或其他上了年纪的亲属一起居住，他们给他带来了一些压力。无论是什么问题，都可能与他的自尊有关。他甚至有伤疤或者残疾，比如口吃、肤色问题，或者他觉得让他在年龄相仿的女人面前显得被动的其他问题。我认为他在附近常常和孩子玩耍，只与比自己年纪小的人交往。

毫无疑问，克里斯蒂娜反抗时他身上也沾到了血迹，这意味着他这时候会立马回家洗澡，把自己洗干净，很可能还会销毁当时穿的衣服。任何人只要看到他犯罪后的举动，都会察觉有问题。人们会注意到他的惯常行为发生了改变，他的神经会更加紧绷，会出现睡眠障碍，更沉湎于酒精或香烟。他要是住在附近，警察肯定已经询问过了。为了消除自己的嫌疑，他会表现得过于关心案情，配合警方，并且用其他办法试着让自己加入调查，以便跟进调查进展。他不是有计划地杀人，所以不会有详尽的反侦查计划。如果他觉得自己被怀疑了，他不会离开这个地区，因为他会认为这是自己有罪的证据。他周围有人可能已经注意到他总要回到抛尸现场，而且他会有借口解释他为什么要到那里去。

我还列出了一些我觉得可以迫使作案者露出马脚的先发措施。第二天早上我把录音带给了两位警探，他们立马转写成文字。

不久后我得知，谢泼德和菲茨帕特里克之所以对我说的这么感兴趣，是因为他们询问过的一个人非常符合我给的心理侧写。他名叫盖伊·保罗·莫林（Guy Paul Morin），快30岁了，和他的父母住在杰索普家隔壁的房子里。他喜欢音乐，在社区乐队里吹单簧管，克里斯蒂娜和他很熟。同时还有不少法医证据，包括在他家发现有血迹、剥落的油漆和克里斯蒂娜衣服上的纤维。

1985年4月，莫林被捕并受到指控，但警方没能在审讯中让他认罪。我认为镇上的人也充满了复杂的感情。必须是一个陌生人杀死了克里斯蒂娜。认识她的人不可能干出这种事来。盖伊·莫林的外表和行为都不像个怪物。

在这方面，保罗·贝尔纳多也不是。

除了法医证据，警察还派出了一个卧底到莫林被关押的监狱冒充狱友，这在加拿大是合法的。后来，卧底警察在第一次审判中出庭作证说，莫林曾说过强烈暗示他有罪的话，但莫林当时予以否认。

从这时起，此案变得奇奇怪怪且令人不安，最终导致克里斯蒂娜父母离婚，莫林父母破产，父亲重病。1986年年初在安大略省伦敦举行的第一次审判中，莫林做无罪辩护，但在后续诉讼过程中，他的律师表示，如果陪审团裁定他有罪，则应判其精神错乱。但是，陪审团认为证据不足，判他无罪。

检察官提出上诉，这本身就很不寻常。1987年6月，安大略上诉法院推翻原判，下令重审。次年，加拿大最高法院维持上诉法院的裁决。

1991年年末，第二轮长达6个月的审判开始。其结果是，经过8天的审议，陪审团判决他有罪。莫林被送往金斯顿监狱。

然而，1995年，DNA测试——谋杀案发生时还没有这项技术——显示，莫林血样的DNA与在克里斯蒂娜内衣上发现的精斑DNA不符。他被释放出狱并被判无罪。克里斯蒂娜·杰索普的谋杀案再次成为悬案。

作为执法人员同时为人父母，我们不愿看到这样混乱而含糊的结果。我是否还认为盖伊·保罗·莫林谋杀克里斯蒂娜·杰索普有罪？这要留给法庭决定，而不是我。我们小组里从没有人说过能够给出某个作案者的姓名和身份。我们所能做的，是根据我们所得到的信息和罪行发生前后可能出现的行为，来描述我们认为的作案人类型。通过这种方法，我们希望能够帮助调查人员缩小犯罪嫌疑人的范围。我仍然坚信，克里斯蒂娜的凶手就住在附近，对她很了解，对音乐感兴趣，并且不成熟，独来独往，有自我形象上的困扰，总是和比自己小的人待在一起。

我也认为，这么长时间过去了，多年来，证据可能已经损坏，并且犯罪现场、尸体和衣服的情况都很糟，因此我严重怀疑现在进行任何科学测试还能有效。

此外，第一次庭审后，诸多无耻丑陋、令人不齿的情况被揭发出来，包括比克里斯蒂娜大3岁的哥哥肯尼斯和他的一些朋友从她4岁起就开始性侵她。虽然一想就让人毛骨悚然，但我认为克里斯蒂娜内衣上精斑的来源无从确认。本案中的DNA证据也许只是一个巨大的误导，这种事情偶尔会发生。

无论杰索普案有何解释，恐怕这都是一场悲剧。

在我职业生涯中必须面对的事情中，针对儿童的暴力犯罪无疑是最糟糕的。一旦你看过凶案现场和犯罪现场的照片，这些景象就会如影随形。在我看过这些、知道这些以后，我的第一个本能反应就是，在我孩子还小的时候，我要把他们拷在我或我的妻子帕姆手上，并且绝不让他们离开我们的视线。

问题是如何在过度保护和让孩子有成长和学会自立的空间之间取得平衡。埃丽卡第一次一个人开车或者约会时，我非常紧张。在小组里我有一个最亲密的朋友，一般情况下，他是一个随和幽默的人，但是在女儿出去约会前，他几乎是在审讯女儿的约会对象。我们见过的太多了。

我想，作为父母，我们最好的办法就是保持警觉，保持清醒，充分教导孩子，但也不要让他们害怕每一个影子。我们要设立日常行为和为人正直的标准，同时要让他们知道，什么事情都可以跟我们说。但我也要承认，达到这种平衡并非易事。

CHAPTER IV
第四章

IS NOTHING SACRED?
悍不畏法？——敢于挑战法律的人终遭惩罚

卡桑德拉·林恩·汉森（Cassandra Lynn Hansen），大家都叫她凯西（Cassie），是明尼苏达州圣保罗市南郊依根市的一名 6 岁女孩。她比我女儿埃丽卡大一岁，照片里，她偏褐色的金发垂到肩膀以下，一下子就让我想到一个可爱的小精灵。她笑起来带着酒窝，让人觉得这笑容能照亮最黑暗的日子。

1981 年 11 月 10 日晚，卡桑德拉和她的母亲、妹妹一起，在圣保罗市耶和华福音路德教会的地下室参加家庭夜间祷告。她对母亲说要上厕所，于是走到大厅，上楼找卫生间。在楼梯上，教会的一个女性成员见过她，但这之后就再也没人见她活着。她没有回来，于是她母亲爱伦（Ellen）去了女卫生间，打开灯四处看了看。卫生间是空的。她走出教堂，不断呼喊女儿的名字。其他人也一起搜寻，但还是没有找到凯西，于是他们报了警。

第二天早上，她的尸体在距离教堂 5 千米之外的格兰大街上被发现，被塞进了一个汽车修理店后的垃圾箱里，被发现时，她身上还穿着失踪时穿的那条浅蓝色裙子。她的黑色漆皮扣鞋在两个街区外被发现。唯一没找到的东西是她头发上的发夹。

这个小姑娘被杀，是我遇到的最为痛心的案子。同时，案子很好地运用了先发措施，参与其中的众人是我所认识的最具献身精神和无畏勇气的人。

明尼阿波利斯和圣保罗两市居民都为凯西的死感到既恐惧又惊诧、悲伤。如果一个快乐的小女孩能从上帝所在的教堂里被拐走，生命之火被掐灭，那还有什么神明可言呢？

法医没有找到性侵的证据，但在她浅蓝色长筒袜根部发现了精液的痕迹和几根阴毛。精液表明是O型血，而凯西是B型，这是个好消息。致死原因是勒死。从脖子上的瘀青判断，凶器很可能是一条约6厘米宽的皮带。胸部的擦伤表明，还有一条皮带捆住了她的上半身。孩子被挠伤，头部和脸部遭到殴打。但这个细节警察没有公开，将其作为"控制"信息，以便确认虚假的供词。

凯西的父母已经分居，她和母亲住在一起。警方很快就排除了她父母的嫌疑。爱伦告诉调查人员，他们教会凯西在受到陌生人威胁时大声喊叫，并且她很清楚这堂课的重要性。不久之前，凯西看到她4岁的妹妹凡妮莎（Vanessa）与一个她不认识的人说话，不由分说地强行把妹妹拉回了家里。

目击者证词相互矛盾，让人困惑，这种情况经常发生。曾在楼梯上看到凯西的教堂工作人员记得看到一个50岁到60岁的白人男性，长了一头"盐胡椒"一样的白发和一张粗糙的脸，戴着黑框眼镜。凯西失踪后,在距离教堂不到一个街区的一条街上,一名房地产经纪人说他发现一个20多岁的白人男性抱着一个不动的孩子,看起来像是一个女孩,六七岁。后来,在通往发现凯西尸体的垃圾箱的小巷附近,也有人做了类似的描述。

圣保罗警察局紧锣密鼓地侦办案件,借调了联邦调查局驻明尼阿波利斯办事处的人员,并且掌握了一些很有价值的线索。但从圣诞节一直到新年,他们都没能逮捕罪犯。每个人都希望找到罪犯,每个人都想找到杀害小女孩的凶手。

1982年2月底,明尼阿波利斯的特别探员比尔·哈格迈尔和布伦特·弗罗斯特(Brent Frost)联系我,希望我为这个案子进行犯罪心理侧写。这是我第一次与比尔共事,时间很短。一年之内,他被调到匡提科的行为科学小组。1983年12月,我在西雅图挣扎在死亡线上时,比尔组织了一次募捐活动,筹钱把我的妻子和父亲送到医院和我待在一起。后来他加入了我的调查支持小组。直到1995年我退休时,他一直是小组的重要成员。他现在是匡提科连环杀手和儿童绑架案小组的负责人。

3月3日,在分析了所有与案件相关的材料后,我与比尔、布伦特和圣保罗警方的关键人物唐纳德·特鲁温(Donald Trooien)警监[1]开了一场耗时漫长的电话会议,把我分析出的犯罪心理侧写提供给了他们。特鲁温警监是凶杀和性犯罪小组的负责人,1月曾在匡提科参加了一个性犯罪调查研讨会,当时听了调查支持小组的报告。参与调查此案的还有副总警监罗伯特·拉巴斯(Robert LaBath)、警督拉里·麦克唐纳(Larry McDonald),以及警长罗杰·尼德汉姆(Roger Needham)、达

---

[1] 美国警察没有全国统一的警衔,全国超过17000个警察局、警署、治安办公室在组织上互不隶属干涉,因此美国各地的警衔标志虽大同小异,但不能一一对应。不过警衔的高低有一定的规律,此处副总警监(Deputy Chief)警衔最高,往下依次为警监(Captain)、警督(Lieutenant)和警长(Sergeant)。——译者注

雷尔·施密特（Darrell Schmidt）。按照我们在匡提科的习惯，我最不希望调查人员做的一件事就是提供任何有关他们认为是嫌疑人的信息。我想保持客观，我提供的犯罪心理侧写应该完全以证据向我揭示的内容为基础。

这是一起在教堂发生的绑架案，根据这一性质，我认为我们的未知作案者是一名白人男性，长期痴迷于儿童，这也许是他一生的执念。几乎可以肯定，作案者与凯西属于同一种族，这也不是一次偶然发生的路上绑架，虽然绑架本身具有很强的机遇性。此人经常出没于他知道会有孩子出现的地方，在这些地方家长会放松警惕，他可以尽情地观察他们、靠近他们。年龄是犯罪心理侧写中最难以确定的因素之一，因为情感年龄或经验年龄并不一定与实际年龄相符。但是，尽管根据经验，我们推测儿童痴迷障碍表现出来的年纪在 20 岁出头，但我认为本案中的犯罪者至少已经 30 岁。但我警告说这不一定是对的。此前 4 个月，我结束了臭名昭著的"小径杀手"案的侦破工作，这是一系列在旧金山北部茂密的森林公园里徒步的女性被害的案件。各种因素都指明，罪犯是一名 30 岁左右的白人男性。但被捕的大卫·卡朋特（David Carpenter）却是 50 多岁，是圣何塞的一名工业艺术教师。不过，他第一次因性犯罪被收监时才 20 多岁，这大体上是我们预测的时间。无论如何，不管他年纪多大，我都认为杀害卡桑德拉·汉森的凶手有涉及儿童的性犯罪史，即使这些罪行远不及谋杀这么严重。他能够迅速高效地把她从教堂掳走，这说明他手段高明、思想成熟。他甚至可能从掳走她的过程中感到刺激（我采访了许多骚扰儿童的人，他们说，在没人注意或阻止的情况下，把孩子从拥挤的商场中带走，能让他们产生快感）。

此时的情况表明，罪犯相当成熟老练，但选择对儿童下手则明确表示，他无法以符合自己年龄的方式与同龄人打交道。这类人无法对一个年满 18 岁或者与自己年龄相仿的人施暴。他只能选择一个无助的孩子下手，而他绑架、谋杀一个小女孩则是巧合。我认为凯西正好是他喜欢的受害者类型,他也可以对一个小男孩下手,只要他能得手。尽管如此,他仍然可能已经结婚或与一个女人谈恋爱,但那不是成熟或深厚的关系。如果这个女人自己需要依靠别人,或者很不成熟,我并不会感到惊讶。在纽约州罗切斯特强奸和谋杀妓女的亚瑟·肖克罗斯曾因袭击和谋杀一个小男孩和一个小女孩被判入狱 15 年(在我看来太短了)。在谋杀妓女那会儿,肖克罗斯有工作,已经结婚,甚至还有一个保持稳定关系的女性朋友。

我告诉调查人员,我认为教堂这个地点对于判定未知作案者的性格有着关键作用。他可能自己都没意识到为什么他会出现在这座教堂里,他可能不属于这一教派。他可能觉得自己去那儿是出于宗教原因,是为了与上帝交流。他可能认为自己道德高尚,他做这些是因为上帝要他去做。我们面对的可能是一个偏执型精神分裂患者,至少我认为他会有幻觉,并且这些宗教幻觉可能与他对儿童的幻想有关。我说,你们确定了这个人的身份之后,一定会找到详细的日记、剪贴本,甚至还有他写的诗,都与他对孩子,甚至是这个特定孩子的迷恋有关。你们还会找到一本甚至不止一本《圣经》,许多段落都画满了线条,页边空白处写满了细致的注释。他是一个孤独的人,自我形象很差,可能很胖。他也许又高又壮,因为他必须把这个可能在挣扎的孩子悄悄地带出教堂,但是他长得不会好看。如果他是 20 多岁——或者更可能是 30 多岁——那么他身体可能有残疾,或者口吃,让他自惭形秽。如果他是四五十岁,我认为他会很胖,大着肚子,可能已经开始脱发。他朋友不多,甚至没什么亲密的朋友,因此他的日记和剪贴本是他最重要的交流手段。这种人当中有些甚至会通过录音或者录像记录自己的想法,比如拍下孩子们从校车上下来的画面,同时记录自己对单个孩子的评论。如果这个未知的作案者担心调查向他逼近,他会把这些东西藏起来,但不会销毁,除非他不得不这样做。这些东西是他毕生的追求。

这种人会执迷于案件和凶杀调查。在他的剪贴本里，他会贴上他能找到的所有报纸的剪报，尤其是带照片的报道。警方给我看的凯西的照片也在报纸上公布了，我相信作案者会把它做成剪报。

他很可能参加了葬礼，还可能会不断地重回墓地。他很可能从孩子身上取走了东西当作纪念品——我注意到凯西的发夹不见了，有些人甚至会把东西拿到坟墓去，归还给受害人，与他们"交谈"。另一种可能性是把纪念品送给另一个孩子。这样，他就把自己对死去女孩的迷恋"转移"了过去。

抛尸地点带有象征意义。他施暴结束后，把小女孩扔进了垃圾桶里，这实际上是在说，他可以对她做任何他想做的事，他的行为是正当的。这可能与宗教幻想有关。他与上帝的直接接触能将谋杀合理化，帮助他承受这一切。要么是上帝要作案者帮助这个纯洁的灵魂重归天堂，要么是她必须受到惩罚或被清除，而他只是上帝的工具。因此，他可能比以前更频繁地上教堂。这是他应对压力的一种方式。另一种排解压力的方式是酒精或者毒品。

当你有一个具有象征意义的地点时，你认为凶手会回来，回到墓地或者对受害者和罪行具有重大意义的地方。监视往往能取得积极的成果，这就是为什么我建议在媒体上定期"提醒"凯西被埋在了哪里。

因此我认为这是一名连环罪犯，对于他们大部分人，你一般能在犯罪发生前的几小时、几天或几周内找到一个陡增的压力源。正如我所说的，最常见的两个压力源与失业和失恋有关，但任何形式的困难，尤其是经济上的，都可能会触发暴力。唯一重要的标准是，压力源是作案者应付不了的事情，是让他觉得自己被不公正地对待，或者全世界都在与他作对的事情。我认为这名罪犯有过骚扰儿童或者性犯罪的历史，于是当他看到一个孩子周围没有别人在场，他被发现或者被阻止的风险很低时，他便立刻本能地付诸行动。

我告诉警方，无论他们有没有嫌疑人，都要宣称调查进行得很顺利。我建议副总警监罗伯特·拉巴斯上电视,宣告即使这个案子会毁了他的职业生涯,他也会把案子破了,将凶手绳之以法。这样能不断给凶手施加情绪压力。

因为这名未知作案者正感到巨大的压力。我上文提到,酗酒是表现之一,但我觉得酗酒对他帮助不大。他可能把自己的行为告诉了另一个人,而如果他这样做了,这个人很可能会随着案子热度的上升而身陷危险。他会想,从案子发生到现在过去了这么长时间,是否意味着他已经没事了,或者调查正向他逼近,越想越绝望。这种绝望很容易导致他再次犯罪。

当警方有一个比较确定的嫌疑人时,我建议他们更加公开地施加压力。在约翰·韦恩·盖西(John Wayne Gacy)成为芝加哥地区一系列男孩失踪案的首要嫌疑人后,德斯普兰斯警方高调地对其进行公开监视,无论盖西去哪儿,他们都跟着。一开始,这个身材滚圆的建筑承包商把这当成一个笑话,甚至还请两位警探吃晚饭。他很清楚,警方不会因为一些微不足道的事情抓他,因此他公然违反交规。他邀请警察去他家,在他家里,警察闻到腐肉的气息。最终,警方以涉毒的罪名逮捕了他,取得了搜查证,在他家发现了33具尸体,就藏在房子的建筑里面。

我认为类似的策略在这儿也能起作用。嫌疑人上教堂,警察跟着上教堂;嫌疑人上餐馆,警察跟着上餐馆。让他看到你敲他邻居家的门。我还建议定期给他打骚扰电话,电话这边一个女性在哭泣,然后挂掉。你要发挥想象力,用各种手段让作案者受尽情感的煎熬。

这种罪犯很可能在夜晚活动。如果警方晚上路过他家,会发现他家里亮着灯。他会在夜里开着车,四处瞎逛。他不会逃跑,因为他知道这会引起调查人员的注意,并且对于自己的所作所为,他至少觉得在一定程度上是合理的。当时有一种叫作"心理压力评估"的方法,在一些执法机构,尤其是中西部地区很流行。这种方法利用一个电子设备（如测谎仪）测定具体的参数，理论上可以在问讯过程中检测出欺骗。我个人不认为这种方法有什么效果，尤其是对于在心里已经将自己行为合理化的犯罪者。如果他们用杀害小女孩这一事实去刺激他，他们得不到满意的结果。我认为，唯一能激起他反应的，是用他对着女孩自慰这一点来刺激他，因为我们的确在女孩的长筒袜上发现了精斑。

我描述客观上我认为的绑架和谋杀凯西的凶手类型之后，警察告诉我，他们在调查过程中进行了500多次询问，考虑过108名可能的犯罪嫌疑人。

有一个嫌疑人特别突出。特鲁温警监说："当你描述我们应该找什么样的人时，你大概在10个方面说中了这家伙。"

该名嫌疑人是一个50岁、身高183厘米的白人男性出租车司机，名叫斯图尔特·W. 诺尔顿（Stuart W. Knowlton）。凯西失踪当天，有人看到他开着车在教堂附近晃荡，警察找他问话，被他拒绝，他也拒绝接受测谎。此人身材矮壮，留着灰色短发，发际线很高，戴着眼镜。警方对我说，他经常在当地教堂出没，并有性虐待儿童的前科，甚至包括涉及他自己孩子的指控。听了我们的建议之后，警方将他作为首要嫌疑人，把他们追踪的其他人放在后面。

虽然警方怀疑，但他们没有足够的证据指控他，因此他仍逍遥法外。但巧的是，就在我们开电话会议前3周，诺尔顿在走路回家时被车撞倒，差不多没了半条腿。在一段时间里，追踪他并不困难，因为他还在拉姆塞县护理中心进行康复训练。

另一个与斯图尔特·诺尔顿有关的人也在佛罗里达州奥兰多附近接受康复训练。她叫多萝西·诺嘉（Dorothy Noga），凯西被害前后，她在圣保罗当按摩师。她不太喜欢这份工作，但平均每周能挣2000美元，足以让她的丈夫待在家里，同时养育4个孩子。根据调查人员组合起来的情况，诺尔顿首先是在1981年11月11日来到诺嘉工作的李·莱诺尔桑拿屋,这天正好是凯西被绑架的第二天和发现尸体的当天。奇怪的是,诺尔顿对她说,无论有人指控他在这段时间做了什么事情,都要她做不在场证明。诺嘉不明所以,但接下了他的名片,他在上面写下了住址和电话号码。

小女孩之死让诺嘉深感震惊,但她没有把这件事与诺尔顿联系起来。她想到了另一个顾客曾经表现过与小孩发生性行为的幻想。在按摩房这样的私密空间里,男人常常会对多萝西吐露衷肠。于是她给警方打了匿名举报电话。

几天之后,这件凶案仍然萦绕在诺嘉脑海中,她认为既然自己获得的信息可能派上用场,就应该更多地参与其中。这次她打了电话,留下了姓名,同意警方前来询问。在询问时,一张诺尔顿的照片碰巧从警察的文件夹里滑出来,掉在了地上。诺嘉认出这就是凶案第二天来按摩的那个男人。她想知道这个人是不是嫌疑人。警察说是,但他拒绝接受警方询问。

她猜想也许他会和她说话,并提出给他打个电话。但警方拒绝了,不想被指控非法获取信息,因为诺尔顿已经联系了律师,而律师告诉他不要开口。

警察离开后,诺嘉认为警方没有权力命令她做什么,于是她按名片上的号码打了电话。诺嘉很自信地认为她能让诺尔顿开口。这个32岁的按摩师十分善于倾听,几乎能让所有男人对她开口。

她就这样做了。没多久,她与诺尔顿就亲密到几乎每天通话的地步,有时甚至长达数小时。在诺嘉看来,诺尔顿似乎陷入了孤独和绝望,对小女孩汉森的死显得过于担心。诺嘉觉得她这条路是对的。

此时,每天的通话已变得压抑不堪。诺尔顿聊天的口气就像是他们在恋爱一样,而诺嘉则对他这种反应感到恶心。后来,她对《圣保罗快报》(*St. Paul Dispatch*)说:"和他说话让我非常压抑,我想过放弃。我就想坐下来哭。"

但她自己有4个孩子,她的心与凯西和她悲痛的家人在一起。如果可以,她想让别人免受同样的厄运。她说,在一次通话中,诺尔顿承认杀害了凯西。这激励她继续下去,同时录下他们的通话。她通知了圣保罗警察局,把录音交给了他们。诺嘉开始录音以后,虽然诺尔顿还在谈论这个案子,但他再也没有提起他自己做了什么。

12月13日,凶案发生后大约一个月,诺嘉和诺尔顿的谈话就此终止。这天是她丈夫34岁的生日,此时她在舒适桑拿中心工作。关于这天,她只记得醒来时发现自己躺在圣保罗拉姆塞县护理中心的病床上,床的另一头是她悲痛的母亲。后来斯图尔特·诺尔顿遭遇车祸,也被送往这家医院。诺嘉被捅了数刀,喉咙被割开。袭击者把她扔在地板上,她血流不止,濒临死亡。医生们认为她能够生还简直是一个奇迹。她在医院被24小时守护起来,但关于袭击者,她只给了警方一个很模糊的描述。警方向她展示了可能的嫌疑人的照片,让她指认。有一名男性被捕,但因缺少证据被释放。

警方立即怀疑诺尔顿。他们给我讲了事情经过之后,我也同意他们这一看法。他向诺嘉袒露心思,以缓解自己的压力。但随着压力增加,他意识到他把自己置于多么危险的境地。唯一的出路只有消除威胁。

这件案子没有目击者,也没有现场证据,诺嘉把她记得的事情全都说了。诺嘉出院后,他们一家搬到了佛罗里达州,继续进行康复治疗,同时也让她远离袭击者——他可能正后悔没有把事情做干净。

然而,诺尔顿与不久前刚认识的一名女性的谈话同样起到了关键作用。詹尼斯·雷特曼(Janice Rettman)与多萝西·诺嘉年龄相仿,是圣保罗公共住房信息办公室主任。这是一份高级工作,责任重大。雷特曼身材娇小,一头偏红的金发,市政府里所有人都知道,她是能办成事的人。

雷特曼见到诺尔顿是在1981年3月16日,凯西·汉森被谋害前

8个月。诺尔顿来到雷特曼上班的地方，对她说"罗斯福之家"公共住房项目准备将他扫地出门，他的妻子要带着两个孩子离开他，他们赖以糊口的救济金和食品券也要停了。他说，他刚开始开出租车，已经去了好几家教堂和社会救助组织，但似乎没人能帮他。雷特曼发现，诺尔顿被驱逐的原因是两起针对他的投诉。第一起投诉发生在上一年秋季。诺尔顿邀请了两名14岁女孩到他家玩牌。她们到了之后，诺尔顿就不断地向她们描述生孩子的过程，和她们谈论性和月经。他还想向她们展示自己的下体。女孩们的父母向警方报告了这起事件，警方则通知了公共住房办公室。诺尔顿被警告说，如果再有类似的事情发生，他们一家将被驱逐。

之后到了2月，诺尔顿让一个9岁女孩脱掉裤子给他看。女孩因此惊吓过度，噩梦连连。

这时诺尔顿暂时住在一间简易公寓里，他的妻子带着孩子住在几个街区外的女性收容所里。

在与雷特曼交流时，诺尔顿毫不犹豫地谈到他与儿童的性接触。虽然雷特曼从没这样做过，但她本能地觉得不能告诉他真名，自我介绍叫詹尼斯·里弗（Janice Reever）。她说她有责任将任何潜在的虐童事件上报给有关部门，并告诉他："你得去检查检查。"

儿童权益保护部门告诉雷特曼，此前已经有过多起针对诺尔顿的报告，但他们没有足够的证据起诉他。

雷特曼在新闻里听到卡桑德拉·汉森的尸体被找到的消息后，立刻想到了她在3月打过交道的这个男人。他曾说过，他去过许多教堂，而他租住的简易公寓距离耶和华福音路德教会只有10个街区。几天后，她打电话给诺尔顿，追踪他的居住情况，发现他心烦意乱，不愿多说。又过了几天，诺尔顿主动给她回了电话。与第一次见面时一样，诺尔顿坦率地对她说道，接到她的电话时，警察刚搜查过他家，他心情不好，不想说话。他对她说，他就像身处地狱一样，十分孤独，需要有人倾诉，有人去看他。

雷特曼知道警察在寻找关于诺尔顿的证据，但不太成功，于是她和诺嘉一样，决定介入。

"没有哪个孩子可以被伤害，"她后来对《圣保罗快报》的琳达·科尔（Linda Kohl）说道，"对于儿童的福祉，每个成年人都负有责任。如果我能帮助警方将此人绳之以法，或者帮助他们确定这个人再也没有动过孩子，那么这样做就是对的，这很重要。我们对孩子负有责任，无论是你自己的孩子还是别人的孩子。"

我坚信，如果更多的人持有詹尼斯·雷特曼这样的态度，并付诸行动，我们的社会将会更安全，更有人情味。

作为市政府的一名工作人员，雷特曼直接找到警察局局长威廉·麦卡钦（William McCutcheon），提出要予以协助。与多萝西·诺嘉一样，诺尔顿也开始在电话里向她倾诉衷肠。他谈到了导致他被驱逐的儿童骚扰罪名，谈到了他的婚姻问题，说他找不到稳定的工作，还说他在一年前听约翰尼·卡什[1]的音乐时，开始信教。雷特曼每次和他通话都会记笔记，整理之后一并交给警察。警察掌握的诺尔顿的大部分信息都是来自雷特曼整理的材料，正因如此，警方才了解到诺尔顿非常符合我的心理侧写。

多萝西·诺嘉遭到致命的袭击，这让雷特曼需要更大的勇气继续下去。尽管很害怕，但她仍然坚持了下来，并将笔记妥善保管，避免类似的事情发生在她身上。

是什么让雷特曼甘愿冒着巨大的心理和生命风险也要介入其中？是什么让她与凯蒂·吉诺维斯（Kitty Genovese）的 38 个邻居如此不同

---

1 约翰尼·卡什（Johnny Cash，1932—2003），美国音乐家、乡村音乐创作歌手、电视音乐节目主持人，创作和弹奏演唱歌曲包括乡村、摇滚、蓝调、福音、民间、说唱等风格，多次获得格莱美奖，入驻 5 个音乐名人堂。——译者注

[1964年3月13日清晨,凯蒂·吉诺维斯在自己家门外被温斯顿·莫斯里(Winston Mosely)捅死,她的38个邻居竟然对呼救声充耳不闻]。对这个问题,我们可以有一些简单肤浅的答案,比如雷特曼取得了社会工作的学位;她曾在美国志愿队VISTA当了6年半的志愿者;她天生爱冒险,18岁就离开家乡得克萨斯州去外地深造。但要回答是什么让她成为解决问题而非制造问题的人,这些都没有真正触及问题的核心。事实就是,她介入其中,因为她觉得这样做是正确的,就像多萝西·诺嘉一样。

我的整个职业生涯都在研究罪犯复杂的动机,但基本上,施加于一个人身上的所有外在条件最终会凝结为一点:罪犯选择去犯罪。同样地,做正确的事最终也是出于一个简单的因素:他们选择介入。我们都应该对自己的行为负责。

诺尔顿没有向她承认杀害了汉森,但他在谈话中十分纠结于这起案件,这种态度让詹尼斯·雷特曼不寒而栗。他说他对案子有一种"直觉",他的"第六感"告诉他,多萝西·诺嘉被袭与凯西·汉森的谋杀案有关。他谈到了各种细节,包括抛尸的方法。

就在其中一次对话中,他犯下了一个致命的疏忽。

他说凯西·汉森死前曾遭到殴打,而这恰恰是警方作为控制信息而保守的机密。

他吐露这个细节后不久便出了车祸,失去了一条小腿。雷特曼去医院看望了他,后来还去了拉姆塞县护理中心。有几次,她带了录音机去,藏在手提包里。最后几次,她装备上了警用贴身话筒。她十分积极主动,有几次还穿上了一双黑色漆皮鞋,与凯西被拐时穿的鞋子类似。我希望是我想到这个主意的,但这确实是雷特曼的想法。

警方告诉我她的举动时,我对他们说,这绝对是对付这种难以捉摸且"不合作"的作案者的正确方法,我还给他们建议了其他几个可能有用的办法。例如,雷特曼可以送给他一本漂亮的日记本,让他记录自己的想法和感受。

虽然诺尔顿声称自己与谋杀无关，也没有尝试去杀人，但他告诉雷特曼，城里可能有一个他的"完美替身"。这个信息很关键，说明这是罪犯应对罪行的另一种机制。3 年后，当我坐在南卡罗来纳州莱克星顿县治安官吉姆·梅茨（Jim Metts）的办公室里，审问一头黑发、身材敦实、留着胡子的电工助理拉里·吉恩·贝尔（Larry Gene Bell）时，这一情况再次出现在我的脑海里。17 岁的莎莉·费耶·史密斯（Shari Faye Smith）和黛布拉·赫尔米克（Debra Helmick）被害，让人心碎。但我们有高质量的心理侧写、正确的先发措施、一流的侦查和法医工作，以及勇气可嘉的受害者家庭，所有这些完美地结合起来，最终将贝尔抓捕归案。我知道，他认罪的概率几乎为零。南卡罗来纳州保留了死刑，而世界上没有什么销售技巧能说服作案者买一张上电椅的单程票。唯一真正可能的，是为他作案提供某种正当的理由或解释，让他挽回一些面子。

"拉里，你现在一个人在这儿。"我说，"这件事是你干的吗？"

泪水在他眼里打转，他回答道："我知道的是，坐在这儿的拉里·吉恩·贝尔不可能干这事，但是坏的拉里·吉恩·贝尔可能。"

我知道我们几乎让他认罪了。这件案子由县法务官唐·梅耶斯（Don Meyers）负责，证据充足。在长达几乎一个月的审讯结束后，陪审团用了不到一个小时就判处贝尔绑架和一级谋杀罪名成立。他被判电刑。谋杀案发生后 11 年，贝尔终于在 1996 年 10 月 4 日周五早晨被执行死刑。

1982 年 5 月，警察以斯图尔特·诺尔顿为主要犯罪嫌疑人，制定了我们讨论过的嫌疑人措施。这时，多萝西·诺嘉出现在圣保罗警察局，告诉警探们，她被袭击当天的记忆开始恢复。她说，诺尔顿来到她工作的桑拿房，愤怒地指责她背叛了他。他告诉她，他去耶和华福音路德教会用男卫生间时，看到那个金发碧眼的小姑娘独自进了女卫生间。

诺嘉复述他的描述,说他等到她出来,问她要不要和他一起在过道里玩个游戏,然后把凯西带了出去,来到他的出租车停放的地方。他对她动手动脚,这让他产生快感,但小女孩一直在哭,于是他把手捂住她的嘴,当他回过神来时,她已经没了呼吸。这至少是她报告的他告诉她的事情发生的过程。

按照诺嘉的说法,在坦白之后,他拿出了刀子,在房间里追着她跑,然后将她割喉。她便失去了意识。

5月26日,圣保罗警方认为他们有足够的证据拿到搜查令。他们申请了搜查令并顺利取得。在此之前,这个案子被广泛报道,而警方则尽可能低调地进行调查,不向媒体透露细节。

诺尔顿的描述的确符合在凯西长筒袜上发现精液这一事实。联邦调查局实验室的阿尔·罗比拉尔德(Al Robillard)证实,她身上发现的阴毛和高领毛衣上发现的头发与诺尔顿的一致。显微镜检查发现,两处毛发都反映出一种异常的病态,被称为"环状"或"带状"毛发,会让单根发束的不同部分呈现浅色或深色。他的血型也与凯西衣服上的精斑相对应。

斯图尔特·诺尔顿被控绑架和一级谋杀罪。他被安置在州精神病院,经过检查,法庭认为他有能力接受审判。应他的要求,他的案子由法官而不是陪审团审理。审判由拉姆塞地区法官詹姆斯·M. 林奇(James M. Lynch)主持。托马斯·波奇(Thomas Poch)为检方领队。菲利普·维洛姆(Philip Vilaume)和杰克·诺德比(Jack Nordby)为诺尔顿辩护。他们提出二级谋杀的辩诉交易,但诺尔顿不认罪。

"完全无法接受。"波奇回忆道。

凯西失踪当晚,达娜·麦卡锡(Dana McCarthy)带着儿子参加了同一个家庭夜间祷告,她作证说,她看见一个男人跟在小女孩身后上了楼梯。在法庭上,她确定该男子是斯图尔特·诺尔顿。

轮到詹尼斯·雷特曼作证。当她被问道："你是否发誓说实话，全部实话，只说实话？"她对法警伸出大拇指，回答道："当然。"她详细的笔记和清晰的条理让人叹服。

诺尔顿则完全相反。他说凯西被拐时，他正开着出租车。作为出租车司机，他应该有行驶记录，这至少能在一定程度上给他提供不在场证明。但他说他的行驶记录放在一个手提箱里，这个手提箱被乘客偷走了，而他也不记得当晚他去了哪里。

小唐纳德·沃伦（Donald Whalen, Jr.）是诺尔顿的出车派遣员，他作证说当晚曾用无线电呼叫过几次诺尔顿，但都没有回应。另一家出租车公司的总经理帕特里夏·琼斯（Patricia Jones）表示，凯西尸体被发现那天，诺尔顿想从她那里购买空白行车记录单。而沃伦告诉法庭，他们公司有许多空白记录单可以给他。

法庭还得知，诺尔顿骚扰一名7岁女孩后，曾在密歇根州特拉弗斯市的一家精神病院住了一段时间。

审判进行了13天，作证的人共有48名，出示的证据有上百件。诺尔顿没有选择出庭作证。庭审结束后，林奇法官判定诺尔顿一级谋杀和二级性犯罪罪名成立，判处终身监禁。根据明尼苏达州的法律，到2001年他便可以假释出狱。

诺尔顿冷漠地听着，然后在长达10分钟漫无边际的陈述中，他声明自己是无辜的。他对法官说："上帝是我的见证，我今天向你发誓，我没有从教堂绑架卡桑德拉·林恩·汉森。"有趣的是，他并没有否认杀害她，所有这些构成一个复杂的心理防御机制。

他既不承认任何罪行，还重申自己的宗教信仰，我认为这正是他性格中的一部分。他说："我没有理由夺走任何人的性命，因为上帝没有赋予我这项权利。我没有理由对卡桑德拉·林恩·汉森或多萝西·诺嘉复仇。"

对于这个判决，辩方律师维洛姆似乎比他的当事人更受打击，他宣称，他认为诺尔顿是无辜的，但他同时也说林奇法官十分公正，他主持的审判公正中立。

凯西的母亲爱伦也出庭作证。经历了这场磨难后，她致力于宣传儿童面临的危险，敦促更严格地执行保护儿童的法律。她注意到诺尔顿曾遭受父亲的殴打和虐待，她接受媒体采访时呼吁将虐待孩子的父母关在监狱里，让受害者不再成为虐待者。她说，只有打破这种恶性循环，骚扰儿童的事件才会减少，最重要的事情是让遭受虐待的孩子能对父母或其他亲戚、老师或朋友敞开心扉。

爱伦·汉森和她的丈夫威廉在教育他们的孩子凯西和凡妮莎应对安全威胁方面做得十分出色。他们教导孩子不和接近她们的陌生人说话，不跟陌生人走，如果感到害怕，就大声叫喊并逃走。汉森夫妇完全想不到为什么女儿会被引诱或者强迫带走。

诺尔顿最初被监禁在橡树园高地州立监狱的精神卫生部门，但随后因惩教人员担心他受到生命威胁而被转移到圣克劳德教养院。即使是罪犯，也不会容忍杀害儿童的凶手和他们在一起。

我不想在这里给人一种只有女孩才会遭受猥亵，或者针对男孩的犯罪仅限于青少年的印象。虽然男孩与女孩面临的危险程度不同，但与艾莉森·帕罗特或克丽丝滕·弗伦奇年龄相仿的男生也会成为罪犯的目标。

这便是13岁的肖恩·摩尔（Shawn Moore）所遭遇的。此案也是一个很好的例子，告诉我们心理侧写如何帮助调查人员将工作重点放在正确类型的嫌疑人上。

在他这个年纪，肖恩的个子偏小，身高只有147厘米，体重只有约38千克。但他长得很帅气，一头潇洒的金色直发，绿褐色的眼睛闪闪发光，笑起来极富感染力。用我的同事、特别探员吉姆·哈灵顿（Jim Harrington）的话说："一切都围着这孩子在转。"1985年8月31日周六,这是个劳动节[1]周末,他正在家里的草坪上帮父亲除草。他们住在密歇根州布莱顿附近的绿橡树镇,位于底特律西北约48千米。对于一年中的这个时候,那天很热,足有32摄氏度,天气不饶人。肖恩问父亲他能不能骑车去便利店买东西。便利店离他们家不到3千米,距离老23号国道不远,车流量很大,尤其是在节假日的周末。但肖恩很想喝根汁汽水,他父亲布鲁斯·摩尔(Bruce Moore)——《安阿伯新闻报》(Ann Arbor News)的营销主管——虽然不太情愿,但还是和往常一样,嘱咐他注意安全之后,便同意他去了。

肖恩再也没回来。当天晚些时候,在便利店附近砾石路肩与草堤交界的路边,发现了他的栗银色的霍夫十速自行车,离州警派出所只有1.6千米远。26英寸的自行车对于他来说有些大,他希望长大之后能骑着合适,并且努力干活,挣了钱付一半的买车钱。他父亲说他很喜欢这辆自行车,不可能主动丢弃。他也不可能在外逗留,因为当天晚上他们一家人要去看电影。在确定肖恩失踪的时间时,我们注意到,利文斯顿县治安官的车当时就停在一个街区外。

目击者的证词相互矛盾。第一名女性认为她看到一个20多岁的金发男子驾驶一辆吉普车离开,汽车引擎盖的一边用蓝漆写着"Renegade"(叛逆者)的字样。第二名目击者看到一个40多岁的男性,开着一辆卡车。第三名目击者看到一个"体格壮实、身材走样"的40多岁男子,追着孩子在跑。至于孩子是否显得害怕或者不安,该名男子是在追孩子,还是只是在和他说话,也许是在问路,目击者的说法也各不相同。这些潜在的作案者都可能把调查带向完全不同的方向。

劳动节后的周二,联邦调查局介入调查这起潜在的绑架案。此时,跨部门工作小组已经成立,包括密歇根州警、布莱顿市警,以及县治安办公室,州警为主导。他们向底特律驻地办事处负责人、特别探员

---

[1] 美国的劳动节是每年9月的第一个周一。——译者注

肯·沃尔顿（Ken Walton）寻求帮助，沃尔顿将案子交给了驻地办事处的心理侧写协调员吉姆·哈灵顿。这些年，和我在调查支持小组共事过的许多人一开始都做过心理侧写协调员。

底特律驻地办事处是我进入联邦调查局后外派的第一个地方，当时我接受完新探员培训后，就直接被派往了这里。我们在底特律的行动很多，当地警察是我最好的老师。我在银行抢劫案小组工作期间，曾对被捕的多名银行抢劫犯进行了非正式访谈，我很大一部分心理侧写经验便始于此。吉姆·哈灵顿收集好肖恩·摩尔失踪的信息后，立即给我打了电话。

他在电话里向我通报了详细情况，我们一起整理出一份心理侧写，并通过电话会议向工作小组做了详细解释。在这个案子中，我们要努力避免两种主导理论。其一，肖恩是被一个跟踪者绑架了，这个跟踪者在出手前就已经跟踪他数天甚至数周了。其二，有近亲参与此案。虽然听上去让人毛骨悚然且不合常理，但父母的确会出于各种原因杀害自己的孩子。而且他们杀了孩子之后，一般都会设置场景，报警称孩子失踪或者被绑架。作为冷静的调查人员，我们必须考虑受害者最亲近的父母、子女和配偶。

有的警察认为，布鲁斯和肖恩的母亲莎朗·摩尔（Sharon Moore）——一名小学教师——的反应不正常。他们表现得不够悲伤，似乎对孩子的安全和及时找回过于乐观。这就亮起了红灯。但吉姆与摩尔夫妇会面时，他看到的是一对相互关爱的夫妻，有着强大而牢固的价值观。他们没有公开地表达悲伤，这让吉姆感到震惊，而原因是他们想在灾难中成为给所有人带来希望的灯塔。他被两人深深打动。吉姆通过受害者研究发现，肖恩表现出的所有坚定品格都来自养育他的父母。

我们认为跟踪理论也不太站得住脚。大白天在主干道附近堂而皇之地将一名 13 岁男孩掳走，这种行为过于大胆，且风险过大。跟踪这个孩子并想绑架他的人，会有很多更隐蔽且危险性更低的机会将他劫走。我们相信，这是由陌生人犯下的机会型案件。

那么，这次绑架能告诉我们关于不明作案者的什么信息？可以确认的一点是，他熟悉这片区域。他不是碰巧经过的路人。另一点是，他当时很可能喝了酒或者吸了毒，降低了他对自己行为的抑制能力，从而让他莽撞到进行绑架。

对于这类犯罪和这类受害者，我们不出意外地确定作案者是一名白人男性，年龄在20岁出头。他对自己很不满意：性格差，自我形象差，他一直想要弥补这些缺陷。弥补的措施可能包括开一辆很拉风气派的车，拥有枪支，从事打猎或者钓鱼等活动。但这些都只是他为了掩藏自己对年轻男孩的喜好而戴的面具，女朋友也一样——如果他有的话。她只是他的掩护，他们之间纯粹是柏拉图式的关系，只是为了自己和别人眼里显得"正常"些罢了。我都怀疑他是否有过异性关系，如果他有，这种关系也会让他感到恐惧、不完整或者不满足。他只会和年轻男孩建立真实的关系，和他们在一起，他会感到比和同龄人在一起更自在。他会用财物让他们对他产生兴趣。他软弱可欺。甚至在绑架一名13岁的孩子时，他选择的都是个子小的，这样他更容易恫吓和控制。

这个人不可能有一份高级的工作或者接受过高等教育，但他有一份工作，因为他开得起车。他是一名蓝领工人，没什么技能，很可能高中毕业之后就没有读过大学。在追求男子汉气概时，可能想过去当兵，但很可能意识到自己断绝不了这种念头。如果他真的服过役，那我猜他是被开除的。使我们得出有关他的工作的结论的另一个考虑因素是，我们认为嗑药或者喝酒导致自我抑制能力减弱，让他敢在光天化日之下进行绑架，因此他应该习惯在白天喝酒，这就指明了嫌疑人干的工作并不高级，而嫌疑人就是这附近的人。

即使未知作案者受到了人为因素的刺激，他也必须有一定的经验，才能这么"完美"地犯下这一罪行。我们告诉警察，他们要找的人应该受过性犯罪指控，并且有类似的绑架经验。这些指控可能让他入狱或住院,或两者兼而有之。无论如何,都会有记录。

他绑架孩子,说明他很可能十分了解这一区域,并且知道要把孩子带到哪儿去。这个地方不受打扰,能给他一定的私密空间。这类人缺乏独立性:一种可能的情况是,他与父母的关系可能很差,但我们认为他会和父母或其他家人住在一起,可能是姐姐或者姨妈。因此,他不可能把肖恩带回家。他要带肖恩去的地方在林子里,一个他知道没人会来的地方;另一种可能的情况是,既然我们认为他会打猎或者钓鱼,那么林子里可能有一间要么属于他朋友、亲戚,要么是被废弃的小木屋,开车一会儿就能到。虽然摩尔一家乐观地认为肖恩能毫发无伤地回来,但我和吉姆都做好了最坏的准备。如果绑架者第一天或者第二天没有放了他,那么恐怕他根本就没想过要放他。最后,尸体会被发现,发现尸体的地方很可能是在路边,或者离未知作案者绑架他的地点开车不远的林子里。

我认为这是一份十分中肯明确的心理侧写。同样,我们通常最不确定的因素是年龄,但对于这个案子,我还是很有自信的。我们告诉警察,在附近的某个地方,肯定有一个嫌疑人符合这一描述,你们甚至可能已经和他谈过了。

以我们的研究和经验来看,这次绑架是某个突发事件或应激源的结果,很可能与两种诱因有关:工作或者人际关系。这件案子中,这两种可能性都存在,但因为事发时间在节假日周末,我们认为人际关系的可能性更大一些。我们认为我们面对的这类人在假期里通常会感到孤独、沮丧和抑郁。如果真的是这样,他可能需要找人发泄。我的猜测是,在他眼里,拒绝他的人很像被绑架的男孩。因此,肖恩是一个替代品,是对未知作案者为自己感到愤怒之人找的替代物。

时间一天天过去,肖恩还是没有安全回来,这让我们对最后的结局越来越悲观。但有了心理侧写作为指南,警方开始将调查方向锁定在我们描述的这类人身上。他们更看重目击者描述的20多岁开着吉普车的金发或者浅棕发男子。他们把信息分发给周边辖区的警察局和媒体。他们还贴出通缉令，上面有肖恩的照片、警方犯罪心理侧写师对嫌疑人的侧写，以及他们在目击者描述的基础上推断嫌疑人开的车的照片。这是一辆吉普"叛逆者"硬顶车，颜色为白色或者浅金属色，引擎盖的一边用蓝漆涂上了"Renegade"或者"Cherokee"（切诺基）的字样。通缉令上留有两个号码，一个可以直接打给调查小组，另一个则是为希望匿名提供线索的人准备的。

我们确定这个人就在这一地区，并且符合描述的人不会太多。这就是为什么我一直提倡公众参与搜索的原因。在几乎所有情况下，有人知道一些情况，并且只要他们知道自己掌握的信息对我们有帮助，而我们也需要他们的帮助时，他们会很乐意合作。

本案中，一位执法人员认出了心理侧写中的人并站了出来。他是利沃尼亚的一名警察，利沃尼亚位于布莱顿和底特律市中心之间。他给工作小组指挥中心打了电话，提到了一个名叫罗纳德·劳埃德·贝利（Ronald Lloyd Bailey）的年轻人。

"你们必须调查一下这个人。"他说，"我们以前就因为他对小男孩的性癖好抓过他，他看起来像你们描述的这个人。"

工作小组调查了这个人。我和吉姆惊讶于他如此符合心理侧写的描述。这是一个26岁的白人男性，高中毕业，住在这一地区的利沃尼亚镇，有一份蓝领工作——快递员。他和父母住在一起，但和他们的关系一直不好。他的父亲阿尔弗雷德（Alfred）要求很严，一心扑在事业上。从他小时候起，他母亲就警告他与女孩的关系。实际上，我们后来发现，肖恩失踪后，阿尔·贝利[1]就怀疑是罗恩[2]干的。罗恩刚买了一辆银色吉普"叛逆者"硬顶车。他性格软弱，身材瘦小，一头直发偏长，就像肖恩的一样。大家都知道他性格孤僻，在与男孩子的关系

---

1 即阿尔弗雷德·贝利。——译者注
2 即罗纳德。——译者注

方面有问题。事实上，他曾经3次被收容教养。

9月10日，州警的一个调查小队找贝利问了话，但他有不在场证明。贝利说，肖恩·摩尔失踪那天，他和一个认识的男孩在北部的卡斯维尔镇泛舟钓鱼。他们没钓到什么鱼，所以劳动节周一他们就提前回来了。第二天，阿尔·贝利才告诉他摩尔家的孩子失踪了，并且对他说警察提到了一辆和他的吉普很像的车。罗恩有个公开的女朋友黛比（Debbie），她家在格莱温附近有一个打猎和钓鱼用的乡间小屋，罗恩有那儿的钥匙。他和黛比的哥哥原本打算第二周去那儿，因此他知道小屋直到那个时候都会没人。

但当调查小组找到贝利说和他在一起的那个男孩时，男孩却说他的确认识罗恩·贝利，那个周末他们也的确计划出去，但他母亲发现了他们的计划，没有让他去。

警方问道，罗恩被拒绝时有什么反应？

男孩答道，他很沮丧，很失望。

第二天，警方又找到贝利，就不一致的说法与他对质。这时，贝利还是坚持自己的说法，并要求有律师在场。律师不让他回答任何问题，警方让目击者进行辨认时，目击者也没能认出他来。警方不得不把他放了。

但他们没有就此放弃。贝利仍然是最有嫌疑的人，也是唯一符合心理侧写的人。并且，他的不在场证明并不成立，而小男孩提供的信息则表明，这件事正是我们预测会出现的导火索。警方成立了监视小组，监视贝利的一举一动，看他下一步会做什么。我相信他会重返抛尸现场，并希望他能把警方引过去。

他接下来做的是，从一个自动提款机取了数百美元现金，然后开着车来到机场，买了张达美航空807航班的机票去佛罗里达州。他没带任何行李就上了飞机。在另一头，佛罗里达警方跟踪他到了森林里。

与此同时，9月13日，肖恩·摩尔的尸体在路边被发现，尸体上盖着树枝、树叶和灌木。整个颅骨和大部分肋骨露了出来。尸体因暴露在外、天气炎热、动物和昆虫啃噬等原因毁坏严重,验尸官除了能确定死于他杀之外,甚至都无法确定真正的死因。有目击者称,肖恩失踪的周末,在乡村木屋附近看到了和贝利一样的吉普车。调查人员认为现在有足够的证据采取行动了,于是通知佛罗里达州的同事,试着将罗恩拘捕。

他们进行了搜索,最终在一个工具棚里找到了他,虫子正在咬他。他平静地向警方投降。

通过对罗恩·贝利的调查,我们发现了一些有趣的信息。他与大量同龄男性以及年龄更小的男孩发生过性行为,与女性也有过两次性行为,第一次是他住在精神病院时的护士,那时护士20多岁,而他才十几岁。

经过几轮对罗恩的审问,调查人员拼凑出了事情的关键要素。

他计划在乡间小屋度过一个盛大而有趣的周末,但他年轻的朋友取消了这次出游,这让他极度沮丧,他甚至愤怒到把手机一把摔在地上。他几乎问了所有他认识的人,要他们和他一起去,但因为种种原因,没人答应。黛比要看孩子;一个朋友身体不舒服;一个表兄要举行婚礼,另一个要回学校。他开着他的新车,一边喝酒,一边四处找聚会。他开了有几个小时,从一个朋友家到另一个朋友家,时不时停下来加油,或者买酒、买烟——他烟不离手地抽个不停。

他在布莱顿的一个聚会上待了一会儿,然后离开回到车上。他发现自己刚路过了密歇根州警在布莱顿的派出所。他在老23号国道旁的便利店停了下来,买了两包烟。和所有抽烟的人一样,他也认为自己每次只买两包,而不是一整条,就能把烟瘾减下来。

在便利店门口,他看到了肖恩·摩尔。他身穿棕褐色T恤、灰色慢跑短裤和蓝色运动鞋,正坐在路边喝着汽水,自行车停在他身旁。他身材纤细,一头金发,长相帅气,让罗恩看到了理想中的自己。他说肖恩是"他们所有人中最好看的",觉得他看起来很孤独。他坐在吉普车里观察了几分钟。

罗恩开车穿过了国道,心想着要不去辛辛那提过周末。不,也许他应该去安娜堡,但又不知道如何开车掉头过去。他又回到布莱顿附近,开上老23号国道的辅路,看到肖恩骑着车,认出他就是便利店门口那个漂亮的男孩。他把车停在肖恩身后大约9米的地方,然后追上他。

"嘿,我想跟你说话。"罗恩叫道。他和肖恩说了大约一分钟的话,问他这条路能不能通往安娜堡。

然后他高声叫道:"跟我走!我有刀。"他的确有刀,但是放在车上。

肖恩很害怕,便跟着他走了,说他不能走太久。罗恩把手放在孩子肩膀上。他丢下肖恩的新自行车,发动了吉普车。他先是往南边开,然后又转道向北。他试着和肖恩聊天,问他学校里的事。

在弗林特到萨吉诺的半路上,他决定去乡间小屋。他之前就要来了小屋的钥匙。他说他把肖恩当朋友,从没想过他会逃跑,即使他在另一个便利店停下来买烟时,也没想过。肖恩去上厕所时,罗恩就在车里等着。当被问到他是否担心肖恩的父母时,他回答说:"我什么也没考虑过。"

小屋充满了泥土气,有一间卧室和一间厨房,房子后面是一间厕所。在屋子里,他又喝了啤酒,抽了烟,还让肖恩和他一起放纵。他说他让肖恩玩他上了膛的22毫米口径的来复枪和12毫米口径的霰弹枪。他开了几个罐头,在炉子上加热。他们一起睡在屋子里双层床的下铺。第二天,他宿醉得厉害,他平时服用的墨司卡林和安定加重了他的反应。肖恩问他:"你真的会把我带回去,不会伤害我吗?"

"当然。"罗恩回答,"如果我要伤害你,我早就干了。"

下午晚些时候,罗恩再次和肖恩喝起了酒,然后强迫肖恩与他发生性行为。在酒精和恐惧的作用下,他让肖恩陷入一种精神恍惚的状态。后来,他的行为升级,他说他感到很沮丧,因为他对肖恩所做的正是一个年纪更大的人曾经对他做过的。他又开始了性行为。

这时他开始"感到很奇怪",脑子里一片混乱。他出去走了走,想要清理思绪,然后回到屋子里,在床上跨坐在肖恩身上。一开始,肖恩还在挣扎,罗恩压着他。然后,肖恩停止了挣扎,最后一动不动了。罗恩一下子轻松了下来,昏倒了,那天晚上,他就躺在床上,睡在肖恩身旁。

周一早上醒来后,他摸了摸肖恩的大腿,是凉的。他赤裸的身体已经僵硬。他说他吓得跳了起来,头撞到上铺的床板。他冲出小屋,吐了出来。他"宿醉得厉害",哭着想要把事情捋清楚。他不敢回去看肖恩的脸。他又喝了些啤酒,想要平复他的情绪。

罗恩依然惊魂未定,开着吉普车出去兜风,想要厘清下一步该怎样做。他停下来吃了早餐,喝了咖啡,希望这样头就不疼了。他继续开着车,来到湖边坐了坐,然后回到小屋。他抓住肖恩的胳膊和腿,把僵硬的尸体抬了起来,然后放进吉普车的后备厢里。他在路边找了个地方,把尸体扔了下来,又找了些树枝放在尸体上,然后用树叶和蕨类植物覆盖。然后,他开了约32千米,回到了萨吉诺。

正如我们所预想的,这不是作案者第一次涉及小男孩的性犯罪了。1973年9月,贝利当时只有14岁,他持刀威胁绑架了一名15岁男孩,把他的手绑了起来,用自行车载着他离开,将他性侵后放了他。受害者在学校的年鉴照片上认出了他。最终,贝利第一次住进了霍索恩精神病中心。

14周后,贝利出院。第二年6月,他又因用刀威胁一名12岁男孩以及抚摸他的生殖器被抓。他再一次住进霍索恩精神病中心。8周后,他作为"住院期间的模范病人"被释出院。

第二年5月,他用一把鱼刀绑架了一个10岁的男孩,把他放上自行车,带着去了一个露天场所。他在那儿给男孩下了药,脱了他的裤子，强迫他吃了几颗药，然后把他掐得昏了过去，以此得到性满足。男孩醒过来时，贝利已经走了，但孩子还是认出了他。罗恩的父亲阿尔希望再把他送进霍索恩精神病中心，但他最后被送到韦恩县青年之家。青年之家的负责人认为罗恩需要长期治疗，建议把他送回霍索恩。这时，父母把他接了回去。但这显然没有解决问题。8月，阿尔报警称他儿子"神志不清"。当天，罗恩第三次住进霍索恩精神病中心。

住院期间，罗恩被人发现抚弄一名年轻男孩。在那儿度过了7周之后，罗恩逃跑了。再次被抓后，他又被送回韦恩县青年之家。几个月以后，他被转至诺斯维尔地区精神病院。他再次试图逃跑，此后，他在青年之家和精神病院之间来回转院数次。

罗恩的治疗中有一种反复出现的模式。事发和被捕之后，他一开始会不承认任何罪行，构建出另一种场景让自己脱罪。对于其中一项罪行，他说他掐住那个男孩的脖子是为了让男孩保持安静，这样他们就不会被附近的建筑工人袭击。最终，他会承认自己的罪行，并发誓自己已经改了，这种事情再也不会发生。

1977年，他的第一位治疗师何塞·汤波（José Tombo）医生报告称他进步很大。当他被发现吸毒并与另一名患者发生性接触时，汤波认为，考虑到被告的性心理历史，这是"正常的成长模式"。1977年10月，罗恩带着"青春期调整反应"的诊断证明出院。他因存在尚未解决的控告而被判处5年缓刑，并被要求继续接受汤波医生的门诊治疗。

1980年2月，他和一个朋友搬到佛罗里达州萨默菲尔德，在那儿找了一份送轮胎的工作，一直待到1983年5月。在这期间，他承认搭讪并绑架了好几名14岁至16岁的男孩。他偏爱的受害者都身材纤细、一头金发，正是他在那个年纪的样子。他喜欢用皮带或松紧带绑住他自己或伴侣的脖子，以此来制造性高潮。据他估计，这类事件在赫南多和代托纳海滩发生过3次到5次。有一次，他在一个移动房车公园搭讪一个男孩，说道："你为什么不来吸我的小弟弟？"男孩的家人叫来警察，贝利被控性骚扰未成年人，再次被判缓刑。

1984年7月18日周三，两个男孩在爱德华·海因斯公园里的鲁奇河附近发现了肯尼·迈尔斯（Kenny Myers）衣不蔽体的尸体，鲁奇河位于底特律西南部的威斯特兰市。迈尔斯来自底特律北部的费恩戴尔。他们向开车经过的韦恩县治安官报了案。两天前，肯尼吃完晚饭后没有回家，他母亲便报了警。当天，他的蓝色哥伦比亚十速自行车在底特律被发现。第二天，公园外的网球场附近发现了他曾穿着的蓝色球衣。他被皮带勒死，毒理学测试发现他体内存在酒精。

底特律的一名目击者报告说，她曾看见一辆白色顶棚、又脏又破的棕色旅行车接近一个骑着类似蓝色自行车的男孩。汽车驾驶员下了车，把男孩从自行车上推下来，把他扔进车里，然后开车加速逃离。她以为司机是男孩的父亲，男孩可能做了什么错事。不过，她还是很担心，想要记下车牌号，但没有看清。

迈尔斯案悬而未决，直到罗恩·贝利因肖恩·摩尔的谋杀案被捕之前，都没有什么进展。两起案件有一个共同点：一名身材瘦小、身高约150厘米、体重约40千克的白人男性被人从自行车上绑架到汽车上，后被迫吸食毒品和饮酒，最后被皮带勒死。这让警方认为这起案子也是贝利所为。

密歇根州警在贝利的物品中发现了一个名字和地址，由此联系到一个年轻人，他承认认识罗恩，说罗恩一年前有一辆破损的棕色旅行车，顶棚是白色的，罗恩还给过他几次啤酒。警察追踪到这辆1970年的别克旅行车，登记在贝利名下，直到1984年12月10日，他才卖了这辆车，换了一辆1985年的丰田皮卡。肯尼·迈尔斯被害时，罗恩一直为利沃尼亚A.R.A.系统咖啡服务公司的老板汉克·格林菲尔德（Hank Greenfield）工作。他把别克旅行车停在楼后面，一停就是一个月，直到格林菲尔德看得心烦，才让他把车开走。

一名十几岁的男孩告诉利沃尼亚警方，他被一个开着别克旅行车的人绑架，此人开车来到矿山公园，对他口交，然后又开车把他带了回来，在他家附近放他下了车。他指认此人就是贝利。从其他青少年口中也得到了类似的报告。

肯尼·迈尔斯的尸体被发现后，很明显少了件东西：一只黑色塑料手表。据肯尼的母亲说，肯尼失踪前一个月，拿着她给的5美元在跳蚤市场买下了这块手表。利文斯顿县治安办公室的麦克·史密斯（Mike Smith）警督在一次会议上，告诉工作小组，罗恩·贝利因被控谋杀，从佛罗里达州被带回来后，他最关心的似乎是这块从他那儿拿走的便宜黑色塑料手表的下落，以及他能不能要回去。史密斯警督觉得这一点很奇怪。罗恩后来承认，他必须杀掉男孩中最漂亮的那些——那些让他想起自己的男孩。

现在，整个故事有几个要点，但恐怕许多所谓的专业人士会一再忽视。

在准备审判期间，贝利接受了许多精神病学家和心理学家的检查，其中一些由检方指定，另一些由辩方指定。辩护律师认为他们有很大的胜算，可以把案子定性为精神失常。毕竟，罗恩从十几岁开始就频繁进出精神病院。他的精神病态状况印证了他的说法：他有一对典型的父母，父亲冷漠严厉，母亲专横严格，总是不断地惩罚他，警告他注意女人。另外，他还坚称他在诺斯维尔的精神病科医生何塞·汤波曾多次与他发生性关系，这一点得到了其他患者的证实。贝利的说法是，他把绑架的这些小男孩看成他的朋友，他讨厌自己，他说在他杀害肖恩时，他真的相信他杀死的是小时候的自己，这样就能摆脱成年的自己带来的伤害。

算是吧。罗恩最初声称肖恩的死是"一个意外"（这样就能把事情推到自己的精神病史上，而不用承认自己的罪行），然而检方的心理学家团队——哈利·斯多克（Harley Stock）医生和医学博士林恩·布伦特（Lynn Blunt）——让罗恩承认，早在他开车去往格莱温乡村小屋的路上,他就知道肯定要杀了这个男孩,他不可能让男孩活着回来。至于他为什么没在第一个晚上杀了肖恩,他回答说他们"还没有做爱"。他继续供认说他杀害肖恩还有一个动机是他吃醋了,杀了肖恩就能避免肖恩和其他人做爱——他指的应该是女人。当然,这说明他精神不稳定,但绝不是精神错乱。他有计划、组织和预先思考犯罪的能力。他杀人的理由并没有显示出他缺乏判断是非的能力。相反,这些理由表现出他以自我为中心和他的自恋,这是他反社会行为——而非精神异常——的基础。精神错乱容易与性格障碍相混淆。一个真正精神错乱的人无法区分是非;而有反社会性格的人能够区分是非,但出于愤怒、嫉妒,或仅仅因为使自己感觉良好而选择做任何自己想做的事。

不是据说汤波医生虐待他了吗?那会导致"精神错乱"吗?

当然,如果这是真的(汤波医生矢口否认),那么这肯定不会对一个已经存在严重人格障碍和自我厌恶的男孩起到什么好作用。这样的行为会严重破坏医患之间的信任,应以最严格的方式加以处理。但像检方精神病学家所指出的那样,还有其他方面需要考虑。贝利与汤波有接触时,他的性侵行为模式已经很成熟。我们本可以进行更具建设性的治疗,本可以希望他拥有不同的家庭生活和成长环境。我们本可以建立一个更有效、更包容的青少年教养体系。

但这些都不是故意、有预谋地夺取另一个人生命的借口。检方精神病学家总结道:"在被告整个精神病史中,绝对没有迹象表明,他的行为能够被认为他患有潜在的精神疾病。"

显然,利文斯顿县法院的陪审团同意这种说法。尽管贝利站出来想要表现出懊悔,但看起来十分平淡。辩方精神科医生乔尔·德雷尔(Joel Dreyer)医生诊断贝利患有"假性精神病性精神分裂症"。斯多克医生用自己的诊断予以反驳,他认为罗恩患有边缘型人格障碍,同时是同性恋童癖和性虐待狂,这让他在对别人施加痛苦时获得性满足。他说,贝利具有性格障碍,但他仍能够辨别是非,而且他有能力决定是否加害一个人。斯多克说:"反抗性更强的人受了伤,配合他的人被释放,他有时还会再度联系他们。"当贝利遇到肖恩·摩尔时,这种模式似乎不再成立。

在最终的分析中,大多数陪审员说,正是贝利使用皮带这一事实让他们相信贝利具备理性,并且这是有预谋的行动。他花了超过一分钟的时间才将肖恩扼死,在此期间,罗恩必须用手往下压,让肖恩无法反抗。陪审团裁定贝利犯有绑架和蓄意谋杀罪。他开始在密歇根州服刑,但和斯图尔特·诺尔顿一样,他也受到其他囚犯的人身威胁。

为了他的安全,他被转移到州外另一所监狱。

在发生任何暴力犯罪,尤其是谋杀之后,我们基本上都是通过研究各种悲剧来吸取教训。

实际上,罗恩·贝利的罪行揭露出许多悲剧。其一,有关部门没有意识到他一开始的行为就已经严重到需要采取果断措施的地步。其二,肯尼·迈尔斯案几乎没有被报道,而警方本可以鼓励公众提供关键信息。如果这起案件的报道更深入,提供了诸如未知作案者所驾驶车辆的类型和描述之类的细节,贝利的老板汉克·格林菲尔德就可能会报警,提到停在他办公室后面的这辆车,一个月里,他每天都能看到这辆车,让他十分不满。如果这些事情都发生了,也许肖恩·摩尔今天还活着。

我认为,警方在处理肖恩的谋杀案时,每件事都做得很正确并且很出色。他们在适当的时候咨询了我们,并利用我们提供的心理侧写作为他们调查的重点。当然,我深信,正因为摩尔案工作小组的出色工作,一些年轻人能活到今天,他们可能是罗恩·贝利的下一个受害者。

我从贝利案中得到的另一个教训是,无论精神病学、心理学和社会工作的使命感多么高尚,无论他们多么努力地帮助每个遇到困难的人,从我长年的经验来看,你不能只孤立地看待像罗恩·贝利这样的人,而不考虑他整体的行为。我的意思是,诚然,心理健康专家的工作是尽力帮助这个人,但如果这个人被允许重回社会,心理健康专家就必须考虑与这个人发生互动的普通人,这一点同样重要(罗恩在精神病院通常只待上几个星期或者几个月,然后被释出院,让他继续他之前的所作所为)。

同情作案者很自然,这就是许多精神科医生不想阅读犯罪现场报告或对这个人被指控的罪行了解太多的原因。他们担心,这会让他们产生偏见,使他们失去客观性。对于我而言,这就像一个艺术史学家不想看毕加索的画作,因为这会影响他对画家的评价一样。

乔尔·德雷尔医生将罗恩的问题分析为"精神错乱的头脑又加上创伤后应激障碍",他甚至写道:"我相信,他在诺斯维尔州立医院的遭遇,比起他犯下的罪行,有过之而无不及,因为医院将他收治是应该帮助他的,正如希波克拉底誓言所说的'不要伤害'。"前面一页,他写道:"我明白,当时和我坐在一起的不是一个加害者,而是受害者。"

对不起,医生,别只顾着眼前。罗恩·贝利可能在许多情况下以各种方式成为受害者,就像许多人一样。但是罗恩·贝利杀人了。被他夺走的生命永远无法挽回。没有人对他这样做过。而且,一旦我们忽略了这个年轻人和他许多同类都是加害者的事实,那么我们也就看不到肯尼·迈尔斯、肖恩·摩尔和凯西·汉森,他们是真正无辜的人。

法庭上的精神病学的问题在于,它建立在自我报告的基础之上。如果你以私人患者的身份去看治疗师,可能是因为你不快乐或者精神上出现了问题,因此需要告诉该治疗师真相,以便他给你提供帮助。如果你作为犯罪者去看治疗师,那么你的目标会是摆脱收容你的机构,因此你会为了达到目的,对治疗师说任何你需要说的话。精神科医生希望他的病人病情好转;自然地,这能让他感到自己是个称职的医生和好人。他会相信作案者所说的,并让他重回正常的生活。但如果这样做，他可能会将更多潜在受害者的生命置于危险之中，而这是我不愿意让我们付出的代价。

最后，我们必须问自己，在这个社会中是否还有神明存在的位置。如果对这个问题的回答是肯定的，那么我希望无辜儿童的生命始终排在首位。

CHAPTER V
第五章

FOR THE CHILDREN
为了孩子——警惕针对儿童的犯罪

步入华盛顿特区外弗吉尼亚州阿灵顿国家失踪和受剥削儿童中心（下文简称"儿童中心"——译者），你首先会惊讶于接待区的平平无奇。这里就像一家公司或者律师事务所的门厅。你遇见的人和蔼可亲，看起来像是普通的专业人士，这种形象很难与你知道的他们每天都要面对的那种恐怖联系起来。但是，如果你看看墙上贴着的海报、照片和牌子，你就能感到这些人对工作无比投入。

来到走廊，氛围就变了。墙壁上贴满了微笑着、充满稚气的面孔的照片，许多都是正在换牙的六七岁孩子，站在学校里常见的假森林、假草地布景前，咧嘴微笑。他们的表情很开心，但你知道，这些孩子现在的境况和拍照那天截然不同。儿童中心的工作人员被包围在这些面孔之中，仍然向你微笑着打招呼，但这里的气氛却与众不同：人们要么步疾如风，要么一边在打电话，一边敲着电脑、用笔做笔记，至少同时做着两件事。从他们那里你会感到他们任务的紧迫性：墙上有很多等待救助的人！

我想，这些人面临的压力与我在西雅图近乎致命的崩溃之前所承受的巨大压力一样，每个案子都很紧急。在所有情况下，时间都至关重要。当这么多无辜的幼小生命危在旦夕时，你怎么能挑三拣四？你怎么能忍心抽出时间去吃午饭，或者在一天结束后回到家放松身心，也许还会花时间陪自己的孩子？这些孩子看着你，但这些只是在所有失踪或受虐待的孩子中被报告的一小部分，这才是最难以言喻的恐怖。

随便挑一张照片，想象一下那个孩子经历了什么。想知道他是否还活着，爱他之人已经等了多久。一张接着一张地看着这些面孔，你会惊讶于这些孩子多么普通。我们谈论的是小凯西·汉森有多漂亮，或者艾莉森·帕罗特的星途多么远大，但事实是，猥亵儿童的人并不只会对漂亮、聪明的孩子下手。

墙上的许多孩子更多的是机会作案的受害者，他们并非特定的目标：这个小男孩一个人去了洗手间；这个小女孩从学校回家时失踪了；生这个孩子的女性自小受到虐待，缺乏自尊心，脆弱又孤独，于是找了错误的男人做伴。

还有一堵墙，挂着"已找到"的标题。当你第一次看到它时，你可能会想到一家团圆。但他们解释说，"已找到"仅表示"找到并送回来"，并不一定意味着"找到并活着回来"。

儿童中心是一家私人非营利组织，建立于1984年，由当年通过的《失踪儿童法案》（*Missing Children Act*）授权成立。该中心与美国司法部青少年司法和预防犯罪办公室合作，并在加利福尼亚州、佛罗里达州、纽约州、南卡罗来纳州和弗吉尼亚州设有分支机构。1990年，它与亚当·沃尔什儿童资源中心（Adam Walsh Child Resource Center）合并。1981年，约翰（John）和里芙·沃尔什（Reve Walsh）年仅6岁的儿子在佛罗里达州被绑架和杀害，在此之后，他们就创立了亚当·沃尔什儿童资源中心。如今，正如儿童中心的宣传册上介绍的那样："中心率先在全国范围内，寻找失踪儿童，提高公众对防止儿童绑架、性骚扰和性侵犯的认识。"

通过亚当·沃尔什儿童基金（Adam Walsh Children's Fund），该儿童中心还为失踪儿童家庭提供援助，推动保护儿童的相关立法改革，并教导和鼓励家庭及有关人士参与保护美国的儿童。

由于没有联邦法律要求警察或其他机构向儿童中心报告儿童失踪案件，同时，这类罪行往往给受害者带来巨大的耻辱、恐惧和尴尬，因此只有粗略的统计数据，但足以说明这个问题在美国多么严重。根据全国防止虐待儿童委员会的报告，1995年美国报告了约35万起儿童性虐待案件，其中大约90%是由儿童认识的人（通常是家庭成员）犯下的。最初10年，儿童中心的热线电话1-800-THE-LOST[1]接听了超过90万次，报告走失或者可能受到虐待的儿童。大约在同一时期，儿童中心协助找回了超过2.8万名儿童。

但是，保护孩子最好的方法是了解你的敌人。由于我的工作性质和所见所闻，我可能会对帕姆和孩子过于警觉，但保持警惕十分重要。

相比其他暴力犯罪，人们总是问我什么样的人能够这样做，什么样的怪物会绑架、骚扰、夺走无辜儿童的生命。既然我们现在知道，穿着风衣、看上去有些吓人的陌生人，并不能代表猥亵或者绑架儿童的人的形象，那么我们应该如何识别这些人？

与其他类型的罪犯一样，这类犯罪者在犯罪前后展现出的行为可

---

[1] 普通座机电话的按键上，每个数字都对应3—4个字母，因此美国人有时会用连成单词的字母来帮助记忆电话号码。这里的THE-LOST对应843-5678。——译者注

以揭示他们不为人知的身份。

我们先从性犯罪者开始。甚至其他暴力犯罪分子都认为，性犯罪是最低级的罪行。正如强奸犯有不同的类型（所谓的绅士强奸犯与虐待狂或权力型强奸犯）一样，儿童骚扰也有不同类型。特别探员肯·兰宁（Ken Lanning）与我共事多年，是全世界打击儿童犯罪的顶级专家。他在这方面进行了深入研究，发表了大量文章。他从执法角度将"儿童骚扰"定义为"与儿童进行非法性行为"。儿童的定义为，罪行发生时未满18岁的个人。除了这一广泛的定义之外，肯和著名法医精神病学家、我们小组的顾问帕克·艾略特·迪耶兹（Park Elliott Dietz）博士等专家还定义了不同类型的儿童猥亵者。

但是，肯也指出，许多恋童癖者也沉迷于以儿童为主题的色情作品，包括照片、视频、杂志等。他们以孩子们收集棒球卡的方式收集和交易儿童色情片。根据我的研究和经验，我知道现在许多暴力罪犯会购买淫秽制品，尤其是与捆绑和施虐受虐相关的内容。这是在申请对性虐待强奸和谋杀嫌疑人的住所进行搜查时，我们通常需要寻找的证据要素之一。但是，我不是要告诉你，色情内容会助长还没往这方面想过的人的欲望。我经常看到一个罪犯会把现场布置成他经历过或者看过的场景，就像挺波·苏在加拿大杀害德里安娜·亨时所做的那样。如果这些人有这方面的愿望，他们总会以某种方式做到。事实上，大多数购买和阅读色情内容的人根本没有危险性，也从未犯过反社会罪。因此，我不会因为一小撮人会通过色情消费来强化自己的暴力和厌女行为，就提倡限制美国宪法第一修正案。

但是儿童色情制品则不同。儿童色情的存在便意味着罪行已经发生。恋童癖者看这些东西，或者将其传播给其他人，便让针对儿童的犯罪永存，即剥削了儿童，无论他是否在原始犯罪现场露面。像成年杀手保罗·贝尔纳多、比泰克和诺里斯、莱克和查尔斯·额一样，许多猥亵者也会自己制作儿童色情制品，将他们非法的性接触仔细地记录下来，这样他们可以一遍又一遍地重温。其他人可能参与所谓的"儿童群体性行为"，即一个或多个成年人（通常是受害人信赖的朋友，而非家庭成员）有虐待和剥削不止一个儿童的模式，这些受害者可能是女孩，也可能是男孩。但是，即使儿童色情制品是由从未接触过孩子的人通过邮购获得的成品，任何收集者都犯有性剥削罪。这与拍摄成年强奸受害者照片一样。

恋童癖者可能会认为，把色情内容用作幻想的对象没有错，但这当中仍然有一个孩子被害。就像任何性异常或恋物癖一样，行为升级的潜在危险总是存在的。有一天，恋童癖者可能会觉得幻想不能满足他了，必须顺从自己内心的渴望，真正对一个孩子动手，他也许会找个妓女，也许会猥亵他认识的孩子或者绑架一个不认识的人。这样的风险是存在的。虽然他可能会在他认为是合理的卖淫与绑架和强奸邻居的孩子之间做出区分，但在他把手伸向孩子的那一刻，罪行便发生了。实际上，我们不必担心每个对孩子有性幻想的男人都会骚扰孩子，但我认为这是一个值得警惕的迹象。

我也同意肯·兰宁的观点：不是所有的恋童癖者都是猥亵者，也不是所有的猥亵者都是恋童癖者。各种动机都可能会导致所谓的情景型骚扰。有些人只能攻击最弱势的群体，这些作案者也可能针对老年人或妓女，他们也是相对容易的目标。

这些人的风险在于他们的行为可能升级。一开始针对孩子的行为只是一时冲动的孤立事件，但如果他们此举成功而未被抓获，那这就可能变成一次尝试。他们的罪行可能变得更加暴力，随着犯罪行为的发展，他们更加大胆，袭击更多的受害者，花更多的时间与受害者待在一起，以便更彻底地完成自己的幻想。我们在纽约州罗切斯特的亚瑟·肖克罗斯案中看到了这类演变。格雷格·麦克拉里想到抓住凶手的办法是因为他意识到，凶手必须返回抛尸现场，与受害者的尸体待在一起。凶手被捕后我们发现，他一开始的两名受害者不是妓女或者无家可归的女性,而是一个小女孩和一个小男孩。

情景型儿童猥亵者可能比偏好型多得多,尽管喜欢骚扰孩子的恋童癖者一生中可能会骚扰更多的孩子,因为这正是他的性冲动所在。这是他一直会想的事情。情景型罪犯可能只会骚扰一个孩子,或者只干一次,但这也可能成为他长期的行为。

在儿童中心出版的《儿童猥亵者:为调查儿童性剥削案件的执法人员准备的行为分析》(*Child Molesters: A Behavioral Analysis for Law Enforcement Officers Investigating Cases of Child Sexual Exploitation*)中,肯概述了4种情景型儿童猥亵者:压抑型、道德随意型、性别随意型和缺乏信心型。压抑型是你见过的那种虐待自己孩子的人,因为自己的孩子伸手就能够着。毫不奇怪的是,他们的自尊心往往很低,通过与孩子发生性关系来代替他们无法接近的成年人。这种类型的作案者更可能通过诱骗而非强迫孩子跟他走,并且这些事件通常与他生活中突然加剧的压力有关。

道德随意型猥亵者也会猥亵自己的孩子,但他也会通过操控、诱骗,甚至强迫来对其他受害者下手。这类作案者可能在他生活的各个方面都虐待成性:他虐待妻子和朋友,在家里和工作中都谎话连篇,并且对偷东西毫无愧疚。由于这类作案者没有良心,冲动行事对于他来说并非难事。

如果这种类型和性别随意型猥亵者被问及为什么要猥亵一个孩子时,他可能会想:"为什么不呢?"但性别随意型猥亵者又会更进一步。他虐待孩子是因为他很无聊,而这对于他来说似乎是一种新的、令人兴奋而与众不同的经历。肯将这类人描述为"性尝试者",意思是他们会尝试任何事情。这些人可能会与成年人发生集体性行为,交换配偶,进行捆绑之类的行为(在获得成年人同意的情况下,这在美国并非犯罪),但随后他们可能会在性实验中加入孩子(甚至是他们自己的孩子)。与其他情景型儿童猥亵者相比,这些作案者通常社会经济地位更高，更可能猥亵多名受害者。其他类型的猥亵者执迷于儿童色情，但这类人喜好的淫秽制品可能更为多样化。

最后，情景型儿童猥亵者中的缺乏信心型与其他章节中讨论的作案者很像。实际上，我们小组打交道最多的是道德随意型和缺乏信心型。这类作案者游离于社会之外。他们在年少时的同龄朋友很少，长大后会继续与父母或年龄较大的亲戚同住。对于这类作案者来说，孩子不具有威胁性，就像他的其他目标一样，比如老人或者妓女。他的受害者可能是一个他认识的孩子，也可能是一个陌生人，是他无法接近的同龄人的替代者。这类作案者并非在性方面被儿童吸引，他的兴趣在成年人身上，但又对他们缺乏安全感。如果他收集色情制品，这些内容只会涉及成年人，没有儿童。他远离社会，因此他的敌意和愤怒可能会逐渐累积，直到他找到发泄的出口。于是，当怒气爆发时，这类作案者会变得非常危险，通常会折磨、残害他的受害者。

20世纪80年代初，心理侧写项目刚在匡提科建立起来。当时处理的一个案子中，我就遇到了一个缺乏信心型和道德随意型的结合体。

北达科他州迪金森市警察局对他们的工作感到十分自豪，而他们的确有自豪的资本：1983年3月，他们只有一件谋杀案没有侦破。但这起案件是一件格外可怕的双重杀人案，案发将近两年。他们想要一份有助于他们调查的心理侧写。

他们的描述如下：1981年11月16日清晨，和每天早上一样，住在迪金森斯旺森汽车旅馆的一名临时工在汽车旅馆的办公室喝咖啡。但是这次，他发现了经理的尸体，时年52岁的普利斯拉·丁克尔（Priscilla Dinkel）。她头朝下躺在地板上，身体被捆绑，嘴被塞住，一根电线绑住了她的手腕和脖子。她的睡衣被扯了下来，背部裸露在外。

警察赶到后，注意到她头发里有木头碎屑，还发现另一件可怕的事情：他们在搜查房间时，发现丁克尔的外孙女——年仅7岁的达内尔·列兹（Dannelle Lietz）被杀害在后面的卧室里。她的尸体躺在床褥里，脖子上挂着一根绳子。她的手腕上有被绑的痕迹。尸检表明，两名受害者均是被勒死的，达内尔曾遭到性侵。

案发后一年半的时间里，调查人员追踪了许多线索，但仍没有实质性的进展。

在评估此案时，我从受害者研究入手。普利斯拉·丁克尔最近搬到迪金森，担任汽车旅馆的经理。汽车旅馆主要的顾客是该地区蓬勃发展的能源行业中的临时工。客房通常是按周租用的。随着临时工的涌入，旅馆所在镇的面貌迅速改变，以适应行业的发展。实际上，警察局局长已经告诫当地人要锁门，这在以前是闻所未闻的。

尽管普利斯拉·丁克尔的个人背景中没有任何迹象表明她属于高危人群，但考虑到她的工作、汽车旅馆的位置，以及该地区大量的临时工，我还是把她归为高危人群。另外，我觉得她的外孙女只是在错误的时间出现在了错误的地点。她这么小，无法掌控自己的生活或者环境，我认为她是机会犯罪的受害者。

本案中的未知作案者有时间捆住两名受害者并施暴。丁克尔夫人并未遭到性侵犯，但因头部受到钝器外伤而失去知觉。罪犯还剪掉了她的胸罩和内衣，以满足他的某些需求，表现出他的仇恨、攻击性、支配欲和控制欲。他也在某个时候打了达内尔的头，造成她头骨骨折。在离开之前，他还从汽车旅馆的钱箱里偷走了钱。

显然，他在现场待了很长时间，似乎在那儿感到很舒服，因此我认为，这个罪犯了解受害者和周围地区。不过，那天晚上他并非专门去杀人。凶案更像是随机发生的。犯罪现场反映出凶手既精神混乱又具有创造力。罪犯适应力很强，能够从电灯和吸尘器上扯下电线来捆绑受害者。

根据现场呈现出的这种多面性，我认为酒精是当晚的一个因素，并且未知作案者可能有酗酒史。鉴于对年长受害者的攻击程度，我断定他是那些杰基尔和海德饮酒者之一。以他对老年受害者表现出的攻击性，我断定他属于"化身博士"[1]式的酗酒者。正常情况下，他是一个孤僻的人，绝非讨女性喜欢的类型；但在喝了酒之后，他性格中大大咧咧、更具攻击性的一面便会跳出来，但他只能把这一面在他认为自己能掌控的人面前展现出来。他与任何女性建立恋爱关系都存在困难。

既然人们不可能一下子就犯下双重谋杀案，因此这个作案者必然曾经犯过法。他可能因为攻击、抢劫或入室盗窃等罪名被捕入狱。留下这种犯罪现场的罪犯通常智力中等，但这个人可能连高中都没有读完。如果他有工作，也会是体力活，而不是智力活动，比如劳工、技工或卡车司机。他身上不会干净，他可能看起来需要洗澡、刮胡子和理发。

在整个公寓内留下的所有行为线索中，最重要的来自他与小女孩待的卧室这一犯罪现场。当他袭击达内尔时，她的外祖母并不在场，他可以实施自己的幻想，轻松地将她支配和控制住。在他的袭击过程中，他吞噬着她，强化了他对局面的控制。然而，他用床单盖住她这一行为，揭示了他事后的感受。他想要消除这次攻击，对自己的行为感到憎恶。他的内心发生了明显的变化，他对小女孩的死感到后悔，与此相反，他显然认为他自己对女孩外祖母的行为正当。

只要现场有后悔的迹象，都会影响未知作案者后续的行为。他不得不找人说话，以便了解警方的调查行动。他喝酒会喝得更厉害，他会改变自己的外表，甚至还会去看女孩的坟墓。

关于未知作案者，我唯一遇到的问题是他的年龄。我前面就提到过，这方面经常出现问题。我见过的这类作案者的年龄范围从 10 多岁

---

[1] 《化身博士》(Strange Case of Dr. Jekyll and Mr Hyde) 是英国作家罗伯特·路易斯·史蒂文森 (Robert Louis Stevenson) 的一部短篇小说，讲述了体面绅士亨利·杰基尔 (Henry Jekyll) 博士喝了自己制作的药剂分裂出邪恶的海德先生人格的故事。小说塑造了文学史上首个双重人格形象，杰基尔和海德后来成为心理学上对双重人格的代称。——译者注

到50岁出头,所以我建议警方关注罪行发生后的行为和心理侧写中的其他内容,而不是寻找特定年龄的罪犯。我还提醒说,舆论热度过去之后,作案者可能已经逃出城去了。我一如既往地告诉调查人员,如果想进一步讨论问题或就先发措施、讯问技巧进行集体讨论,就给我打电话。

迪金森警方继续调查,询问了将近30名嫌疑人。在犯罪现场只发现了一枚指纹,后来发现这是调查人员留下的。此后,当能够进行DNA检测后,警察重新检查证据,却发现证据因为实验室的冰柜发生故障而被破坏。案子没有找到任何目击者,没有人能为当晚的事件提供线索。

但是,这一切都没有阻止不屈不挠的迪金森警察。他们甚至把受害者的个人物品和该地区可能的嫌疑人和已知的性犯罪者照片发给了一名外州的心理医生,向她咨询案情。她从照片中选了一个人,认为他是凶手。此人在蒙大拿州米苏拉县被控向邻居家的孩子裸露身体,米苏拉县警署便与迪金森警方取得了联系,此时调查人员对他的怀疑开始增加。他的朋友告诉警长,他一直在谈论迪金森发生的谋杀案。警方对这名嫌疑人进行了深入的问讯,并要求他测谎,但他拒绝了。他们还留下了他的齿印,并与达内尔右脸上的咬痕进行比对,但结果无法确定。

1985年12月,联邦调查局学院的毕业生、任职于北达科他州刑事调查局的杰里·西斯曼(Jerry Theisman)与我们联系,希望对这名男性进行评估,因为他认为此人很可能是双重谋杀案的嫌疑人。我们向他解释说,暴力程度通过这种方式降低的可能性极小。在残忍的强奸和双重谋杀之后,这个未知作案者不会冒着被抓的风险在自己家附近裸露身体。此外,迪金森的凶手还从犯罪现场拿走了钱。这个人不像是会为钱作案的样子。

坚持不懈的迪金森警方告诉我们还有一个嫌疑人,他符合我最初的心理侧写中几乎所有的要素。在调查初期，他们对他进行了测谎，结果表明他存在重大欺骗行为。但问题是，他离开了镇子，没人知道他去了哪里。他的名字叫威廉·托马斯·雷格（William Thomas Reager），双重谋杀案发生时，他就住在汽车旅馆里。他不仅认识受害者，而且照顾过达内尔，并且似乎对她的母亲梅洛迪（Melody）情有独钟。一家人注意到，每次他来，都会让孩子坐在他腿上，并把手放在她腿上，这让他们感到很不舒服。案件发生的前几个晚上，达内尔要她的母亲不准他照看自己。案发当晚，雷格因酒后驾车被捕，并被警察盘问。现在，几年过去了，迪金森警方又在寻找雷格的下落。

到了1991年，查克·拉梅尔（Chuck Rummel）警长接手此案，再次与我们联系。他打来电话时我不在，于是尤德·雷介入此案，并一直工作到结案。拉梅尔在附近县的国家犯罪信息中心电脑上进行了搜索，追踪到雷格此时在阿肯色州贝茨维尔市。迪金森市政府官员与贝茨维尔警方取得联系，告诉他们雷格是一起双重谋杀案的嫌疑人。巧合的是，贝茨维尔警方正在着手对1988年一桩悬而未决的老年女性谋杀案进行研究。当年6月，在一座桥下干涸的河床上发现了77岁的德拉·T. 哈丁（Della T. Harding）的尸体。此前一天，她家明显被人闯入，她遭到捆绑、殴打，并被勒死在家中。案发时，雷格就住在离哈丁家仅1.6千米远的地方。

拉梅尔进一步追踪嫌疑人，最后在阿肯色州克林顿县警署盘问了雷格。出发前，拉梅尔咨询了尤德·雷。我们的预测是，罪犯会对强奸并杀害达内尔·列兹感到后悔，同时，最初的测谎结果表明他在撒谎。据此，拉梅尔和杰里·西斯曼一直盯着他，直到他最终认罪，他还说到了迪金森谋杀案从未向公众发布的，甚至警方都不知道的细节。例如，那天晚上他从犯罪现场偷走的不止现金。

根据雷格的说法，他去办公室与丁克尔夫人谈论她女儿梅洛迪的事。他想更好地了解梅洛迪，但她的母亲嘲笑他。不过雷格并没有因此退却,反而勃然大怒,说自己"发疯了",用桌子上的一块木头打她。雷格说,他在捆绑丁克尔时,达内尔从卧室走进来。我想他必须保持对局势的控制,因此他攻击了小女孩。他承认,除了钱,他还从现场拿走了一张达内尔和梅洛迪的照片以及一个装饰拼盘,这些是从未上报丢失的物品。凶手保留了自己罪行的纪念品。

雷格,男,白人,案发时39岁,有一系列案底,包括重大盗窃、开空头支票、入室抢劫,以及小偷小摸。他智力平平,当过劳工、卡车司机、洗碗工、狂欢节工人。照片里的他永远邋邋遢遢。他在凶案后改变了自己的形象,不再染发,任由头发变灰。他有酗酒史,曾因酒驾被捕,他与女性之间的问题体现在与第二任妻子的分离上:他娶她时,还维持着与第一任妻子的婚姻。据称他被捕时正准备与第三任妻子结婚。第二任妻子证实,他性格"木讷",他们的婚姻有问题,而且他经常酗酒。最后,他对当天晚上发生的事情的陈述证实了他对丁克尔的愤怒和仇恨,因为丁克尔没有真把他看作女儿的追求者。

1991年3月,雷格因在北达科他州犯下的罪行被捕,同时还被控在1988年阿肯色州哈丁案中犯有谋杀罪。两个州的调查人员发现,在迪金森案和被捕之间的10年里,雷格曾周游全国。得克萨斯州达拉斯警方宣布,他们正在调查他与当地多名老年妇女被杀的关系。

我们必须感谢迪金森当局执着的追捕。在长达10年的时间里,不断有新人被分配到这个案子上,每个人都以无私奉献和专业的精神担起了重任。通常,一旦失去最初的动力,旧案件就会让人感到厌倦,没人愿意为此努力,案子也就束之高阁。我认为,雷格会毫无疑问地继续被自己的冲动所引导,不断杀人,直到有一天他因另一件案子被抓,或者死了,抑或年纪太大而干不了。但其间花费的时间会很长很长。

在贝茨维尔案中,哈丁是雷格认识的另一个年老脆弱的女性受害者,他曾到过受害者的住处。与迪金森案的受害者一样,哈丁也是头部遭受重创，但是被勒死的。罪犯用电线勒死受害者，然后从现场拿走钱财。雷格对这起杀人案以及其他两起案件都供认不讳，但后来又对自己的罪行支支吾吾，不过他还是承认对自己的未婚妻有罪。就像是命运的安排一样，自然法则抢在人为法律之前带走了雷格。他被控犯下3起谋杀案，并且阿肯色州的主导检察官唐·麦克斯巴登（Don McSpadden）宣布要在哈丁案中主张死刑。得知消息后，雷格突发心脏病猝死。虽然你可能会希望这样一个人应该被审判，尤其是经过了这么多年，但当时阿肯色州的死刑案至少需要10年时间。对于迪金森案中受害者的丈夫和外祖父弗兰克·丁克尔（Frank Dinkel）来说，解脱来得更快。雷格被捕的消息公布后，《俾斯麦论坛报》（*Bismarck Tribune*）曾引述他的话："我希望这事能在我死前解决。"

小达内尔·列兹显然是机会犯罪的受害者，一个情景型儿童猥亵者将她强奸杀害，仅仅因为她出现在那里。另外，偏好型或恋童癖儿童猥亵者对儿童有明显的性和色情欲。驱动他们的并不是情景型压力或者情感上的不安全感。他们具有可预测的行为模式，时不时就会展现出来。这种仪式性行为是一个识别标志，是他们在性行为过程中不得不做的事情，即使需要冒更大的风险，或者执行起来更困难。比如，按照预先演练过的剧情绑架特定类型的受害者，即使绑架这类受害者很难不被人察觉，或者剧情会拖慢逃跑的速度。

与情景型猥亵者相比，偏好型猥亵者通常具有更好的社会经济背景。他们猥亵年轻人不会停止，这与一生可能只猥亵一人的情景型罪犯不同。虽然偏好型儿童猥亵者有着相同的性倾向，但他们在选择受害者时具有特定而个人化的偏好，这种偏好包括受害者的性别和年龄（他们更倾向于男孩，并且受害者年龄越小，对性别的偏好就越少，喜欢蹒跚学步的幼儿的人更不会挑剔性别）。

肯·兰宁根据偏好型猥亵者展现出来的不同但可预测的行为模式，

将他们分为3类：引诱型、内向型和施虐型。

当你在媒体上看到当地一名老师被控猥亵或强奸他的一名学生，或者一位教练被指控与队中孩子行为不当时，你看到的正是引诱型猥亵者。这类作案者通过送礼或者关心来吸引受害者，慢慢赢得他们的信任，降低他们的抗拒。他十分善于和儿童交流，并善于选择最容易受骗的受害者。比如，一个在家得不到什么爱的孩子，会因为他的关心而感到受宠若惊。

在这里，你的本能能够帮助你保护孩子。如果有人似乎过于关心孩子，注意力过于集中在孩子身上，和孩子们待在一起的时间过长，而不是与成年人在一起，这种行为应该引起你的警觉。我不是说每个教练或者你家附近的孤独老人都是性异常者，等着对你的孩子下手。绝非如此。我们不想对人过度怀疑，让我们失去人际交流带来的喜悦和满足感。但是请务必了解你孩子的交往对象。

你不用告诉你10岁的孩子，你觉得她的垒球教练可能是个变态，只需看着她，去看她的比赛，如果你觉得可疑，就不要让他们有单独相处的机会。另外，建立良好的亲子关系，这样她就不会因为别人关心她就轻易被勾走。我在联邦调查局工作时，没有多少时间陪伴家人，对此我感到遗憾。但是我希望我的孩子与我关系亲密，并且明白如果有人做过或说了什么让他们感到不舒服的事情，他们可以来找我或帕姆。这些人倾向于挑选孤独、没人看管的孩子。你不必当个超级父母，只需知道孩子的朋友是谁，并留心脑海里突然冒出来的声音即可。

很多引诱型猥亵者可以同时对多名受害者作案，这是他们自己的"儿童群体性行为"。受害者可能来自他辅导的童子军，他教的班级，或者是他的邻居。他花时间和他们待在一起，倾听他们，知道如何与他们交流并操纵他们。因为他是成年人，所以许多听话的孩子会觉得应该听他的话，他会利用这种权威和地位。如果小受害者没有在早期就揭发他，那么直到孩子长大，变得太大或太成熟而失去对他的吸引力时，他才会结束这段关系，这种趋势才会扭转。大多数受害者会在这时举报他，除非骚扰者的威胁甚至是身体虐待让他们缄口不言。在他准备好开启下一阶段之前，他可能使用相同的手段阻止孩子们离开或者举报他。

其他有与儿童发生性关系冲动的猥亵者并没有引诱受害者所需的人际交流和社会关系技巧，这与引诱型猥亵者不同。内向型更符合穿着雨衣的奇怪陌生人这一老套的形象，他会流连于公园、操场，观察孩子。你会注意到他，他看起来像是准备好要在受害者面前暴露性器官一样，有的时候他真的会这样做。他的性行为仅限于短暂的接触，通常会针对陌生人或者特别小的孩子。如果他找不到其他方法来得到受害者，他甚至可能与一个带小孩的妇女结婚或者和她生孩子；这些孩子从婴儿期开始，便是他最方便的受害者。

不过，最令人恐惧和危险的偏好型儿童猥亵者是施虐型。就像施虐型强奸犯和成人杀手一样，他们需要施加生理上或者心理上的痛苦，或者二者兼有，以得到性唤醒和性满足。施虐型猥亵者会使用计谋或者暴力来控制他的受害者，然后以某种方式折磨他们，让自己得到性满足。虽然施虐型猥亵者的数量似乎更少，但他们最有可能绑架和杀害受害者。

同样令人恐惧的是，引诱型罪犯会在特定情况下变成施虐型罪犯。我们目前还不知道的是，这些人是一直存在施虐的冲动，后来在某个压力源的作用下才表现出来，还是这些冲动是他们从前期的虐待行为中建立信心，从而慢慢发展出来的。

与情景型儿童猥亵者不同，恋童癖者的行为很容易预测，许多行为父母都能辨认。青少年时期，恋童癖者与其他青少年的社会交往很少，他的性兴趣已经投向儿童。成年后，他会经常搬家，而且搬得很突然，因为起了疑心的父母或者执法人员在追踪他，迫使他逃离。如果他参过军，那么他会没有理由地被开除。许多情况下，这类作案者会有很多被捕的案底，包括猥亵或虐待，以及违反儿童劳动法、开空头支票、伪装警察等。如果他曾因猥亵儿童被捕，其中可能涉及多名受害者，因为如果他在一个地方猥亵了一个孩子，那他很可能至少已经尝试猥亵过其他人。

我们回顾他的所有罪行，你会发现，**他反复尝试引诱孩子的行为中，隐藏着很高的计划性（和风险）**。与情景型猥亵者不同，恋童癖者会花费大量的时间和精力来制订完美的计划，他可能会反复练习以达到熟练的效果。他的生活方式能反映出他更喜欢孩子而不是成年性伴侣。如今，"回巢"现象越来越普遍，一个25岁的单身男子与父母同住已不再稀奇。但是随着年龄的增长，如果他从不和女人约会，别人可能会注意到。他也可能独自一人居住，房子的装修方式对他所偏好的年龄或者性别的受害者具有特别的吸引力。根据受害者的不同类型，他可能会有玩具、玩偶或其他任何情况下都不该有的玩具和游戏。

这类作案者可能与女性保持着关系，但这种关系会是两种极端：要么这个女人十分软弱、充满孩子气，要么她会占主导地位，比他强壮得多。尽管大多数女朋友或者妻子都不想谈论她们的私生活，但是如果你能私下询问她们，她们可能会承认自己的恋人或丈夫存在某种性方面的问题。他还会收集儿童色情作品，其中可能会有他自己拍摄的照片。就像我那次在女孩舞蹈表演时给帕姆指出来的那个人一样，这些没有脱衣服也没有摆出性感姿势的孩子的照片就能唤起他的性冲动。他可能会带着相机到公园去，然后一卷接一卷地拍照片。照片洗出来之后，他就开始幻想孩子。请记住，梅西百货目录中的童装部分就能让恋童癖者产生性冲动，就像大多数普通男人看"维多利亚的秘密"一样。

尽管许多恋童癖者都能成功地融入社会（至少有一阵子），但他们的生活方式中有些方面的确会引起他人警觉。对我们孩子过度感兴趣的人总会让我们不信任。一个喜欢在商场、购物中心和公园闲逛,似乎没有同龄朋友的成年人,会显得与社会格格不入。一个恋童癖者知道他的性倾向必须保密,因此他很难以任何有意义的社交方式与其他成年人建立联系。他的成年朋友通常也是恋童癖者,这样他们能够相互制约、相互保护。

这类作案者通常使用理想化的语言。 例如,用天真、纯洁和干净来形容孩子。他谈起(或者写到)儿童时,会将他们称为"对象、项目或财产"。从他们的信件中,肯·兰宁摘录了像"这个孩子的公里数很低"或"我在这个项目上干了6个月"之类的说法。

他们对小朋友的选择也会非常具体,外表比内涵更重要。换言之,如果这个男人偏爱10岁的女孩,那么他会更喜欢外表和行为像10岁的14岁女孩,而不是看起来像14岁的10岁女孩。

请记住,这些元素中只表现出一种,并不意味着你的邻居是儿童猥亵者。只有这些因素全部加起来才表明会有危险。与我们作为父母面对的所有情况一样,我们需要增长见识并相信自己的直觉。这些说明可以帮助我们发现潜在的危险,但它代替不了细心照料孩子,参加儿童安全培训,以及在某些情况下纯粹的运气。

在某些情况下,父母不能保护孩子,或者至少父母之一保护不了孩子,因为父母就是问题所在。我们许多人很难想象,许多受害者遭受的虐待来自他们的家庭,这正是大多数孩子寻求指导、爱心和支持的人。乱伦儿童猥亵者可以是上文讨论的各种类型作案者,从压抑型到引诱型都有可能。他们在追求受害者时会显得冷酷无情、精于算计,内向型恋童癖者可能会结婚,并与妻子发生性关系,但只是为了生个孩子(这对于他来说是有风险的,因为他无法保证孩子的性别是他喜欢的);引诱型猥亵者可能会与有孩子的女性结婚——孩子的性别和年龄正是他所偏爱的,或者与这样的女性成为朋友,并承担起一个父亲的形象。当孩子长大，对他失去吸引力后，他会转向另一个家庭，然后重新开始。这些作案者只会在绝对必要时才与妻子或女友发生性关系，他必须在过程中幻想孩子，可能要求女伴打扮成孩子模样或者像小孩子一样说话。

这么干的并非只有父亲。儿童中心外展服务[1]主任彼得·班克斯曾常年在华盛顿特区警察局调查儿童虐待案件。他讲了这么一个让人心碎的故事。他认识两名警长夫妇，他们最大的儿子让夫妇俩很是头疼。首先是成绩不好，没有礼貌，逐渐发展成小偷小摸，最后变成了犯罪狂欢：这个孩子才十几岁，只身来到佐治亚州，偷了一辆车，最后在抢劫便利店时被抓。当他戴着手铐被警察带走时，他的母亲问他，她要做什么才能确保他弟弟不会走上他的老路。

"这个嘛，"孩子回答道，"让他离外公远点。"这位女士的父亲一直与他们住在一起，显然，他在同一个屋檐下，猥亵她最大的孩子已经好几年了。可以说，在这一天，她同时失去了自己的孩子和父亲。

为什么孩子没有尽早告诉父母这个可怕的事实呢？乱伦的受害者如果报告，可能会遭受更大的打击。你想想就明白，我们的社会用这么多漫不经心的方式惩罚年轻受害者。除了尴尬、害怕、羞辱之外，想想一个举报自己家庭成员的孩子会经历什么。最好的情况是立即采取行动保护孩子，被送走的不是猥亵者，而是受害者。孩子会离开他的房子、他的兄弟姐妹、他的朋友、他的学校、他的狗——他的一切。最坏的情况是，他求助的人要么无法帮助，要么不愿帮助，相当于对孩子强调他不值得对方花时间、花力气去帮助，向孩子传达的信息是，虐待者的威胁是对的，他跟别人说的话，会发生什么也是真的，这将进一步伤害孩子的心理。

被非家庭成员虐待的孩子要告发这种行为同样异常困难。一开始，

---

[1] 是指在机构以外的地点开展社区服务等。

受害人不会告诉任何人,因为他被这种关心所蛊惑,也不知道会发生什么。后来,猥亵者很会让孩子保持沉默,就像他一开始很会引诱孩子一样。对于所有类型的猥亵者,受害儿童可能担心他或他的家人会受到摧残他的人的伤害。

尴尬、困惑,这样的情绪同样也会产生影响。猥亵者可能会在情感上勒索孩子。而且,由于许多人十分擅长接触各种孩子(少年棒球联盟教练,或者是经常带邻居孩子露营或参加其他郊游活动的"好人"),他们甚至可以利用团体内的互动来让受害者保持沉默,他会利用比赛竞争或同伴压力不断招募新的孩子,同时把大孩子轮换出去而不被发现。

猥亵者作为成年人,比孩子更有经验、年龄更大、更机智、更危险,也更会操纵他人。你的孩子能得到的唯一真正的保护,是你给予并让他不断强化的安全感和自信心。

肯·兰宁描述了猥亵儿童的人在可能面临刑事调查或被起诉时会经历的各个阶段。毫不奇怪,最初的反应是完全否认对他的指控。在听到对他的指控后,他可能会表现出惊讶、震惊甚至愤怒。他可能会解释说孩子误解了他的行为:"难道抱着孩子也是犯罪吗?"他可能会有家人、邻居或同事支持他并证明他的性格,这取决于他的社交情况。

如果有他不可否认的冰冷证据,他会试图弱化罪行的严重程度:也许他摸了一个孩子,或者只干过一次,或者他摸了这个孩子,但绝非为了性满足。猥亵者通常都了解法律,倾向于承认轻罪。在这些情况下,有时受害者会因为尴尬而在无意中帮了罪犯的忙。比如,青春期男孩可能会否认发生了性行为,即使调查人员有照片证明性行为的确发生了。受害者也可能会淡化"事情"发生的次数。

罪犯的另一种常见反应是辩解:猥亵者可能声称他比孩子的父母更关心孩子,因此教孩子性知识对于他来说意义重大,或者他承受了很大的压力，喝了太多的酒。这些人会一直努力向自己证明他们的冲动和行为是合理的，他们不想相信自己是性罪犯。最常见的辩解是用某种方式把罪责归到受害者头上：受害者诱骗了他，他不知道她多大，或者受害者确实是妓女。即便如此，涉及儿童的性行为中，与儿童主观同意完全无关，因此这种行为本身就构成犯罪。

捏造与辩解一起出现，猥亵者越聪明，谎言就越能唬人。有个恋童癖者说一些孩子录制了一盘性爱录像带，他发现后便保存起来，准备拿给孩子的父母看。缺乏创造力但同样绝望的猥亵者可能会突然患上精神病，或者利用别人的同情心，希望他的后悔及与社区的牢固关系会让人们可怜一个深陷忧虑但基本上是好人的人。他会用一种病态、落后的方式努力用自己为社区所作的贡献来辩护，如与孩子们一起做义工，但这只是为了接触孩子而已。

猥亵者有可能承认较轻的罪行，从而避免公开审判。这样做的一个好处是，小受害者不必遭受出庭作证的创伤，但是在犯罪者"认罪但不承认有罪"的情况下，可能会造成混乱。他可以在不承认自己犯罪的前提下认罪，也可能以精神错乱为借口而不认罪。最后，公众可能永远都不知道猥亵者的所作所为，而孩子可能会疑惑为什么法律不认为折磨他的人有罪。

最后，就像许多被发现后失去了掌控生活的能力的罪犯一样，被逮捕的儿童猥亵者都有很高的自杀风险。而且，由于其中许多人来自中产阶级，并且没有过被捕的历史，因此，如果他们自杀，民众很可能会归咎于警察，因此他的受害者同样会感到困惑。

就像那个因被外祖父猥亵而身陷囹圄的男孩一样，许多儿童猥亵者本身在孩童时曾遭受过某种形式的虐待。虽然这不能成为他们所作所为的借口，但足以说明我们一遍又一遍地看到受害者—加害者循环。正如彼得·班克斯所说，来到警察局，首先，看看被虐待和剥削案卷中的孩子名字；其次，看看少年犯的案卷；最后，看看卖淫和暴力犯罪的案卷。你会在这3类案卷中找到许多相同的名字。尽管并非每个受虐待的孩子的名字都会出现在后续的案卷中，但实际上，这些卷宗里的每个人曾经都是被人虐待的孩子。他们可能成为未来（儿童或成人）的加害者，或者成为我们所谓的"专业受害者"。例如，不断与虐待成性的男人在一起或在年轻时成为妓女。我们的社会必须准备好收获我们播下的种子。如果我们发现孩子生活中有不尽如人意的地方，但今天不去解决，那么我们将冒着必须在将来进行处理的风险。

1993年10月，理查德·艾伦·戴维斯（Richard Allen Davis）在加利福尼亚州佩塔卢马市绑架并谋杀了12岁的波莉·克拉斯（Polly Klaas），被判有罪。他声称自己糟糕的童年把他塑造成现在这个样子。在他庭审量刑阶段的结束陈词中，辩方将被告的母亲描绘成一个感情冷漠的人，曾经把儿子的手放在火上烤，在与孩子的父亲离婚后，她实际上就已经抛弃了孩子。辩方竭力避免死刑——但并未成功——还声称他的父亲虐待他，曾一拳打伤了他的下巴。

与戴维斯的背景形成鲜明对比的是，波莉案中最令人心碎的是，她的父母是在一个他们尽力营造的最安全的环境——她自己家里——失去了孩子。对于绑架者而言，这是高风险的行为。

一天深夜，戴维斯悄悄闯入了波莉母亲在佩塔卢马的住所，当时波莉有两个朋友在她家过夜，戴维斯用刀威胁着在她们面前将波莉绑架了。当时，波莉的母亲和同母异父的妹妹分别在其他卧室里睡着了。对于罪犯来说，这次绑架风险极高，早期调查中几乎每个人都怀疑有内鬼：罪犯必须是能够进入房子的人。波莉的父亲与她的母亲离婚后住在其他地方，警方一开始推测他可能以某种方式卷入其中。这个社区坐落在北加利福尼亚州，沉静安宁，但让社区居民更为震惊和害怕的是，他们和调查人员发现，波莉父亲与案件无关——一个陌生人入侵了他们的家。

讽刺的是，就在案发后最初的几个小时中，调查人员正把波莉父亲当作嫌疑人进行调查，此时戴维斯却在佩塔卢马以北40千米的圣罗萨附近，与几名副治安官起了冲突。在调查一起闯入的案子时，他们发现戴维斯正试图把他的白色福特平托车从一条水沟里开出来。他们询问了他，搜查了他的车，然后把他放了，对佩塔卢马警方发布的通缉犯的描述全然不知，也没有发现戴维斯暂时把还活着的女孩藏在了附近。戴维斯回来找到他的受害者，勒死了她，把她的尸体扔在了高速公路旁的一个浅坟里。

戴维斯后来再次与警察相遇，这次警察不负众望，最终让克拉斯一家得到了解脱。戴维斯因酒驾被捕，警方将他的掌纹与波莉绑架者留下的掌印相对比，发现二者吻合。认罪后，他还描述了抛尸地点。后来，在庭审中，辩方声称绑架和谋杀是一次搞砸了的入室盗窃的结果，并否认他试图对波莉进行性侵犯。然而，检察官让一些证人出庭作证，他们证明，绑架发生前几天，戴维斯就出现在女孩附近，表明他在跟踪她，这与他以前袭击女性的手法一致。最后，陪审团没有相信他的辩解。

显然，父母不可能在孩子入睡后当他们的武装警卫。这件案子中，是司法系统没能保护好孩子。在绑架谋杀案发生时，戴维斯还处于假释期，他曾因一起绑架案而入狱16年半。他成年后罪行一个接一个，大部分时间都在监狱里度过。与许多罪犯一样，戴维斯的罪行越来越暴力。出狱后，他非但没有改过自新，反而变本加厉。戴维斯的案底包括用致命武器袭击、绑架和抢劫，并因此定罪。克拉斯案的检方提供了他以前的一些受害者的证词，他们仍深陷他的袭击带来的恐惧之中，检方以此强调，此案中的罪行只是一个范围更大的危险行为模式中的一环。在结案陈词中，检察官格雷格·雅各布斯（Greg Jacobs）称绑架和谋杀"是对人类的严重侮辱"。显然，加利福尼亚州的陪审团对此表示同意。波莉案被认为是推动加利福尼亚州通过美国最严厉"三振出局法"[1]之一的源头,对屡犯者判处无期徒刑。

除了困难重重的童年,戴维斯的辩护团队还强调了他在酗酒和药物滥用方面的问题。我会同情一个真正想要克服这些问题并为自己的生活做出积极行动的人,但是戴维斯在犯罪时的选择是有意识的。幸运的是,在波莉案中,陪审团要求他对自己的行为负责。尽管他的辩护团队试图说服陪审员饶恕戴维斯,因为他表现出了悔恨,但他们的当事人却明目张胆地做出相反的表现:当他听到有罪判决时,他对着媒体摄像机做了个下流的举动。他被判一级谋杀罪名成立,兼有绑架、入室盗窃、抢劫和试图猥亵孩子等行为,陪审团建议判处注射死刑。

1996年1月13日,9岁的安珀·哈格曼(Amber Hagerman)在得克萨斯州阿灵顿被绑架和谋杀,她被目击者看见在路边被人从自行车上拽下来。这一行为虽然不是那么大胆,但风险也很高。在这种情况下,如果加害者手法再熟练一些,脚步再快一些,他可以说"好吧,够了,小姐!我要把你带回家"这样的话,同时把自行车扔到卡车后面,以此打消目击者的疑虑。我的意思是,如果我们在公共场所看到成人和孩子发生冲突,不能想当然地以为成年人就是父母,他们因为自己的儿子或者女儿使性子或者其他不好的行为而大发脾气。

那么,为什么有些儿童的加害者喜欢并能够融入社区之中,猥亵邻居的孩子,但从不绑架,更不会杀害任何孩子,但是其他像戴维斯这样的人却用刀威胁着把孩子绑走呢?记住,每个犯罪者都受自己的需求和冲动驱使。肯·兰宁和宾夕法尼亚大学的安·伯吉斯(Ann Burgess)博士——她曾于20世纪70年代和80年代与我们合作对连

---

[1] 三振出局法(Three-strikes law),又称三振法,是美国联邦层级与州层级的法律,要求州法院对于犯第三次(含以上)重罪的累犯采用强制性量刑准则,大幅延长他的监禁时间。目前所有法案下限皆为25年有期徒刑,最高是无期徒刑。三振法的名称来自棒球运动,棒球规则中,一名打击者可以错过两次打击机会,但每次都会被判一个"好球",在第三个"好球"时,便会被判三振出局。——译者注

环杀手进行了深入研究——论述了犯罪行为中包括绑架和不包括绑架的猥亵者之间的区别。他们研究发现,大部分绑架者都无法适应社会,并且在绑架之前,也不太可能和被绑架的孩子有联系,一部分原因是,与不绑架孩子的猥亵者相比,他们与孩子接触得更少。绑架者的社交技能很弱,不可能像引诱者那样轻而易举地接触孩子。社交技能的缺乏也让他们难以与女性建立关系,即使这种关系仅仅是为了伪装,因此他们通常也是单身。由于他们无法操纵或者引诱孩子,他们常常会拿着武器来恫吓和控制受害者,而非真正伤害他们。与其他类型的犯罪者一样,绑架者在孩童时代就出现了征兆。

肯·兰宁将犯罪者的绑架分为 4 个阶段:准备阶段、绑架阶段、绑架后阶段,以及恢复或释放阶段。在准备阶段,作案者会进行幻想,由此产生性行为的冲动,虽然这一开始并不一定是针对儿童的。他会与具有相同想法或者会鼓励他的人谈论这些幻想,或者观看能够激发他冲动的色情制品,以此确认自己的幻想,并将其合理化。可能会有一个刺激源促使作案者实施自己的幻想,接着,要么是这样的机会自己出现,要么是作案者通过计划创造出机会。当作案者准备好实施绑架后,受害者的挑选变得至关重要。

选择与他毫无关系的陌生人是降低他被抓住概率的关键。有的罪犯会制定并坚持特定作案手法,他们会权衡风险,利用各种机会,选择任何一个符合他们广泛偏好的受害者。肯称这样的罪犯为"思想驱动型"。绑架者提前计划并在选择受害者时坚守原则,如果同时能够压抑冲动、不犯草率的错误,他就很有可能脱身。

另外,幻想驱动型绑架者更关注自己的仪式感。他可能会选择特定类型的受害者,并且不会灵活处理或者偏离他的原计划,即使这意味着增加风险。在特殊需求的驱动下,这种强迫性使他很难绑架成功。

绑架后阶段是罪犯真正感到棘手的时候。如果绑架是受性幻想驱动,那么作案者就必须让孩子活着并隐藏足够长的时间,这样才能实现自己的幻想。例如,虐待狂需要让孩子活着,保持清醒并处在隔音环境中,这样他才能享受自己的权力感和支配感,给被害者施加痛苦。偏好型猥亵者可能会把"从此过上幸福的生活"作为他幻想的一部分,但这不但是现实中不可能实现的,而且需要详细的计划;罪犯通常会有一个秘密的房间或笼子,让他可以留住受害者。

当压力过大时,无论是来自媒体还是因为意识到他的幻想无法实现,绑架者都需要摆脱孩子,无论死活。按照具体情况的不同,他可能会直接让孩子离开,或者把他放在路边,甚至送到受害者家附近。如果不是家里人绑架了孩子,那么孩子一般会活着。但是,受害者失踪的时间越长,得到积极结果的机会就越渺茫。在某些情况下,绑架者会自杀。杀人是有些绑架者仪式的一部分,也可能是因为他们找不到其他出路。理查德·艾伦·戴维斯声称他并不打算杀死波莉·克拉斯,但开车带着她兜了一圈之后,他觉得自己必须这样做,因为他不想回到监狱里去。这是他控制局面的唯一方法。

在对杀害儿童的凶手进行心理侧写时,分析犯罪现场至关重要,在许多情况下,犯罪现场就是抛尸现场。在哪里找到尸体以及多长时间找到尸体,能给我们透露许多有关凶手的信息。有组织的凶手倾向于把受害者(无论死活)送到较远的地点。他们放置尸体的地方要很长时间才能被发现,这些地方的环境可能有助于毁灭证据。或者,他们为了追求戏剧性或震慑力,会将尸体放置在容易发现的地方,以引发社区居民的愤怒。与其他有组织罪犯一样,这些人的智力中等或中等以上,并且具有一定的社交能力。他们会制订犯罪计划,不加区别地针对陌生人(选择受害儿童可能是情景型,也可能是偏好型),他们会为了避免被发现、感受刺激、满足虐待欲或其他原因而杀人。有组织的杀害儿童的凶手很可能是精神病性连环杀手。在杀害受害者之前,他们会对受害者施加更为激烈的性行为。无组织的罪犯在性方面能力不足，因此更可能在孩子失去知觉或死亡后施暴。他们智力较低，通常不经计划就实施绑架，往往在无意中杀死孩子，比如对孩子用力过猛。由于缺乏社交能力，他们倾向于选择自己认识的受害者。他们在离家很近的地方绑架和杀人才感到自在，而不会把受害者带到其他地方去，他们甚至可能没有运送尸体的手段。受害者通常被留在犯罪现场或较容易找到的地方。他们会将尸体直接丢在某个地方或者埋在很浅的坟里。

令人伤心的是，父母会在杀害自己的孩子之后，摆出一个被绑架的现场来转移注意力。例如1995年南卡罗来纳州的苏珊·史密斯案。孩子越小，亲属作案的可能性越大，虽然他们不太可能对孩子进行性侵犯。一个典型的悲剧情景是，孤独而绝望的单身母亲认为自己唯一的幸福机会来自一个自称爱她但无法容纳她孩子的男人。或者，他可能更明确地告诉她，说他想娶她，建立一个"他们自己的家庭"。

如果找到了孩子的尸体，我们就很可能找出是谁做的。父母对待尸体通常不会像陌生人那样冷漠，他们会用塑料袋把尸体包裹起来，埋在对于他们而言很重要的地方。如果他们对谋杀感到后悔，他们可能会引导调查人员朝正确的方向前进，这样才能让人们找到尸体，并举行妥当的下葬仪式。

如今，许多家庭的生活环境十分复杂，我们发现，家庭中除了父母之外的成年人杀害家中儿童的案件越来越多。弗吉尼亚州克拉克县12岁的瓦莱丽·斯梅尔塞（Valerie Smelser）惨遭杀害，这起案件引起了全国关注，当时与她母亲同住的男友诺曼·霍维特（Norman Hoverter）被控长期虐待瓦莱丽和她的3个兄弟姐妹，并最终杀害了她。

1995年1月，霍维特和瓦莱丽的母亲万达·斯梅尔塞（Wanda Smelser）报警称瓦莱丽在路边停车站失踪。第二天，她裸露的尸体被发现扔在一条溪谷里。听到有消息说女孩的身体消瘦之后，以前的邻居和其他人纷纷开始揭发他们怀疑女孩受到了虐待。这家的情况已经上报给了儿童保护服务中心,但由于他们搬了家,加之虐童案件增长的速度超过了保护中心的预算和人员增长的速度,瓦莱丽和她的兄弟姐妹就这样在混乱中被遗忘了。

检察官在准备庭审时收集了虐待的详细证据:霍维特和斯梅尔塞把瓦莱丽关在地下室,有时她还被裸露着绑在门上,被逼着往旧咖啡罐中小便,在地板上大便。她不允许与家里其他人一起吃饭,她不得不通过哀求获得一些面包屑,或者在晚上偷吃。她不小心在厨房地板上打翻咖啡罐后被杀。霍维特在殴打她时,把她的脸按在洒出来的液体里,用力把她的头撞在墙上,在墙上撞出了一个洞。尽管她母亲的辩护方最初声称她是霍维特操纵的受害者,利用受虐妇女综合征进行辩护,但她最终对绑架和二级谋杀的指控无异议。她不承认对女儿的酷刑和谋杀有罪,但她承认有足够的证据将她定罪。霍维特也没有提出反对意见,因绑架和一级谋杀被判终身监禁,目前还在服刑。

除了儿童被父母所杀(通常不涉及性虐待)以及妇女充当强壮和主导型男性的帮凶(如贝尔纳多案和霍维特案)之外,目前所有涉及儿童的谋杀和性骚扰案件的作案者都是男性。有的性犯罪者和儿童绑架者是女性,但被报告的案子中,绝大多数都涉及男性罪犯。我认为,女性儿童猥亵者的人数要比显示出来的数字多,这一点大多数打击儿童犯罪的人员都会同意。社会认为男性("肮脏的老人")与女孩发生性关系是一种耻辱,但许多人把男孩与成年女性之间的性行为视为一种"成长仪式"。

有案子涉及托儿所虐待和猥亵婴幼儿。传统上,女性在这里更容易接触到孩子,她们的抚育工作包括洗澡、穿衣服和脱衣服、检查和抚摸他们。受害儿童无法表达自己的意愿,对于观察者来说,看护人的不当行为可能并不那么明显。女性骚扰大一些的孩子时,通常会有帮凶或作为帮凶来实施。这些女性很少满足男性偏好型儿童猥亵者的行为模式和特征,通常有其他的心理需求和问题驱动着她们。她们可能在儿童时期长期遭受性虐待,或者在成年后有家庭虐待史。绑架儿童(非家庭成员)的女性的驱动力与在托儿所中骚扰小孩子的妇女不同。她们的这种行为不是出于性冲动,而是为了填补生活中的空白:她们需要有一个孩子。这种需求以一种不同寻常的罪行表现出来——绑架婴儿。

儿童中心与联邦调查局、国际医疗安全与平安协会以及宾夕法尼亚大学护理学院合作开展了多项研究。据估计,在美国每年平均420万名新生儿中,被绑架的婴儿不到20个,这个数字很小,但我们认为这些案例具有"高影响力",因为案子对父母、护士和其他医护人员的冲击是巨大的。不过,与针对儿童的其他犯罪一样,我们很难掌握可靠的数字,因为上报始终是一个问题。例如,我们不知道每年有多少次绑架企图被挫败,医院尤其有理由不向相关部门报告未遂事件。我们确实知道的是,绑架婴儿的事件在全国各地的大小医院中都有发生,而且在城市地区更为普遍。

作为父母,从终于看到新生宝宝的兴奋和喜悦,变成知道孩子失踪后的恐惧和绝望,这一过程无法想象。告诉你要把婴儿带到育婴室做检查的"护士"或者提出给孩子拍张照片的"医院管理者",和婴儿一起消失了。刚刚经历生育的新母亲在体力和情感上通常都已精疲力尽,可以说是她们自己把婴儿交给了绑架者。还有其他情况是,打扮成护士的女人从医院育婴室里偷走婴儿,然后堂而皇之地走出医院,有时她会把孩子藏在宽大的衣服或者大挎包里,有时她甚至没有试图把婴儿藏起来。

大多数时候,绑架者会从医院带走孩子,但他们也会在家里绑架婴儿。比如,他们会应聘当地报纸上寻找保姆的广告,然后等到母亲和家里其他人离开后,把婴儿带走。

显然,这些罪犯看起来并不可疑,否则没有人会把婴儿交给她们。通过我早期的工作和最近的研究,我们可以得到一份关于此类犯罪分子非常清晰的心理侧写。婴儿绑架者几乎全是女性,通常体重超标,但看起来完全正常。许多人从事需要负责任的工作,大多数人没有犯罪记录。我们发现了两个集中的年龄段,分别是16岁至21岁和32岁至45岁。这两个年龄段是典型生育年龄的开始时间和结束时间,显然这一点对于这类作案者来说非常重要。绑架婴儿的女性自尊低下,她们的自我价值感可能取决于她们当妻子和母亲的能力。许多人曾经成功怀孕,生了孩子。但如果没有年幼的孩子需要照顾,她们会感到不适应,好像她们的存在毫无价值。罪行与这些复杂的情感需求有关,而与贪婪(如要求赎金)、性满足或权力等传统动机无关。

压力源也会有所不同。社会适应力低的男人可能会在失业或被女友抛弃后杀害孩子,而绑架婴儿的女性的压力很可能与生育有关:最近因流产、死产或堕胎失去了孩子,临近更年期,最近接受了子宫切除手术,或者一段感情濒临破碎,但她认为新生儿可以挽救这段感情。

这些罪犯在作案时,巧妙地将聪明才智与矢口否认结合在一起。绑架经过大量思考和计划,包括她们会长达数月向丈夫或恋人、家人和同事假装怀孕。她们的行动十分完整,她们会改变身材,定期去"看医生"(可能会让伴侣送她们去),为产假做准备,买婴儿用的东西,并谈论即将到来的临盆。我们曾看到有报道说,有的女性甚至从医生办公室里偷走孕妇的尿液样本,或者拿别人的超声检查报告展示给伴侣看。她们的说服力足以让大家给她们举行一场送礼聚会。她们的伴侣通常比她们大得多或者小得多,通常比较好骗,也可能兴奋地准备起来。去医院绑架的女性会进行研究,在绑架之前多次探查育婴室和妇产科,熟悉场地,确定哪家医院的风险最低,同时判断某一天可供她们选择的婴儿数量。她们会阅读所有出生公告和保姆广告,研究从家里绑架婴儿。无论哪种情况,她们都会撒谎、假冒、使诈、欺骗,程度之深足以让她们相信这是她们自己的孩子。有些甚至会出现假怀孕的症状。所有这些作案者都会否认在这种案子中她们几乎铁定被抓这一事实。实际上,许多情况下,她们都是被亲朋好友举报的,因为当她们向好友炫耀自己的孩子时,朋友认出这是媒体报道中被绑架的孩子。

绑架本身，无论计划了9个月还是仅仅几个小时，都表现出有计划的特点。对于在医院实施绑架的情况，绑架者会穿上护士服，知道所有东西的位置，甚至能说服其他护士她也在医院工作。她常常把谋划编成脚本，并且她知道母亲和婴儿的名字，因此她也可以冒充来访的家庭成员。从家里绑架的风险更小，因为很少有权威人士或者其他人干预和保护婴儿。挑选受害者对她们而言远不如选择绑架的地点和手段重要。因为她们只需要一个孩子，所以就性别而言，她们在受害者的选择上并没有偏好，不过大多数会选择自己种族的婴儿（或者假定的父亲的种族）。

虽然大多数情况下这些罪犯并不暴力，但如果她们要使用暴力来得到婴儿，通常会选择在家中或在医院外使用。绑架者可能会在医院停车场用枪威逼抢走婴儿，或在家中用武器制服婴儿父母。绑架者抢走婴儿越困难（如果她做了好几次尝试，但都在绑架之前失败了），她在绝望时变得暴力并铤而走险的可能性就越大。

在某些情况下，这类作案者甚至会杀害妨碍她的婴儿父母或其他监护人。

30岁的新妈妈琼·维特（Joan Witt）在保护自己出生才4天的女儿海瑟（Heather）时，被绑架者杀害。1987年11月，19岁的温迪·利·扎贝尔（Wendy Leigh Zabel）从佛罗里达州杰克逊维尔市维特家中绑架海瑟时，向维特开了数枪，并射伤和用刀刺伤了婴儿的外祖母。扎贝尔渴望生一个孩子。她已经尝试了许多年。

在计划绑架时，扎贝尔去探查了海瑟出生的医院的育婴室。但对于她来说，在医院里绑架孩子风险太高。几天后，她跟踪来到维特家，敲开门，假装马上要生产，想用她们的电话给丈夫打电话。当时只有婴儿的母亲和56岁的外祖母在家，她们对扎贝尔十分友好，告诉她海瑟刚在附近的浸信会医疗中心出生，她可以去那里。她们同意让扎贝尔使用洗手间，接着，扎贝尔便拿着枪和刀出来，命令她们把婴儿给她。

据扎贝尔交代，接下来发生的事情让她惊讶无比。她知道母亲的本能很强，但她没想到真的必须使用暴力才能抢走孩子。然而，当她向婴儿床靠近时，两个女人都试图阻止她。她刺伤了外祖母，然后在琼抓住婴儿并跑到外面寻求帮助时向她开了枪。扎贝尔向她的腿部开了一枪，又向她的腹部开了两枪，然后抱着婴儿逃离。

扎贝尔的作案手法与我们观察到的**大多数婴儿绑架者的行为模式相吻合：犯罪发生在白天；编谎话进入受害者的家，因此没有强迫进入的迹象；犯罪现场显然显示出恐慌或匆忙撤退的迹象**。在绑架发生之前，扎贝尔和她的伴侣已经为婴儿的出生准备了几个月，他购买了婴儿用品，并把扎贝尔怀孕的事告诉了同事。据报道，扎贝尔在"生育"时已经"怀孕"大约11个月，但知道这对夫妇的人没有对孩子的出现感到可疑。尽管扎贝尔的伴侣最初被控参与绑架，但后来他在谋杀绑架案发生当天下午的不在场证据成立，并且无法证明他知道这个婴儿不是他们的孩子，他的嫌疑随即被洗清。他还接受并通过了测谎。

许多婴儿绑架案都是在得到社区举报后告破的，但本案与此不同，扎贝尔被抓是因为她把袭击时用的枪丢在离受害者家不远的路边。

扎贝尔从来没有过违法行为。事实上，她的父亲是她家乡威斯康星州的一名退休公路巡警。在绑架谋杀案发生大约4年后，扎贝尔接受采访时说她一直很自卑。她觉得自己没有吸引力：太高、太胖，也不漂亮。据称，她有过假妊娠经历，这让朋友和家人更加相信她怀有身孕。

温迪·扎贝尔被判处三轮连续执行的终身监禁，目前正在服刑。她承认武装绑架、一级谋杀和一级谋杀企图，并放弃上诉，这让她免于死刑。

媒体通常是迅速救助失踪婴儿的关键，在报纸和电视上公布案情的方式对于绑架者照顾婴儿的程度至关重要。事情不应被描述为劫持或者绑架，肇事者也不应被视为邪恶的人。你要避免让绑架者感到恐慌，造成绑架者逃跑或者伤害婴儿。另外，媒体声明不应强调对罪犯的惩罚，而应强调让婴儿安全地回家。你应该联系绑架者的朋友、家人、邻居和同事，他们会同情受害者家人，并且很可能对新婴儿产生过怀疑。

一个打到警察局的匿名电话提供的线索让一起案件顺利告破。此案引起了我们小组特别的兴趣，部分原因是案子包含了经典的婴儿绑架案中的元素。1988年6月20日上午9点30分左右，一名假扮成医院护士的女性来到北卡罗来纳州海波因特地区医院，探望初为人母的雷妮·麦克卢尔（Renee McClure）。"护士"告诉麦克卢尔夫人，她的儿子杰森·雷（Jason Ray）需要到育婴室称体重。此后不久，一位真正的护士来到病房，明白发生了什么。医院立即联系了当地警方，联邦调查局在当天下午也加入了调查。

第二天，警方接到匿名电话，另外一名来到警察局的目击者也证实了打电话的人提供的信息。基于这些线索，警察和联邦调查局探员因绑架逮捕了布伦达·乔伊斯·诺布尔斯（Brenda Joyce Nobles），以及她的女儿莎朗·利·史莱顿（Sharon Leigh Slaydon），因为史莱顿明知婴儿不是母亲的，但没有告发母亲。在诺布尔斯家里找到了杰森，他被藏在卧室的壁橱里。他的头发被剪掉，显然是为了伪装，除此之外，他的状况还不错。

通过对诺布尔斯和史莱顿进行审问，我们了解到诺布尔斯的男朋友（已经差不多70岁了）不会和她结婚，除非她能为他生下孩子。他特别想要一个儿子。她几年前做了子宫切除术（她没有告诉他），因此她知道，要做到这一点就必须采用另一种方法。1987年12月，她告诉男朋友和家人她已经怀孕，同时开始暴饮暴食，因此她的身体发生变化，让人相信了她的话。1988年5月，史莱顿在海波因特生了一个孩子，诺布尔斯借此机会熟悉了产科病房。1988年6月19日,诺布尔斯在医院探视了另一个亲戚,再次来到育婴室。当她看到雷妮·麦克卢尔时,她决定将计划付诸实施。

诺布尔斯的男朋友称,6月20日上午,她告诉他身体不舒服,说她那天可能会临盆。当他下班回家时,他发现"他的儿子"与诺布尔斯一起躺在床上。诺布尔斯告诉他,当天早上她在镇上的一个门诊室生下了这个孩子。他非常激动,邀请朋友和亲戚来庆祝孩子出生,一点也没有怀疑她的说法或者孩子的真实身份。然而,有人对此十分怀疑,并打了报警电话,最终诺布尔斯因绑架被判处12年徒刑。

扎贝尔案和诺布尔斯案说明,这些罪犯在犯罪方面并不熟练,通常会留下调查人员可以追踪的线索。例如,尽管她们穿着护士服进行伪装,但还是在作案前后让别人看到自己的脸,警察于是能够得到关于她们长相的描述,并立即散布消息。她们经常把一部分伪装扔在犯罪现场,留下宝贵的指纹和其他法医证据,使她们与罪行联系起来。

她们也倾向于在家附近作案。调查人员查看医院最近的流产或死产记录通常就能获得线索。绑架者可能申请过医院的工作,甚至真的就在医院工作过。在家中实施绑架时,通常有人能描述出她们逃离时驾驶的车辆。但是最重要的线索来自绑架者亲近的人。有时人们会因为新婴儿实际上已经有3个月了而感到可疑,只要是接触过婴儿的人都能发现婴儿与新生儿截然不同的长相和行为。绑架者会很高兴地把"她的"婴儿给朋友们看,但关于出生时的细节,她只能说个大概。没有人知道她何时临盆,她也没有联系任何人——甚至没有联系过所谓的孩子父亲——让他们及时去医院探望她。孩子也没有出生证明。这些线索,再加上广泛发布的对婴儿和绑架者清晰的描述,通常能让婴儿很快回到自己父母的身边。

尽管婴儿绑架的肇事者几乎都是女性,但总会有例外。1991年夏,查尔斯·尼尔·艾克德(Charles Neil Ikerd)和他的岳母梅兹·D. 海斯特（Maize D. Hester）打电话到科罗拉多州奥罗拉市警察局，报告查尔斯18岁的妻子特拉·安（Terra Ann）和3个月大的女儿海瑟·路易丝（Heather Louise）失踪了。特拉患有产后抑郁症，起初她丈夫同意治疗师的意见，认为她可能只是需要抽出一些时间远离家庭。但是，他和梅兹——她让查尔斯夫妇住在自己家里——商量后，十分担心特拉和孩子，于是例行填写了失踪人口报告。

大约3周后，事情开始变得不平常。一名公路养护人员在城外约48千米处发现了特拉的尸体。她的胸部遭受两次枪击，头部遭受一次，但没有性侵迹象，也没有发现海瑟的踪迹。特拉尸体摆放的位置以及附近没有弹壳表明她是在其他地方被害后，送到抛尸现场的。科罗拉多大学的专家检查了尸体分解和周围植物生长的状况，确定她失踪后不久——很可能在两天之内——便被杀害。

我经常说受害者研究是侦破此类案件的关键，调查人员调查了特拉·安的个人生活。在她失踪的那一天，特拉和海瑟都曾在特拉工作的当地一家体育俱乐部里出现，她是3天前开始在那儿上班的。那天她拿到薪水支票，然后带着海瑟一起去银行，把全部金额都存了进去。然后她回家换了衣服，再次带着女儿出门。在和她母亲的电话中，她听起来好像没有什么问题。下午某个时刻，一个邻居看到她和海瑟上了一辆由一个白人男性驾驶的汽车。之后再也没人见到她活着。

她的丈夫查尔斯立即成为嫌疑人，因为他们的婚姻远称不上美满，而且他似乎并没有像人们想象中那样对妻子和女儿的失踪感到崩溃。但是在特拉失踪时，他有一个完美的不在场证据：他在当地的快餐店里辛勤工作。而且他领着最低工资，似乎没有足够的钱或计划能力来雇人行凶。当警方深入调查受害者的生活时，发现她至少有3个男朋友，其中一人的车符合邻居看到特拉失踪当天上的那辆车的描述。另一个男朋友也是可能的嫌疑人。他吸毒、酗酒，威胁她如果嫁给别人，他会杀了她。第三个男朋友曾在空军服役，并在科罗拉多州斯普林斯担任军事警察。他有一把工作用的左轮手枪和相应的弹药，可能与杀害特拉的凶器相符。他有不在场证明——她失踪时他正在外州参加葬礼，但他仍有足够的时间回来杀死她。

调查人员有多条线索，但没有得到确切可靠的信息，并且孩子仍然没有踪迹。这种情况持续到 8 月 8 日。当天堪萨斯州托皮卡警方与他们取得联系，称当地的犯罪制止热线接到了一条线索。打电话的人报告说有人试图在肯塔基州贩卖婴儿，其中有一个孩子符合对海瑟·路易丝的描述。科罗拉多州警方利用堪萨斯州警方提供的信息，确定涉案男子为拉尔夫·布莱恩·塔克米尔（Ralph Blaine Takemire）。塔克米尔 40 多岁，住在堪萨斯州，是一名摩托车手。当艾克德家被问及此人的情况时，艾克德的岳父叫他"拉尔夫叔叔"，是他们老家的朋友，国庆节期间来拜访过他们。在他逗留期间，塔克米尔与特拉和海瑟一起度过了很长时间，并给他们买了哈雷·戴维森的 T 恤作为礼物。艾克德家的人觉得，虽然拉尔夫叔叔来家里的时间正好是特拉和海瑟失踪的时候，但他毕竟是个老朋友，不可能做出绑架和谋杀这种可怕的事情。

调查人员并不这样认为。当晚，堪萨斯市联邦调查局特警队便开始对拉尔夫叔叔家进行监视。他们确认屋内有一名婴儿，于是，第二天早晨塔克米尔离开家时，警察与他对质。他们找到了海瑟，她还活着，身体健康。塔克米尔承认谋杀特拉和绑架海瑟，他因绑架罪指控而被捕。对他的房屋和车辆进行搜索后，警方从凶器中找到了弹壳，并在车中发现了血迹和特拉浸了鲜血的钱包。在附近的当铺找到了他用于谋杀的枪支。

在接受联邦调查局讯问时，塔克米尔表现出的犯罪动机与许多绑架婴儿的女性罪犯一样。他无法让妻子怀上孩子，但他觉得应该以某种方式让她有个孩子。他曾答应给妻子买个孩子，但并没有做到，为此夫妻两人曾起过争执。塔克米尔在国庆节拜访特拉期间，迅速地从他的观察中得出结论,特拉不适合抚养孩子,从而给自己的行为找借口。

1987年夏发生的一起案件引起了我们的关注。这起案子无论是暴力程度还是行凶者的混乱水平都十分异常。7月23日,怀孕足月的辛迪·林恩·雷(Cindy Lynn Ray)在新墨西哥州阿尔伯克基市郊的柯特兰空军基地医院诊所接受了例行产检。离开诊所时,她遇到一个叫达西·凯琳·皮尔斯(Darci Kayleen Pierce)的女人,此人在停车场用假手枪强迫她坐进自己1964年产的大众甲壳虫轿车,将她绑架。过去10个月来,皮尔斯一直对她丈夫、朋友和家人说她非常想要孩子,现在终于怀孕了。她开车带着受害者来到阿尔伯克基以东偏远的曼萨诺山脉地区,在那里她用雷钱包里的一根胎儿监护绳把雷勒晕过去。她把雷拖到几棵树后面,用车钥匙对雷进行了剖宫产,然后咬断了脐带。皮尔斯把她的受害者扔在旷野中,开车回到阿尔伯克基,告诉人们她在从那儿到圣达菲的高速公路上自己把孩子生了下来。

家人叫了救护车,把皮尔斯和婴儿送到新墨西哥州立大学医学中心,但她拒绝接受那儿的医生进行检查。医生认为婴儿不是顺产的,于是和皮尔斯对质。皮尔斯则改口称孩子是一位代孕母亲给她的,这位代孕母亲是由助产士帮助,在圣达菲分娩的。同时,空军基地的助产士提到有位待产的军人家属不见了。经过警察的讯问之后,达西·皮尔斯终于把调查人员领到辛迪·雷所在的地方,但为时已晚。她因失血过多和暴露在野外,已经去世。

在得知妻子认罪后,雷·皮尔斯(Ray Pierce)对这起恶性犯罪和妻子的真实情况感到震惊。在接受阿尔伯克基警方和空军特别调查人员的询问时,他说自己以为妻子已经怀孕了10个到11个月。达西·皮尔斯被关押在柯特兰,后来被判处无期徒刑。

幸运的是,在皮尔斯案中,医院起了疑心之后立即联系了执法部门,尽管当时没有证据表明有任何非法事件发生。同样重要的是,当地警察和军事调查人员迅速组成了一个坚实的调查组,尽全力破案。

虽然这种与其他罪行相勾连的情况并不多见，但对于婴儿绑架案，尽早报告和有效宣传的好处是显而易见的，相关部门应团结一致，把消息传播出去，同时设立热线电话，这样社区居民可以迅速举报任何可疑的人或事。而且，在过去5年中，此类犯罪已大大减少，这在很大程度上要归功于儿童中心副总裁兼首席执行官约翰·拉蓬（John Rabun）等人所做的开创性工作，约翰·拉蓬还是医院预防婴儿绑架指南的作者。现在，各医院正积极培训员工，采取更广泛的安全措施，同时制订实时响应计划。

拉蓬和儿童中心的这份指南可以提供给所有父母。公众可致电1-800-THE-LOST或给儿童中心（弗吉尼亚州阿灵顿市威尔逊大道2101号550室，国家失踪和受剥削儿童中心出版部，22201-3052）写信获取指南，父母和医护人员也可以通过这些渠道获得更多的信息。

即使这些故事都有圆满的结局，婴儿也平安健康地回到自己父母的身边，这些事件对父母以及医护人员——如果绑架发生在医院的话——也有着巨大而长期的影响。针对医院的诉讼很常见，但与害怕受到反诉相比，护士们更多的是受心理问题如创伤后应激障碍的困扰。即便是长期在工作中没有过错的护士，在绑架发生后也会因深深的内疚和无助感而离开岗位，甚至干脆离开医护行业。父母在绑架发生后也会经历一系列情绪变化：从最初意识到自己的孩子不见了的创伤，到等待孩子归来时的焦虑和恐惧。即使婴儿平安归来，父母也永远无法放松下来。他们必须与孩子重新结合，孩子与他们也必须重新结合，他们还会常常害怕发生其他事情。父母会出现创伤后应激障碍的迹象，至少会表现出对孩子的过度保护。通常孩子也会出现噩梦、恐惧和不好的回忆，即使他们在绑架后得到了很好的照顾。对罪犯的刑事审判和随后的民事诉讼会再次让所有人遭受伤害。

与所有类型的犯罪一样，我一直建议人们"研究这门艺术"以了解罪犯的身份，但在某些情况下，我们看到的是一堵白墙，这是最令人沮丧的情况。只要婴儿或者儿童一直找不到，受害者的家庭就会支离破碎，参与调查的每个人也会被击垮。你没有尸体，没有犯罪现场可供分析，因此你连初步的假设也得不到。如果受害者是儿童而不是婴儿，从统计学上看，你的未知作案者可能不是家里人，而是一个"他"，动机很可能与性有关。绑架的方式也许会让我们对作案者的熟练程度有所了解，但实际上，你面对的是数百千米范围内所有已知或可能的性犯罪者。然后，你扩大搜索范围，把已知或可能的绑架儿童或成人的人囊括进去。这就像钓鱼一样，最终可能一无所获。更糟糕的是，你的一些嫌疑人可能会自卑到供认自己没有犯过的罪行，只是希望得到关注和短暂的权力感。除非你能很快证明这些人谎话连篇，否则你就必须花时间跟进每条线索，无论这些线索听起来多么虚假，因为你不能冒险失去让孩子活下去的机会。

绝大多数情况下，多年后认定孩子死亡不会有什么问题，但家人却不会搬走，他们希望孩子或有人会打来电话，也许有人从儿童中心免费的失踪儿童网页上认出自己的亲人。此外，儿童中心的专家则利用计算机年龄模拟软件来试着描绘孩子长大后的样子，希望有人能在什么地方认出这些图像。同时，调查人员会试图从本地区最近发生的类似案件中寻找线索。

我们的世界对于儿童来说充满了危险，从可怕的事故到成年人预谋好的暴力袭击。但好消息是，就像你可以让孩子系安全带成为上车之后的条件反射一样，你也可以把其他安全技能扎根在他们心里，既保护了他们，又不会让他们感到过于害怕。接下来，我们将讨论你能为孩子做些什么，以及能和他们一起做些什么，来防止他们成为儿童中心墙上的诸多面孔之一。

CHAPTER VI
第六章

FIGHTING BACK
反击——如何保障孩子的安全

正如我们所见，儿童可能会成为各种可怕的猎手的猎物。猎手和猎物的比喻是恰当的，因为社会中的儿童，就像自然界中年幼、没有防御能力的动物一样，在许多方面都是理想的受害者。

小达内尔·列兹和克里斯蒂娜·杰索普都是受害者，她们成为受害者的原因与其他孩子一样：无法掌控自己的环境。孩子们不能选择他们的家人、保姆、邻居、父母的朋友或者学校。如果家里有人对他们进行身体或性虐待，如果他们住在危险的街区或者上学的学校存在毒品或枪支问题（或者每天课间休息时，恶霸都在操场上打他们），他们无法振作起来离开。而如果他们真的逃走了，他们在新的不利环境中也容易受到各种伤害。

但是大多数处于危险中的孩子被困在了自己的世界里。受虐待或被忽视的小孩子，甚至大一点的孩子，可能意识不到其他孩子的生活与他们有所不同，意识不到自己的生活不正常。例如，我办过一起系列暴力强奸案。这名罪犯只有十几岁时，一周的大部分晚上他父亲都会把他带到酒吧，在那儿找个妓女，打她或者扇她耳光，然后出去和她发生性关系，这些孩子都听得见。我不是要为他的所作所为找借口——除非我们真的疯了，否则都应对自己的行为负责。但我确实认为，如果这是你对待妇女的榜样，那么你就很难对周围的男人、女人产生尊重。

不过，即使在最安全、最健康的家庭环境中，儿童的天性也会对他们不利。孩子共同的特点让他们成为理想的受害者，这些特点包括天生好奇、容易被成年人操纵和影响、需要亲情和关怀、在各个成长阶段反抗父母等。

每个父母都会看到孩子天生具有好奇心。我知道，我既讨厌又喜欢我的孩子们沉浸于各种事物中，有时他们在这个过程中会受到伤害，当我或帕姆走进房间时，常常处于灾难的边缘。在我两个女儿和一个儿子的成长过程中，我既惊叹于他们时常表现出来的足智多谋，又对他们偶尔出现的判断失误感到不可思议。一个蹒跚学步的孩子冲到大街上，我们看到的是一个可怕的场景，无论他是无意识的还是故意的。但在他看来，这却是一件他要满怀热情去探索的事情，他并不知道，随着他的冒险行为而来的责骂或者体罚，仅仅是因为父母想要阻止一个突然出现的危险状况。

家长们面临的第22条军规[1]是，我们不想让孩子们失去好奇心，

---

[1]《第22条军规》（Catch 22）是美国作家约瑟夫·海勒（Joseph Heller）的代表作，讲述的是"二战"末期，投弹手尤塞恩扎在地中海的一个小岛上，为了不执行上级荒唐的飞行任务，他希望军医证明他疯了。但军医告诉他，虽然按照所谓的"第22条军规"，疯子可以免于飞行，但同时又规定必须由本人提出申请，而如果本人一旦提出申请，便证明其并未变疯。"第22条军规"因此也成为荒谬的两难境地的代名词。——译者注

因为那能够激发他们了解周围世界的兴趣,能让他们成为一个独一无二、有意思的人。这很难,因为对与错之间仅一线之隔。如果我们看到一个孩童在泳池边玩耍,仅仅离开看护人的视线一秒钟,我们就会想如果我们不在那里会发生什么意外,继而暴怒,然后再也不让孩子靠近泳池。但我们内心深处理性的声音同时在说:"等等,你想给他留下阴影,让他一辈子都怕水!"

梅根·坎卡(Megan Kanka)遇害的一部分原因正是她的好奇心。1994年7月的一个傍晚,7岁大的梅根精力旺盛,和姐姐一起看电视看烦了,于是来到位于新泽西州特伦顿市郊区的家外面,想看看附近的朋友想不想和她一起玩,也许她们可以玩跳房子,这是小女孩最喜欢的游戏之一。没过多久,她姐姐出去想和她们一起玩,但发现梅根根本没有去她朋友家。差不多24小时之后,梅根的尸体在距离她家几千米的一个公园里被发现,被放置在一个塑料玩具箱里。她被强奸后勒死。

后来人们发现,梅根是环境的受害者,虽然绑架发生前,她的父母不可能知道他们居住的这个街区潜藏着巨大的风险。坎卡家居住的新泽西州郊区十分安静,只有孩子们玩耍的声音。没人知道,坎卡家对面的房子里住着3个男人,他们都在阿福内尔服过刑。这是新泽西州一家供性犯罪者服刑的机构,罪犯在那里同时接受治疗,为的是降低他们出狱后的威胁。直到他们中的杰西·迪门德卡斯(Jesse Timmendesquas)因梅根之死被捕,都没人知道这些。迪门德卡斯曾因抚摸和几乎扼死一个7岁女孩而被定罪。他骗梅根说要给她看他的小狗,把她引诱到他家中。

梅根一家和其他社区居民都被这一罪行吓坏了。当他们知道袭击者有性犯罪案底后,他们的恐惧变成了愤怒。他们将这份愤怒付诸行动,积极奔走,最终通过了"梅根法案"。法案规定,在有高风险、处于保释期的性犯罪者搬入时,社区必须得到通知。1994年,联邦犯罪法案要求各州在被定罪的性罪犯释放后，必须进行登记并跟踪10年时间，当这些人进入社区时，各州必须通知执法部门。但该法案没有要求将信息向公众公开。1996年5月，梅根法案成为联邦法，要求所有州都必须履行通知义务。在此之前，大部分州已经有各种形式的法律，但各州之间差别很大，有的要求居民联系警方，提出调查区域内的罪犯要求，有的则要求警方必须联系居民、学校、妇女庇护所、露营地，提供被保释的性罪犯的姓名、地址和照片。

关于这份法案有许多争议，不少州还诉诸法庭。有人认为，通知公众侵犯了罪犯的隐私，威胁到他们重回正轨的可能，惩罚了他们两次。还有人担心，一旦家长知道有这样的人住在附近，他们会做出怎样的举动。犯罪分子的辩护律师声称他们的当事人已经服过刑，应该给予他们全新的记录，让他们重新开始。这个国家的人相信救赎。

然而，这一辩护理由最大的问题是，偏好型儿童猥亵者对孩子的喜好不会停止，并且程度只会更深，因为他们许多人不像我们这么深入地融入社会。他们有些是受人尊敬的专业人士和生意人，但实际上却过着秘密生活。而更多的人生活在社会边缘，这与杀人犯和强奸成人犯一样。从我们的经验和研究中可以知道，我们不可能让他们自愿放弃对小男孩或者小女孩的兴趣，就像不可能让我放弃对成年女性的兴趣一样。

但如果你不能让他放弃这种兴趣，那么能否让他明白，限制自己是为了他好（这样他就不会被送回监狱）？你可以试试，就像你可以试着让连环强奸犯克制自己，但他们就是会从强奸成年女性中获得满足一样。但我认为你不会成功。正如彼得·班克斯所说："你不会某天早上醒来之后，觉得要出去杀一个孩子。儿童猥亵者看待事情的角度与我们不同。我们觉得那是非理性的，而他们觉得那是正常的。"

他与曾经处理过失踪和受剥削儿童案件的许多人的想法一样，他看到的,这些人也都看到过。他认为:"对于某些事情,我们必须零容忍。我觉得夺走一个孩子的童贞在某种程度上比谋杀更恶劣。"

我在监狱里采访过许多暴力犯罪的惯犯,与地方警察一起破案(通常是惯犯),恐怕我对罪犯改过自新的期待相当低。他们被逮捕,在监狱里行为端正,告诉他们的心理医生自己真的感觉好了很多。但这只是他们自己的报告。他们说能够控制住冲动,但我们如何知道他们被释放后会发生什么?许多精神病治疗界和司法界人士没能理解的一点是,暴力是基于情境的。罪行与环境、机会有关。一个罪犯是模范犯人,与他不在一个严密监视、高度组织化的环境中的所作所为关系不大。

亚瑟·肖克罗斯在纽约州沃特敦市谋杀了一个小男孩和一个小女孩,被判处15年监禁。他在监狱里是模范犯人。出狱后仅几个月,他的不适应和愤怒压制了他好的一面,他开始在罗切斯特杀害妇女。杰克·亨利·阿伯特(Jack Henry Abbot)是个被定罪的谋杀犯,他在狱中也是一名好囚犯,是痛改前非的模范,因此被释放。与大多数服刑犯不同,他有声望,有支持者,有名誉,还有颇具影响力的朋友。尽管如此,在出狱几个月后,他在格林尼治村的一家餐厅与一名服务生起了争执,因为无法控制自己的怒气,杀死了这名年轻人。虽然我并没有听到这方面的消息,但如果得知他再次入狱后又成了模范犯人,我一点也不会感到奇怪。

我很想知道,儿童猥亵者或其他暴力罪犯的辩护律师是否愿意在这些人被释放之后,让自己的孩子与他们做朋友。他们会让自己的孩子在一些非正式的儿童猥亵者康复研究中充当小白鼠吗?是什么让我们认为,一旦这些罪犯看到了,他们就能操纵、哄骗受过高等教育的成年人,让其以为他们不会再利用自己的影响力和技巧来针对孩子,尤其是那些对他们有着强大性吸引力的孩子?或者说,正如许多受害者和他们的家属说的那样:好吧,只要罪犯的受害者的身体、精神和心理都能完好如初，或者能重新活过来，那么罪犯在服完刑后，就能有一个干净的记录。

在梅根·坎卡所在的社区，市民们采取了另一种争议性更小的方法来抚平内心的创伤。当地的扶轮社[1]买下了坎卡家对面那栋房子，也就是凶手曾经住过的那栋，然后出钱请人将其拆毁。这个场地成为"梅根广场"，家长们能够在这个公园里看着邻居家的孩子玩耍。

随着梅根法案的出台，以及家长在商场等场所留下孩子指纹等项目的开展，社会上用来保护孩子的方法越来越多。走进任何一家大型儿童用品零售店，你都会在玩具、衣物和其他基本用品中看到大量儿童用牵引绳。我甚至看过有电池供电的跟踪设备的广告，当父母激活回家信号时，这些设备会发出类似蜂鸣的声音。我至少听过一次这样的事情：此类设备在被绑架的孩子家附近被发现，孩子被带走时，安全设备也被丢弃。

我的孩子出生后，我甚至有些怕抱他们，他们看起来太脆弱了。孩子们长大一点后，我们相信自己不会伤害到他们，但多疑地害怕其他可能会伤害他们的情况。我们在家里所有电插口上安装了保护插头，清洁剂和药物放到他们够不着的地方，给他们买自行车头盔，想尽一切办法保障他们的安全。然后，我们听到了梅根·坎卡、凯西·汉森、波莉·克拉斯、安珀·哈格曼、肖恩·摩尔等孩子的遭遇，于是我们想把孩子每时每刻都置于视线所及的范围之内，或者把他们锁在自己房间里，直到长到 20 多岁。

我们要记住的是，像孩子面临的其他危险一样，伤害他们的成年

---

[1] 扶轮社（Rotary Club）是依循国际扶轮（Rotary International，也称为国际扶轮社）规章所成立的地区性社会团体，以增进职业交流和提供社会服务为宗旨。每个扶轮社都是独立运作的社团，但需向国际扶轮申请通过后才可成立，通常会以所在地的城市或地区名称作为社名。国际扶轮是由分布在 168 个国家和地区中，共超过 3.5 万个扶轮社组成的服务性国际组织，总部设于美国伊利诺伊州埃文斯顿。——译者注

人也是一种已知的存在，就像交通事故或儿童疾病是已知的存在一样。作为父母，我们可以了解这些人的危险之处，并把这种知识（和害怕）转换成实用的保护措施。我们知道，孩子们的猎手会利用他们拥有的一切优势来对潜在的受害者施加影响，除非孩子有所准备，否则成年人总是占优势：他更高大，更强壮，而且就像许多父母教的那样，孩子应该听成年人的话。精明的儿童猎手不仅会利用这些因素，而且会布置场景，强化他们的权威地位。他们可能冒充警察或牧师，这些都是值得信赖的人，他们觉得孩子可能被教导要听从这些人的指示。有些情况下，他们会利用孩子的情绪，关心孩子、操纵孩子，然后在情感上威胁孩子，把孩子和能够保护帮助他的成年人隔离开。或者，他们可能会等待，寻找机会抢夺孩子。

现在是好消息：你有手段和武器——就在你家里——能够在多种情况下挫败这些猎手，或者至少能够打个平手。在我们发疯之前，请记住一件重要的事情：你的孩子大概率不会被绑架，只是有这个可能。而这是你可以预防的。你与孩子的关系，再加上你教给他们的一些相对简单的安全技能，是保护孩子的最佳方法。

在上一章里，我们谈到了引诱型儿童猥亵者，他们会在一段时间内对孩子倾注感情和关注。彼得·班克斯和儿童中心的其他人一直强调的一点是，你能给予孩子最大的礼物就是自信。在家里得不到足够情感支持的孩子更容易成为偏好型猥亵者的目标。他们能发现缺乏自信和感情脆弱的人，就像非洲草原上的狮子能够发现在水塘里喝水的羚羊群里最脆弱的那只。

这些罪犯有时会针对单亲家庭，因为单亲父母可能会愿意让另一个成年人与孩子待在一起。父母必须相信自己的直觉。如果有人为了和你的孩子在一起而显得过于刻意，请提高警觉，至少当他们在一起时你要陪着。

所有家庭都有家人之间相互疏远的时候，孩子和大人都会经历情感上的问题。即使有一段时期你过得很艰难,你也要确保你的孩子心里知道你无论如何都爱他们。他们需要听到你说"我爱你""你很特别"。当他们做错事时,我们向他们输出了许多负面的东西;我们需要确保消极和积极的因素保持平衡。

如果你的孩子遇到让他们不舒服的事情,他们必须觉得他们可以来找你。这可能很困难,尤其是当孩子因为不遵守你定下的规矩而陷入困境时。比如,一个13岁的男孩不应该看R级电影,但他去了一个比他大的朋友家里看了某些影片,然后发生的事情让他觉得不正常,要他承认这些就很困难。

与孩子的沟通非常重要。如果他们有问题——他们一定会有问题的——你应该让他们来找你。如果你让孩子觉得绝对不应该谈论性这样的内容,他对此的好奇心并不会因此降低。他会从其他人那里得到这方面的信息。儿童猥亵者会利用这一点并将其转化为下手的机会。通过分享信息,他们能够赢得孩子的信任,降低他的约束感和反抗意识。这不是说,如果你的孩子认为你不愿意讨论人类生殖或性行为的细节,他就马上会被变态者骚扰。这只表明你必须意识到,随着孩子年龄的增长,好奇心的焦点自然会发生变化。当他们准备好接收信息、准备提出问题时,你必须陪在他们身边,并始终强调你非常关心他们。

在遇到什么不好的事情之后,你的孩子能来找你,这一点至关重要。请记住,他们要告诉别人自己被猥亵时有多困难,然后再想想如果他们提出指控可能会得到怎样的反应。每个愿意举报性犯罪者的受害儿童,都会遇到许多和稀泥的人。例如,我们都在报纸上看过这样的报道,一个很受欢迎的老师被指控猥亵年轻学生。报纸上通常都会引用喜欢、敬佩这个老师的社区居民的话,他们会抨击这个受害儿童。如果压力太大,请想想如果孩子放弃指控会发生什么:别人再也不会相信他说的任何事情了。除非他知道你能帮助应对这种情况,追究犯罪者的责任，否则报告被虐待可能对于孩子来说意味着终将失败的局面。虐待者知道这一点，他们最有效的一种威胁就是告诉孩子没人会相信他。

随着年龄的增长和心智的成熟，孩子常常能够像成人一样成为可靠的目击者，有时甚至更可靠，因为他们很少别有用心。但是很多时候，他们对发生的事情感到困惑，可能不知道如何表达。与询问强奸案的成年受害者一样，询问受害儿童时也需要具有恰当经验并且足够敏感的人，从他的角度了解发生了什么，同时不让孩子受到惊吓或者不当影响。

尽管这里一件重要的事情是，父母需要在孩子身上花时间，但事实上，我们不能每天24小时都和他们待在一起。而且，得到世界上最好的情感支持的孩子仍可能在错误的时间出现在错误的地方。很不幸，有时真的没人能够阻止这种事情发生，就像达内尔·列兹的遭遇一样。但是有时候，自信且掌握了你教给他们的个人安全技能的孩子，能够最大限度地降低加害人在对的环境下选择他们的风险。

我在底特律驻地办事处处理银行抢劫案时，也曾试图让人明白同样的事情：我们可能无法阻止坏人抢劫银行。但是，我们可以加固目标，让坏人不太可能针对某家特定的银行。在家里加固房间是一种常识。如果你有防盗警报器，或者锁死的螺栓，或者一条会叫的狗，或者光线充足的环境，或者所有这些东西，小偷就不太可能针对你的房子，因为障碍太多、风险太大。同样，我们希望把孩子作为目标进行加固，制造足够的障碍抵御风险。如果我们都这样做了，也许针对儿童的犯罪数量就真的能减少。

儿童中心为家长提供了指南，让孩子远离潜在危险或被剥削，同时他们还为不同年龄的孩子设计了安全策略。他们强调，这些策略旨在帮助孩子了解在不同情况下应该如何反应，并做出正确的决定以保证自身安全，而不是感到恐惧或变得反社会。他们还强调，在教给孩子任何东西时,很重要的一点是你的方法要与他们的年龄相适应。如果你一次给小孩子灌输太多信息、太多规则,他们会走神,然后什么也没记住。但如果给一个大一点的孩子过于简化的信息,也会产生相同的结果。

儿童中心强调,对于所有年龄段的孩子,保护他们要通过让孩子强大起来,而不是吓唬。用"陌生人"可能会做这样或那样的坏事来吓唬他们没有任何好处。实际上,这不仅使他们感到害怕,还会让他们对非陌生人产生一种虚假的安全感。

儿童中心的安全策略之所以有效,是因为它将所有年龄段的儿童都应掌握的技能(如知道自己家的电话号码和地址)与他们在各个年龄段应学会的行为结合起来。通过亚当·沃尔什儿童基金,儿童中心开展起一个名叫"孩子与陪伴:一起为了安全"的项目,项目纳入了多种教学材料,包含为从幼儿园到六年级孩子设计的练习和游戏。作为父母,你可以在家向孩子传输这些想法,但是如果你想获得更多的信息或者希望孩子学校教授这些课程,请直接致电 1-800-THE-LOST 与儿童中心联系。本章末尾附有儿童中心制作的信息概要。

其中一项技巧就是伙伴同行。这项技巧不会让孩子觉得有威胁,它只是教会孩子不要一个人去任何地方。我们成年人都知道,落单的孩子更容易受到攻击,因此遭遇的危险也更严重。我们不用对孩子说有怪物在等着他们独自从学校回家。他们需要以积极的方式学会和他们的伙伴在一起。要孩子们记住他们必须待在一起,与父母、兄弟姐妹、朋友、同学在一起,做到这一点并不困难。比如,在儿童中心的项目中,小孩子能通过一首歌学会"伙伴同行"。

另一种减少情境性被害概率的方法是事前确认,你应该教会孩子。事前确认是"孩子与陪伴"项目的核心。方法很简单,也不会吓着孩子:在你去一个地方或者做一件事情之前,先向我确认。即使在很小的时候,孩子们就知道,在做事情之前必须先问父母或保姆。而且，如果每次他们向你确认时，你都能给予正面强化，他们就能自我感觉不错。

正如彼得·班克斯所说："反击儿童猥亵者的首要武器就是孩子的自信心。"这句话怎么重复也不为过。

渐渐地，他们还会向你学习如何做出正确的决定。儿童猎手常常让他们陷入无法做出正确判断的境地，让他们感到困惑，从而加以利用。我们知道，比如说一个成年人不应该让小孩子帮他搬运食品杂货，但孩子并不能立马意识到这种请求是不合理的。他们乐于助人的精神让他们容易遭受攻击。如果他们事前向你确认，你就能做出正确的选择，让他们知道什么是可以的，什么是不可以的。

你可以对孩子们说什么时候触摸是可以的，什么时候是不可以的。与成年人一样，当孩子们处在自己不喜欢的环境时，他们脑子里会有警报声响起，但他们可能需要别人帮助才能意识到这种感觉，并且知道跟着感觉走是对的。比如，他们知道爷爷的拥抱感觉很好、很安全，他们对错误的触摸会本能地感到不一样。

你还可以和他们讨论他们觉得哪种触摸比较好，以此强化他们的感觉。正如彼得·班克斯所指出的那样，如果因为害怕孩子被猥亵，而不让成年人和孩子之间有任何拥抱、触摸和恰当的爱意表达，这会是所有人的耻辱。一旦孩子知道这两种行为同时存在之后，将老师、教练或任何成年人的拥抱、轻拍，以及正常的触摸与不正常的触碰区分开就并非难事。

大多数人都教育孩子要尊重成年人，这是对的，但孩子得知道，在有些条件下，他们可以对成年人说"不"。如果一个成年人要触碰他们，让他们觉得不舒服、感到困惑、生气（或者让他们讨厌——不同年龄的孩子用词可能不一样），这就是说"不"的时候。

我记得我每个孩子在两三岁的时候，他们似乎只会说"不"。但随着孩子年龄的增长，许多孩子变得更胆小，所以让他们练习说

"不"并非坏事。你们可以进行角色扮演,描述具体的情况(不要太吓人,但一定是应该用"不"来回答的情况),这样你的孩子就可以练习用严肃的表情看着你的眼睛,大声、自信且清晰地说"不要",或者"别这样做"。这听起来像是一件小事,但如果潜在的猥亵者意识到孩子会激烈地反抗,哪怕仅仅是语言上的反抗,他就很可能会离开。这就像在家里养一只迷你贵宾犬。显然,这只狗并不大,也没有足以制服入侵者的能力,但犬吠声能够让一个意志并不那么坚定的罪犯转而选择另一个更安静的目标,这样他才能不引起人们的注意。

你需要让你的孩子理解他们的身体是属于自己的,任何人都不能以他们不喜欢的方式触碰他们。确认你的孩子知道身体的哪些部位是"私处",他们不用把这些地方展示给别人看,同时也不应该有人要他们触碰别人的私处。如果你使用真正的解剖学术语,他们就能明白这些是很重要、应该得到尊重的身体部位,并且他们谈论这些不应感到不好意思。

有的时候,别人可能需要检查他们的私处,比如在医院或保姆给小孩子洗澡时,但对方仍然需要有合适的理由才行。如果医生要对你的孩子进行检查,你应该待在房间里。孩子应该尽早学会个人卫生技能,然后自己照顾自己,这也是为了保护他们,让他们建立自信。最后,孩子们应该知道,如果有人要触摸他们的私处,那不是他们的错。同样重要的是,如果他们把这事告诉一个成年人,但那个人却没有帮助他们,那么他们应该继续对别人说,直到找到能帮助他们的人为止。

当然,事情发生的背景很重要,这样能避免儿童受到不必要的伤害。实际上,所有孩子在成长过程中,都和彼此玩过医生游戏。这是探索自己和他人身体的正常行为。当我们"抓住"他们玩这种游戏时,我们给他们的解释对他们将来的成长和适应十分重要。这种行为真正让人担心的情况是，参与游戏的人在年龄或成熟度上有着很大差距。这就不再是正常的童年成长和探索，而是性剥削。

对于所有小学阶段的孩子，儿童中心有一个简单易记的口诀，教他们在觉得不舒服的情况下应该怎样做。这个口诀是"不去说"，意思是说"不"，然后"去"对家长或者他们信任的成年人"说"发生了什么事。孩子们需要知道，有时候即使别人要你保守秘密，你也应该对别人说。"孩子与陪伴"项目把"有趣的"秘密和"说出来的"秘密做了区分：前者是保守起来很有意思的秘密，也不会伤害别人；后者则是必须跟别人说的秘密。如果孩子有一个会伤害他的秘密，即使他答应了不说，他也应该明白，把这个秘密告诉一个他信任的成年人是对的。你应该让他们知道，有时候谈及让人恐惧或困惑的事情很困难，即使他们没有立即告诉别人，他们也可以在任何他们愿意的时候跟别人说。永远不会太迟。

你甚至可以与年幼的孩子进行练习，为他们设置情景，然后问他们故事中的秘密是"有趣的"秘密还是"说出来的"秘密。比如，如果爸爸告诉你他给妈妈准备的生日礼物是什么，但又说他想给妈妈一个惊喜，所以不要告诉她，那么这就是一个有趣的秘密。如果保姆告诉你她想玩一个游戏，你要脱光衣服然后互相抚摸对方的私处，那么这绝对要说出来。让他们描述一些"有趣的"秘密和"说出来的"秘密，确保他们理解了这个概念。

上述技巧在很大程度上是一种建立常识的方法，而儿童中心则用孩子们容易记、家长容易教的单词短语把这些常识表达出来。他们项目的最后一个部分是教孩子在不同的场景中——包括购物中心、新家附近或者独自在家——的安全策略，这是大部分家长容易忽略的。

我们非常努力地让孩子远离陌生人，但我们忘了要给他们找到当我们不在身边时，他们可以求助的人。当我还是孩子时，我的父母，以及我所有朋友的父母都教我们不要和陌生人说话。但实际上，有些陌生人我们是可以和其说话的。想想这种情况：你和 5 岁大的孩子在商场里走散了，而你又教她不要和陌生人说话，那么你就把她给困住了。我们应该教会孩子如何在紧急情况下选择能帮助他们的人，包括穿着制服，或者戴着胸牌，或者站在柜台后面的人，以及推着婴儿车的母亲，公交车司机，学生过马路的护卫，年纪大的老奶奶，等等。这不仅能给他们提供一个安全的环境，还能增强他们的自尊心和自信心，因为他们知道一旦有事情发生自己该怎么办。我会发誓说从来没有怀孕的母亲或者公交车司机伤害过孩子吗？当然不会，但可能性非常小，我们必须权衡概率。我们必须教孩子成为心理侧写师，在他们需要帮助时找出最安全的人求助。

实际上，我认识的每个父母（包括我自己，我必须承认）都有过找不到孩子的情况。我不是说孩子被抢走了，你可能是和 3 个孩子一起逛商场，但是有一个走丢了。或者是你同意孩子在家附近和朋友一起来来回回地骑自行车，但他们骑到远处，到另一个朋友家看电视，然后忘了时间。无论原因是什么，你作为父母，一生中很可能会有那么一段时间——至少几分钟——你是不知道孩子下落的。这会把你吓死，但如果你事先让孩子有所准备，你会感到至少他们知道该怎么做、怎么说，以及在需要帮助时联系谁。

你手边可以随时存着孩子近期的照片和当前的外貌描述，这样即使孩子失踪较长一段时间，你的生活和相关部门也会轻松许多。所谓当前的外貌描述，我是指要随着孩子成长，跟踪他的身高和体重。要能够描述出他的眼睛和头发的颜色，他最喜欢穿的夹克和运动鞋。这些东西，加上真正像你孩子的照片，在大多数需要警方或其他部门介入的罕见情况下，可以帮助你迅速找回孩子。对于年幼的孩子来说，照片尤为重要，他们可能在几周内变化就很大。想一想，一个蹒跚学步的幼儿，随着头发变长、颜色加深，而你也开始给他穿上童装而不是幼稚的婴儿装，他的样子看起来会有多不同。

对于大龄孩子，你应该有他们的照片和描述，并事先与他们讨论如何应对异常情况，因为他们已经能够处理这些事情了。对于可能独自在家的年轻人，你需要和他们讨论如何处理到访的客人和来电。除了准备一份他们需要帮助时可以联系的人和电话号码的紧急清单以外，还应该给他们列出可以开门让人进来的名单（如果此人不在清单里，又似乎确实需要进屋，他们应该打电话给你或他们信任的邻居进行事前确认）。在接电话时，即使他们独自一人在家，也应该做出像有成年人在家的样子，比如可以假装去找父母，然后告诉来电的人父母不能来接电话。

到目前为止，我描述的所有技巧能够帮助所有年龄段的孩子建立自信。如果他们知道自己有权保护自己身体部位的隐私，如果他们知道如何对自己不喜欢的情况说"不"，如果他们知道如何给家里打电话，或者如何找到能帮助他们安全的陌生人，他们就能感到充满力量，而且成为受害者的可能性要低得多。

你还可以让他们帮助你选择保姆来增强他们的力量感。当然，你应该让保姆候选人提供推荐人，你自己与推荐人进行确认，然后观察他与孩子互动的情况，但你也应该从孩子那里得到反馈。儿童中心建议你问问孩子是否喜欢和信任这个保姆。他们照顾过你的孩子之后，等他们离开，问问孩子当你不在时他们做了什么，感觉如何。每次你把孩子留给别人时都要问这些问题。当你对新保姆进行检查确认时，让其提供的推荐人不应只有前雇主，还应该有老师、朋友、邻居、亲戚，甚至领队。要真的去找这些人问此人的资质。把保姆的姓名、家庭住址、电话号码和驾照号——如果他们有的话——做好书面记录。如果你是通过保姆服务公司来找保姆，请确认他们是否会对员工进行犯罪背景调查或任何其他类型的筛查程序。同样，我们在这里要做的仍然是把可能性降到最低。

现在，许多父母都会把孩子放在日托机构。如果你正在为孩子寻找日托中心，那么你不应只是把孩子带过去，观察他在那里玩耍的情况。儿童中心指出，你应该见一见其他会陪伴孩子的成年人，如公交车司机和清洁工。联系警方和社会服务部门，查看是否曾经有针对该中心的投诉或指控。确认该中心有许可证，并且对员工进行过犯罪背景调查。最后，如果可以的话，请作为志愿者，帮助进行实地考察或参与他们计划的任何活动，以便观察工作人员和孩子的互动方式。我的想法可能有些过时，但我认为让孩子远离伤害不只是父母的责任。我并不是认为他们的作用不重要，或者让他们逃避自己的责任，但如果作为父母，他们已经给予他们所拥有的一切，那么我们其他人应该给他们一些帮助。我可能确实已经老了，但当我还是孩子时，如果我在什么地方遇到了麻烦，我回家后都不用告诉妈妈，她就已经知道了。老师、邻居、巡警、关心的成人行动起来，比我一个人跑步或骑自行车要快得多。

我想，我们执法人员中大部分人，以及只要是到过犯罪现场，看到受害者的身高、年龄都和家里的孩子相似的人，都希望回到人们相互关怀更多的时代。凯蒂·吉诺维斯被害以来，她就成了我们社会运转——或者运转不正常——的象征。这么多邻居都听到了她的叫声，却没人站出来帮她，许多人都说这太可怕了，但我们今天的行为也差不多。

实际上，今天的情况更加糟糕。如果我父亲在商店里看到一个走丢的孩子在哭，他会毫不犹豫走上前去帮助，甚至会拉着孩子的手安慰他。如今，人们会担心如果他靠近一个不认识的孩子，他们可能会被误认为是绑架者或者猥亵者。即使你有些犹豫，但你向商店店员或保安报告孩子的状况时，保持一定的距离，看着孩子，又有多难呢？当你在考虑这个小孩子会遇到什么危险时，你真的有借口不当一个善良的陌生人吗？你不想有人照顾你的孩子吗？

彼得·班克斯曾是一名警察和探员，他用最简洁的话说："如果你心怀好意地伸出援助之手，就不会有错。"

今天，社会比以前更加暴力，在解决争端时，刀枪取代了拳头。如果我们听到隔壁公寓里有孩子发出尖叫声，并且可能看到孩子和她母亲身上带着可疑的瘀伤，我们就应该怀疑他们家里有什么不对劲。有人会说不掺和是人的本性，是自我保护，如果隔壁的那个人因为举报他而生我的气呢？但是相互保护，尤其是保护那些无法自我保护的人，这也必须是人类的天性。

彼得·班克斯讲述了他在哥伦比亚特区当警察时的故事。一天晚上，他无意间听到调度员接到一个电话，调度员却给呼叫者找麻烦。"你为什么现在打电话？你想让我们做什么？"

班克斯决定去查看一下，结果发现打电话的是一名女性，报告说前一周她的邻居出了一起奇怪的事故。一天深夜，早已过了一个7岁孩子应该睡觉的时间，这位女士听到隔壁小女孩在很大声地哭泣和呻吟，她担心出了什么事。但小女孩和祖母住在一起，邻居不想给她们造成麻烦，所以没有报警。

几天后，女士感到良心不安——如果隔壁发生了什么不好的事情，而她却没有帮助这个小女孩怎么办？于是她打电话报了警，警察来到公寓没有发现任何异常。班克斯听到的电话是这名女性为同一件事打的另一个电话。她知道警察没有看到任何可疑的事情，但她真的很担心小女孩。

班克斯感到不可思议，现在有人还在乎，肯跟进，但我们却给她找麻烦？他派人回去进一步调查，结果发现幸好他这样做了。原来，这个女孩的母亲把她生下来后不想要她。她的婴儿时期都是在医院度过的，之后进入了寄养系统，后来和外祖母住在一起，但外祖母虐待她。她于是又重新被寄养，并最后与祖母，也就是关心她的邻居打电话时和她住在一起的那个女人一起居住。祖母日夜兼职，做两份工作。出事的那天晚上，她午夜才下班回家，发现女孩老师留下的一张纸条，说女孩没有做作业。她实在累得不行，脑筋也转不动了，就用跳绳打了她孙女。警察检查了孩子的整个身体，发现她的背、臀部和腿上都有红色的斑点，还有黑色和蓝色的瘀伤，显然她被打不是一次两次了。

但为什么一开始进行调查的警察没有发现任何迹象？一方面，他们很可能没有认真去找。另一方面，虽然小女孩不想被打，但对她而言，这可能是最好的选择。孩子进进出出多个寄养家庭，她甚至都记不清这些人的名字。现在，她终于有一个愿意接纳她的家人，她不想让警察发现任何不好的事情——他们会把她带走。

她想和祖母待在一起，而祖母也会竭尽所能地留住女孩。她是个坏人吗？她喜欢给孩子带来痛苦吗？当然不是。她每天工作16个小时，惩罚孩子也只是因为沮丧受挫。她不知道应该如何处理这种情况。有关部门安排学校对女孩进行补习，这样学习就不是问题，同时给予祖母帮助，让她们有个更好的家，建立更健康的关系。后来，在外部干预和咨询的协调下，她们过得很好。但是，如果邻居没有介入，没有在看起来无事发生的情况下继续督促警方，这就永远不会发生。如果她没有做这些，这个孩子可能最终会成为统计数据中的一个，当然也不会健康长大。如彼得·班克斯所说，如果要从这个案子中吸取教训，那就是：永不满足。如果你认为有坏事发生，请把电话一直打下去，或者打给其他机构，直到你确定有人会帮助孩子。并且，如果你不确定是否应该这样做，请再想一想瓦莱丽·斯梅尔塞，她被自己的母亲万达和她的同居男友残酷虐待后杀害。

或者想想这个特别的小女孩：她克服了一出生就面临无家可归的困境和对可卡因的毒瘾——她母亲阿维尔达在整个怀孕期间一直在吸食。小埃莉莎·伊斯基耶多（Elisa Izquierdo）的故事是一个极端的悲剧：宠溺她但不久于人世的父亲爱她、保护她，而在精神异常的母亲和她恶毒的丈夫身边却遭受残忍可怕的虐待。

1989年2月，埃莉莎在纽约市伍德豪尔医院出生，随后社工就联系了儿童福利管理局，报告婴儿具有毒瘾。她的父亲随即获得监护权。他在一家收容所当厨师，埃莉莎的母亲曾时不时地在这里居住。虽然当时他并没有做好当父亲的准备，但古斯塔沃·伊斯基耶多（Gustavo Izquierdo）似乎很喜欢这个新角色，认真地承担起自己的责任。他参加了基督教女青年会组织的家长班，从埃莉莎一岁起，他就送她到女青年会的蒙台梭利学前班上学。他每天给孩子梳头发、熨衣服，甚至在她受洗那天租了一个宴会厅为她庆祝。但伊斯基耶多得了癌症，没过多久他就难以支付孩子上学的费用。埃莉莎聪慧过人，她的老师和校长站了出来，把她介绍给希腊的迈克尔王子（Prince Michael of Greece），他是学校的赞助人。王子很喜欢这个聪明活泼又漂亮的小女孩，他答应支付埃莉莎在私立的布鲁克林之友学校的学费，直到十二年级。

但是，埃莉莎的生活除了迷人的这一面之外，还有阴暗的一面。她的母亲嫁给了维修工人卡洛斯·洛佩兹（Carlos Lopez），他的孩子更多。她争取到了探视权。1990年，社工给阿维尔达·洛佩兹（Awilda Lopez）提供担保，说她已经完全改过自新：戒了毒，与一个经济条件尚可的人安顿下来。洛佩兹夫妇都接受了随机毒品测试。第二年，埃莉莎开始在无人监护的情况下与他们见面。

从那时起，关心埃莉莎的成年人注意到各种警示信号，越来越担心：孩子向学校里的成年人抱怨说母亲打她，还把她锁在壁橱里；她父亲告诉邻居埃莉莎开始做噩梦，并且似乎不会自己上厕所了。她的阴部有割伤和瘀伤，他担心她遭到了性侵犯。埃莉莎在蒙台梭利学校的校长对《时代》（Time）杂志说，她已通知布鲁克林社区服务局，并打了热线电话报告她的怀疑。埃莉莎的父亲向家庭法院申请吊销她母亲的探视权。1993年，古斯塔沃·伊斯基耶多购买了前往他的家乡古巴的机票——为了他的女儿摆脱那些他担心会伤害她的人，这也许是他最后的孤注一掷。然而，在动身前，他被癌症打败，1993年5月便去世了。

伊斯基耶多死后，埃莉莎的母亲申请并获得了对她的永久监护权。伊斯基耶多的堂姐埃尔莎·卡尼扎雷斯（Elsa Canizares）以及蒙台梭利学校的老师、校长，甚至是迈克尔王子，都努力阻止这种情况发生，但支持埃莉莎母亲的人很强大。儿童福利管理局建议她获得监护权，说他们对这一家进行了长达一年多的跟踪。洛佩兹来自法律援助协会的律师拿到了社工的说法，社工声称他们到访过这个家庭，认为埃莉莎和她的兄弟姐妹如果能和母亲一起生活会很快乐。洛佩兹还得到了"机会项目"工作人员的支持，"机会项目"是一项由联邦政府资助以帮助穷人的育儿项目。尽管洛佩兹的情况有些反复，偶尔还会吸食毒品，但她还参加了育儿班，似乎很努力地想解决问题。

要么是因为没人有时间去真正进行核对确认，要么是因为洛佩兹夫妇真的说服了专家，让专家以为他们很努力地成为一个模范家庭，最终埃莉莎被强制回到一个至少是很有问题的环境中。除了她母亲以前的问题，她的继父，卡洛斯·洛佩兹，有记录在案的家庭暴力行为。据称，1992年年初，阿维尔达·洛佩兹在生下他们两人的第二个孩子后一个月，在一个周末埃莉莎来探访时，他掏出刀子，当着孩子的面，刺了妻子17下。埃莉莎的母亲在医院里待了3天，而他则在监狱里服刑了两个月。

现在，家中还有另外5个孩子，各项资源（包括耐心）已经无力支撑。这个寂寞的小女孩在弄清楚她英勇的父亲死了是怎么一回事时，谁知道她心里在想什么？她失去父亲该是多么恐惧，她得知现在必须与她害怕的成年人同住——即使是短时间的探视都能让她做噩梦，想到这些多么让人心痛。

1994年9月，埃莉莎失去了她最后一个避难所：她母亲把她从蒙台梭利学校退学，转入了一所公立学校。不久，学校的官员向曼哈顿的儿童福利管理局副主任报告说，埃莉莎来学校时常常带着瘀伤，走路似乎也很困难。据说，他们被告知，该机构没有足够的证据针对这些投诉采取行动。最后，即使是"机会项目"中支持洛佩兹的人也开始担心会发生最坏的情况。《时代》杂志报道，负责"机会项目"的巴特·奥康纳（Bart O'Connor）联系了儿童福利管理局中负责埃莉莎的社工，但对方说他"太忙了"，没时间去核查。随着时间推移，连奥康纳也失去了与这家人的联系，他们极力避免与他或者其他任何要把孩子带走的人见面。

1995年11月22日，感恩节前一天，阿维尔达给了孩子最后的致命一击。《纽约时报》（*New York Times*）引述了埃莉莎姨妈的说法，当晚她与阿维尔达在电话里有过一次可怕的谈话。洛佩兹告诉她妹妹，孩子没吃没喝，也没去洗手间，"像个智障一样躺在床上"。第二天，洛佩兹给邻居打电话求助，邻居才发现孩子已经死了。此时她母亲的行为举止仍很不稳定：一开始她拒绝报警，后来又跑到公寓楼顶，扬言要跳楼。

纽约市警察局的一名警督把埃莉莎之死称为他见过的最可怕的儿童虐待案。她母亲承认把孩子往混凝土墙上撞，强迫她吃自己的排泄物，用孩子的头擦地板。警方调查人员报告说，埃莉莎身上没有一处没有被殴打，没有一处没有瘀青或其他伤痕。她曾多次被人用梳子和牙刷性侵犯。邻居们证实，埃莉莎的母亲又复吸了，有一次想卖掉一辆三轮车来筹措毒资。许多邻居都说他们曾试图联系儿童保护部门。他们说能够听到小女孩哀求母亲不要打她，但她母亲认为孩子受到父亲诅咒，她必须通过打孩子来驱除诅咒。

纽约市的儿童福利管理局档案是机密的，因此，没人知道他们试图救助埃莉莎多少次，抑或这个体系是如何或在哪儿崩溃的，这只有上帝知道。但是，从许多方面来看，官僚主义都逃脱不了干系。调查虐童案件可能是一件得不到感谢、让人沮丧，甚至有时还很危险的工作。上报的虐待儿童案件数量在增加（可靠数据显示，在1988年至1993年的5年，报告的虐童事件数量上升了25%），但预算却在削减，减少了对案件所涉儿童进行跟踪的工作人员数量。

儿童比以往任何时候都更需要我们的保护。如果你怀疑一个孩子遭受虐待、忽视或福利受到危害，请打电话找人，一直打，直到找到愿意帮助的人。如果你的孩子出事时你不在场，你也会希望别人打电话求助的。如果你担心牵连到自己，请拨打匿名举报热线，举报可疑的虐待行为。

无论如何，我们都必须反击。

在为《大观》(Parade)杂志撰写的一篇文章中，迈克尔王子悲伤地说道，在小埃莉莎案中，虽然他和其他人都害怕埃莉莎的母亲，但他们都相信法律会保护这个孩子。很多时候，他们可以相信法律——如果有人报警的话。

这方面的信息很多，还有如何保护孩子上网、如何保护他们不在家里被绑架，以及几乎所有保护孩子免受犯罪侵害的提示，所有信息都可以从儿童中心获得。http://www.missingkids.org 网站上也有许多信息，你也可以通过免费热线电话 1-800-THE-LOST 与他们联系。

儿童中心的好人们把照片贴在墙上，并通过邮件、网络以及其他各种方式传播那些清晰度被计算机增强的照片，以此来提醒所有孩子，如果发生什么事情，会有人找他们。他们真的很在乎，要让无辜的小陌生人知道，只要能找到他们并确保他们安全，无论需要多长时间，他们都会找下去。

在你生活中的孩子应该知道，他们安全快乐对于你来说多么重要。很简单的一句"我爱你"和"我为你感到骄傲"就足以让你的孩子远离邪恶之人，包括儿童猥亵者以及给他们毒品和酒精的同伴。他们的自信与自尊，加上我们的行动与投入，能够狠狠地反击回去。

承蒙国家失踪和受剥削儿童中心和亚当·沃尔什儿童基金的信任，我们在这里列出一些儿童安全方面的重要指南。我们应该感谢那些花费时间和精力制定这些指南，以及努力保护我们所有孩子的人。

我的安全八法

1. 在我去任何地方之前，我都要和父母或者照看我的人进行事前确认。我告诉他们我要去哪儿，我怎么去，谁会和我一起去，以及我什么时候回来。

2. 我坐进一辆车或者与任何人一起离开之前——哪怕是我认识的人，我都要和父母进行事前确认，获得他们的允许。我在接受金钱、礼物或者药品前，先和父母进行事前确认。

3. 去任何地方或者在外面玩耍时，与别人待在一起更安全。我总是与伙伴同行。

4. 如果有人想要触摸我，让我感到害怕、不舒服或者疑惑，我要说不。然后我去找到一个我信任的成年人告诉他发生了什么。

5. 我知道，如果有人用不对的方式触摸我，这不是我的错。我不用为这些触摸保守秘密。

6. 我相信自己的感觉，并且把我自己无法解决的问题告诉大人们。很多人在乎我，会倾听并相信我。我并不孤单。

7. 寻求帮助永远不晚。我可以一直问下去，直到得到我需要的帮助。

8. 我是一个特别的人，我应该觉得安全才对。我的规则是：

- 事前确认。
- 伙伴同行。
- 说不，然后去告诉别人。
- 倾听我的感觉，然后把我的问题和担心告诉我信任的成年人。

预防儿童绑架和剥削，你能做什么

随时知道你的孩子在哪里。熟悉他们的朋友和日常活动。

对孩子的行为变化保持敏感；这是一个信号，你应该坐下来与孩子谈谈出现这些变化的原因。

警惕对你孩子过于关注或者给他们买不合适或昂贵礼物的青少年或成年人。

教会孩子相信自己的感觉，并告诉他们有权对自己认为是不对的事情说不。

认真倾听孩子的担心，在与孩子的所有讨论中支持他们。

教会你的孩子不要让任何人用他们不舒服的方式接近或触摸他们。如果有人这样做，他们应该立即告诉你。

留意保姆和其他监护你孩子的人。

察觉性剥削

性剥削不应与表达情感的身体接触相混淆。如果成年人尊重孩子并将他们的身体接触限制在一个合理的范围之内，那么他们之间的关系是温暖健康的。

通常，儿童猥亵都是重复性犯罪。许多孩子都受到过多次伤害。性剥削的现实就是，孩子通常会感到非常困惑、不舒服，并且不愿意把这种经历说给父母、老师或者其他任何人听。但如果你们在家里已经建立起信任和支持的氛围，你的孩子能讨论任何事情而不担心被指责、责骂或感觉羞愧，那么他们就会愿意说出来。

父母应该十分注意这些性虐待的迹象：

• 行为上的改变，脾气的极端变化，变得孤僻、害怕，或者哭得很多。

• 尿床、做噩梦，害怕上床睡觉，或者睡不安稳。

- 出现不适当的性行为，或者对性表现出不同寻常的兴趣。
- 情绪的突然迸发，或出现攻击或反抗行为。
- 退化到出现婴儿行为。
- 害怕特定的地点、人或者活动，尤其是害怕单独与某些人相处。

如果儿童自己不愿意，不应该强迫他们对一个大人或者青少年产生好感。想要避免这种情感说明有问题。

- 私处痛、痒、流血、流出液体、出现硬块。

孩子的基本安全法则

一旦你的孩子能说出一个完整的句子，他们就可以开始学习如何保护自己不受引诱和剥削。应该教给孩子：

如果你在公共场合与父母走散了，不要跑来跑去地找他们。走到收银台、保卫室或者失物招领处，迅速地告诉负责人你和父母走丢了，要把他们找到。

你不应该坐进任何车里，或者和任何人到任何地方去，除非你的父母告诉你可以这样做。

如果有人步行或者开车跟着你，远离这个人。你不要靠近汽车去和里面的人说话。

需要帮助的大人和老年人不会向儿童求助；他们应该找大人。

没有人会向你问路或让你帮忙寻找丢失的小狗，也不会告诉你你母亲或父亲遇到了麻烦，而他会带你去找他们。

如果有人要把你带到某个地方去，迅速远离他并大声叫道："这个人要把我带走！"或者："这人不是我爸爸（或妈妈）！"

你应该与"伙伴同行"，绝不能独自一人去某个地方。

年龄—技巧表

技巧＼年级	幼儿园	一年级	二年级
电话	知道7位数字的电话号码	复习家里的电话号码 知道如何以及何时打电话给接线员	知道紧急情况下如何得到帮助（父母工作单位、警察、消防队、邻居、接线员的电话）
地址	知道名字、家乡和州名	复习家庭地址	复习家庭地址
伙伴同行	知道如何以及何时使用"伙伴同行"	知道如何以及何时使用"伙伴同行"	知道如何以及何时使用"伙伴同行"
事前确认	知道何时应该事前确认	知道何时应该事前确认	知道何时应该事前确认
触摸的类型	知道身体的"隐私部位" 能够区分"可以"和"不可以"的触摸	知道身体的"隐私部位" 能够区分"可以"和"不可以"的触摸 能够区分"有趣的"和"说出来的"秘密	知道身体的"隐私部位" 能够区分"可以"和"不可以"的触摸 能够区分"有趣的"和"说出来的"秘密
"不去说"	知道如何以及什么时候使用"不去说"	知道如何以及什么时候使用"不去说"	能够认出常见的伎俩 知道如何应对年龄比自己大的人对自己的关注
不同环境下的安全策略	知道紧急情况下如何选择求助的人	商场里的安全策略 知道紧急情况下如何选择求助的人	不熟悉的环境下的安全策略 知道紧急情况下如何选择求助的人

技巧＼年级	三年级	四年级	五、六年级
电话	知道11位数字的电话号码 知道如何打长途电话	知道如何使用公用电话拨打本地、长途和紧急电话	复习前面所有的安全策略，并在五、六年级通过各种项目和活动进行巩固强化
地址	能在地图上指出家所在州和相邻的州	制作身份卡	
伙伴同行	在不同情境中使用"伙伴同行"	在不同情境中使用"伙伴同行"	
事前确认	在不同情境中进行事前确认	在不同情境中进行事前确认	
触摸的类型	复习身体的"隐私部位" 能够区分"可以"和"不可以"的触摸 能够区分"有趣的"和"说出来的"秘密	知道身体的"隐私部位" 复习不同种类的触摸 能够区分"有趣的"和"说出来的"秘密	
"不去说"	能够认出常见的伎俩 知道如何应对年龄比自己大的人对自己的关注 在不同情境中使用"不去说"	能够认出常见的伎俩 在不同情境中使用"不去说"	
不同环境下的安全策略	自己独自在家或负责照顾别人时的安全策略 知道紧急情况下如何选择求助的人	自己独自在家或负责照顾别人时的安全策略 知道紧急情况下如何选择求助的人	

CHAPTER VII
第七章

SUE BLUE
蓝色的苏——受害者的故事

约翰·阿尔伯特·柯林斯（John Albert Collins）第一眼见到加特鲁德·马蒂纳斯（Gertrude Martinus）时，就知道他找到了人生挚爱。这是 1956 年 5 月，在长岛东洛克威村的白色加农炮旅馆。加特鲁德——别人都叫她特鲁迪——在那儿参加一个年轻共和党人俱乐部舞会。杰克·柯林斯[1]和他的伙伴罗恩·怀特（Ron White）坐在酒廊里，庆祝他们刚从海军复员。当特鲁迪穿过他们去洗手间时，他们正在喝两瓶喜力冰啤酒。杰克的朋友认出了她，并向她打招呼，然后他把她介绍给了杰克。

杰克说："就在那时，就在那里，我们的目光相遇，我看到了她的灵魂，我深深地陷入了爱河。"

特鲁迪则没那么肯定，至少没有这么快。她那天晚上有个约会，她根本不想引起另一个男人的注意。

但是杰克十分坚持。他从罗恩那里要到了她的电话号码。他一周后给她打了电话，她同意和他约会。就在这第一次约会中，他向她求了婚。

可以理解，她的父母对一个年轻人这么快地向自己女儿求婚持谨

---

[1] 即约翰·阿尔伯特·柯林斯。——译者注

慎态度。这个小伙子目前是一个普通的夏季工,偶尔在长岛林布鲁克镇的公共工程部门清运垃圾。但这是暂时的,他秋天就要到哥伦比亚大学攻读英语文学硕士。

尽管如此,银行查账员托马斯·马蒂纳斯[1](Thomas Martinus)并没有多少可以反对的资本。他在遇见玛米·乔安娜·霍泽(Mamie Johanna Hotze)的第三天就向她求了婚。按照这个标准,杰克·柯林斯已经算慢的了。特鲁迪的父亲于1994年6月去世,此时他和玛米结婚已有68年。

不管是出于什么原因,是他们对自己有信心也好,是上天的安排也罢,杰克和特鲁迪知道他们想要什么。当年8月,他们订婚,12月结婚。讽刺的是,特鲁迪的父母在她小时候常警告她说:"一定要做到最好,否则你只能嫁个收垃圾的。"

在哥伦比亚大学上了一个学期学之后,杰克认为,要给特鲁迪提供他计划中的生活,读英语文学博士显然并非捷径。特鲁迪在加德士——加利福尼亚得克萨斯石油公司——有一个很好的法律秘书的工作,但对于一个20世纪50年代的男人来说,需要自己的女人养活自己,

---

[1] 托马斯·马蒂纳斯为加特鲁德的父亲。——编者注

这简直就是对他的侮辱。于是他退了学,在 M.W. 凯洛格公司——一家大型国际工程与建筑公司——的采购部找到了一份工作。一年以后,他升为采购员,并在纽约大学法学院读夜校。

汤姆·马蒂纳斯[1]一开始认识他女婿时,一直担心杰克是天主教徒,会让特鲁迪生很多孩子,让她一辈子都在照顾孩子。然而,杰克和特鲁迪结婚 7 年仍然没有孩子。杰克此时已经从法学院毕业,决心从事外交事业,而不是经商或者法律。他通过了以极富挑战性著称的美国外交事务考试,和特鲁迪一起,于 1962 年 1 月 2 日在美国国务院外交接待室宣誓就职外交官。

他们现在住在华盛顿特区郊外,于是与北弗吉尼亚州的天主教慈善机构联系,希望收养一个孩子。但是由于杰克是天主教徒,而特鲁迪是圣公会教徒,他们这是"混血婚姻"。慈善机构告诉他们,他们这种情况不适合收养。圣公会教堂机构也是同样的说法。但他们想当父母的热情并未因此而减退。

1963 年 8 月,杰克在美国驻叙利亚阿勒颇总领馆当副领事,主管领事和商业事务。他听说邻国黎巴嫩首都贝鲁特有一家叫"幼儿园"的孤儿院,从那儿领养一个孩子会更容易。

由于杰克工作的原因,他一直留在阿勒颇,反而是特鲁迪先到了贝鲁特。"幼儿园"由修女慈济会运营,这是一个法国的宗教组织。她被带到一个约有 30 张婴儿床的房间,里面婴儿的年龄从刚出生到大约 6 个月不等。然而,就在这时,叙利亚发生了未遂政变,边界关闭,电话中断。作为外交官妻子,特鲁迪能够随机应变,等到危机过后,电话通信刚一恢复,她就从叙利亚打电话给杰克说:"我想我们找到领养的孩子了。"

但她不想告诉杰克她的选择。于是,边界开放之后,杰克就迫不

---

1 即托马斯·马蒂纳斯。——译者注

及待地踏上这一遥远的旅程，先驱车向南，到达地中海东岸[1]的霍姆斯，然后继续向南，来到贝鲁特。他在那儿与特鲁迪会合，然后一起去了孤儿院。特鲁迪和孤儿院的负责人把杰克带到了同一个房间，让他从一张婴儿床走到另一张婴儿床，仔细地观察每个孩子。这一切完成后，他告诉特鲁迪他选了哪个孩子。

"我想应该是眼睛的原因。"杰克说。

和她的选择一样——一个有着美丽的黑发、黑眼睛、6个月大的小男孩。主任告诉他们，用不了几天，在修女们完成文书工作之后，他们就可以把孩子带回去。8月25日，这个小男孩就是他们的了。修女们叫他罗贝尔·拉贾·拉贝（Robert Raja Rabeh）。杰克和特鲁迪希望以特鲁迪父亲的名字，给他起名为托马斯，但他们清醒地意识到，孩子以后肯定会被叫作汤姆·柯林斯[2]，这个小名没有哪个孩子会喜欢，于是他们决定给孩子起名叫斯蒂芬·托马斯·柯林斯。

他们在斯蒂芬一岁半时回到美国，并于1964年11月9日在曼哈顿下城的联邦法院把斯蒂芬加入了美国国籍，和他们一起的还有一群来自世界各地的新美国公民。当轮到斯蒂芬发誓效忠新国家时，特鲁迪举起了婴儿的右手。一个月后，杰克第二次外派，他们三人飞往瑞典，来到斯德哥尔摩的美国大使馆。而这次，小斯蒂芬用的是美国外交护照。

在斯德哥尔摩，杰克的头衔是副科技随员。他们安顿下来以后，他和特鲁迪就开始考虑再领养一个孩子。他们联系了贝鲁特那家孤儿院，问他们这次能否再领养一个女孩。但因为各方面的原因，孤儿院当时没有杰克他们想要的年龄段的女孩，于是他们一直保持联系，希望情况能有所改变。

1966年，他们回到美国，住在弗吉尼亚州亚历山德里亚市的一间

---

[1] 原文误作为西岸。——译者注
[2] Tom Collins，即汤姆可冷士，一种鸡尾酒。——译者注

公寓里，此时他们仍然没能再领养一个孩子。大约在1967年3月的一个周日，杰克在参加圣礼教区举行的一场弥撒时，看到教堂公告上说，天主教慈善机构更改了他们的领养政策，现在只需父母一方是天主教徒即可。他回到家，很高兴地告诉了特鲁迪这个消息，第二天他们就填写了申请表。随后进行了详尽的采访和家访，在这期间，柯林斯一家都感到，慈善机构非常细心地查看了他们抚养的斯蒂芬——现在已经是蹒跚学步的孩子——的情况。

最终，到了夏天，他们接到了慈善机构的电话，说有一个女孩，可能适合他们。

女孩一岁大，教名是雷吉娜·塞雷斯特（Regina Celeste）。收养机构的工作人员告诉他们，这个名字是天堂女王的意思，但每个人都叫她吉娜（Gina）。当杰克和特鲁迪第一次见到她时，他们感觉这个孩子——用特鲁迪的话说——"可爱得无以复加"。但是，他们也不得不承认，那天她的状态很糟糕。她得了重感冒，不停地流鼻涕，而且哭个不停。此外，她一出生，右脚就往内旋，因此每天晚上睡觉必须用吊架绑在两个脚踝处，把小腿分开，吊架看起来有点像中世纪监狱里的装置。尽管如此，她还是非常可爱，一头美丽的金发，皮肤鲜亮，吹弹可破。再过6—8个月，他们就可以拿掉腿部的支撑，不过她直到5岁都必须穿着矫正鞋。但是，脚部问题深深地影响了她，随着她长大，她一直逼迫自己进行田径和体育运动，尤其是涉及跑步的体育活动。

女孩美丽的外表下隐藏的却是一段悲伤的经历。她仅仅一岁就经历了至少3户寄养家庭。她的生母是一个年轻的单身母亲，把她送走是想让她能有更好的生活。她最初寄养在一个军人家庭，但他们接到命令要被派往别处，无法继续收养女孩。慈善机构对她下一个寄养家庭不满意，担心她受到虐待，于是又把她领了回来。杰克和特鲁迪第一眼见到她就喜欢上了她，而这时，她刚从第三个寄养家庭回来。他们决定叫她苏珊娜·玛丽,中间名取自特鲁迪的母亲玛米。为了不让斯蒂芬感到被忽视,他们再次对他强调说,他是他们特意挑选来到他们中间的,他对于他们来说非常特别,现在,他会有一个妹妹,她同样十分特别。

他们带上斯蒂芬一起去接苏珊娜回家。杰克回忆道:"我们去的时候希望看到最理想的情形,那便是我们的小姑娘再次看到我们时,会直接向我或者特鲁迪跑来。但是没有。我们俩向她靠近时,她往后退了一步,开始哭了起来。我们又向前一步,她也往后再退了一步,哭得更厉害了。这时斯蒂芬向她走了过去,她蹒跚着走了过来,把胳膊放在他身上。我想那一刻他们的感情就建立起来了。"

特鲁迪补充说:"考虑到她曾经经历的一切,她非常害怕大人,我觉得她很高兴见到个子和自己差不多的人。"

他们带着苏珊娜出来向车走去,苏珊娜还在不停地啜泣,她又要被另一个家庭带走了。但是斯蒂芬把胳膊放在她身上对她说:"别怕,苏珊娜,别哭了。你是我们的家人,我们也是你的家人。"她立刻不哭了。

在车上,他们听到苏珊娜还在抽鼻子。然后他们听到斯蒂芬对她轻声说了什么,她便停了下来。这种情况在回家的路上发生了好几次,每次斯蒂芬都会对她小声说点什么,她便立刻停了下来。他们不知道他说了什么,但那时特鲁迪对杰克说:"斯蒂芬说了算。"

他们到家后,是斯蒂芬带她去她的房间,给她看她的床。是他告诉苏珊娜该怎样做。苏珊娜望着斯蒂芬,就好像他是她的领袖一样,从那时起,她就开始崇拜他。

在他们到家后差不多一个月的时间里,苏珊娜做了他们要求她做的任何事情,没有争执,也没有逃避。这一开始让人感到很愉快,但是特鲁迪开始担心起来。

"我想:'这个孩子有点不对劲。她不正常。她太顺从了。'我们突然明白了,这是因为她以前的经历,她不确定自己能不能留下来。斯蒂芬和她说了很多,而一旦她在心里接受了,'那么,这种观点就根深蒂固了',她成了一个正常的孩子。"

特鲁迪在苏珊娜身上看到的特性,在她的成长过程中一点也没有改变。她是一个金发碧眼的美人,魅力十足,每个人都能感受到。"一个真正的双子座。"特鲁迪说。

她总是不断地表现出自己的勇气和适应能力。从她还是个婴儿起,她就几乎无时无刻不叼着安抚奶嘴。杰克觉得这个习惯可能是她从之前的一个寄养家庭学会的。当她还不到两岁时,柯林斯一家开车去特拉华州贝瑟尼海滩度个短假。苏珊娜一定是把后窗摇了下来,不久他们就听到斯蒂芬大喊:"妈妈!爸爸!苏珊娜的奶嘴掉出去了!"

特鲁迪想:"我们必须把奶嘴找回来。"但是杰克却说:"我不能在这儿停车。"

苏珊娜说,没有奶嘴她也可以。特鲁迪惊呆了,说道:"苏珊娜,刚才你已经长大了。现在你是个大女孩,不需要奶嘴了。"

杰克补充道:"她的确不需要了。她再也没要过安抚奶嘴。"

对于苏珊娜来说,生活中的一切都让她非常兴奋,她想一次把所有事情都做一遍。只要她下定决心,任何建议也好,威胁也罢,都无法阻止她。从苏珊娜·玛丽·柯林斯还是个小女孩开始,每天都有自己的打算。这从未变过。

另一个不变的是她对哥哥坚定不移的爱。即使斯蒂芬从4岁开始,就不怎么愿意与小妹妹分享爸爸和妈妈,有时还不愿和她分享自己的玩具,也不想和她一起玩,但她仍然崇拜他。

两个孩子差别很大,帅气的男孩儿感情充沛,皮肤黝黑,目光犀利,而他的妹妹则是一头金发,像一个可爱的洋娃娃。斯蒂芬非常活跃,总是大惊小怪,想要控制某些东西,或者按自己的方式行事。苏珊娜则相对淡然些,为人友善,很有魅力,她能活着,并且生活在一个稳定而充满爱意的环境中就很高兴了。苏珊娜也有自己的想法，但是她似乎本能地知道如何拐弯抹角地去实现自己的目标，而不是直接索取。或者，正如斯蒂芬最近所说，他自己像母亲一样狂躁而紧张，而她则像父亲一样更加镇定而悠闲。

她的父亲视她为掌上明珠。很早苏珊娜就表现出最喜欢蓝色。杰克注意到这一点，便开始叫她蓝铃铛（Blue Bell）。他认为从某种角度来看，她的眼睛和天空的颜色一样。有时他直接叫她美人[1]。特鲁迪则叫她蓝色的苏（Sue Blue）。这些小名苏珊娜都很喜欢。但严肃的斯蒂芬还是叫她苏珊娜。

从一开始，她就表现出好奇、独立的性格。她学会了通过摇晃来搬动自己的婴儿床，并且把床挪到杰克放他法律书籍的书架前，有好几次还爬了上去。在她3岁那年，一家人去芝加哥旅行，她看到远处有一组秋千，觉得自己可以荡起来，便独自走了过去。当受到惊吓的特鲁迪追上她时，她正和大约5个孩子一起玩。

特鲁迪说："她从不回头，无所畏惧。我不能说斯蒂芬就比她乖；他只是会感到害怕，这合情合理，也让他远离了许多麻烦。"

斯蒂芬上小学时，苏珊娜5岁，还在上学前班，这时他们一家搬到了希腊北部的萨洛尼卡。这对于两个孩子来说都是一次冒险之旅。斯蒂芬对瑞典还有一些残存的记忆，但对于苏珊娜来说，这是一次全新而令人兴奋的经历。

在杰克就任美国驻萨洛尼卡总领馆政治领事之前，他在雅典有一周的时间述职。在此期间，他们一家人被安置在优雅的国王宫殿饭店。一家人打了一会儿盹，克服了9个小时飞行的时差之后，轮到杰克和特鲁迪称为"TFH"的时间了：刷牙、洗脸、洗手。

苏珊娜第一个进洗手间。她在里面待了一阵子之后，特鲁迪喊道：

---

1 美人（Belle）的拼写与铃铛（Bell）很像。

"苏珊娜，你还好吗？"

"哦，我好着呢，妈妈。"孩子回答道。

"我听到水声。你还没洗完吗？"

"我洗完了。"她回答道，"我刷完牙了。"

"那你开开门好吗？"

苏珊娜发现，美国牙膏管的盖子恰好能堵住希腊水槽的排水口。她把洗脸池装满水，就能看到水从池子边缘像瀑布一样流到地板上，景象相当壮观。

他们之后在酒店屋顶露台的餐厅吃晚餐，这里可以欣赏到泛着灯光的雅典卫城的美景。杰克看了看菜单，给孩子们翻译成英文，结果两人都难以置信地回答："什么！他们没有汉堡？"

没过多久，露台上的灯突然全灭了。端着盘子的服务生左碰右撞。特鲁迪感到事情不对，说道："苏珊娜，你手里是不是拿着什么东西？"

她回答说："是的，妈妈。"

"把东西给我好吗？"当然，这正是露台上灯的插头。"她就是好奇这是干什么用的。"特鲁迪解释说。

不巧的是，他们的服务生正好是此前去他们房间疏通被淹洗手间的那个人。

他们的房间在酒店 4 楼。第二天，特鲁迪听见斯蒂芬说："妈妈，她又这样了！"特鲁迪抬头看到苏珊娜正爬上阳台的围栏。她就是不知道害怕。

4 天后，他们就要离开酒店时，在里面吃了最后一顿午餐。特鲁迪回忆说："在楼下的餐厅似乎要安全些。我们刚吃完，我看着苏珊娜，她拿了一个酒杯放进嘴里。那是喝葡萄酒用的那种高脚杯，我猜她可能从没见过。于是我对她说：'苏珊娜，你是在喝酒还是在玩杯子？如果你不喝酒，就把杯子放下来。'

"于是她照做了，但杯子上缺了一块。我说：'苏珊娜，别说话。如果你嘴里有东西，但不是食物的话，就点点头。'她点了点头。我说：'慢慢张开嘴，把东西吐在我手上。'谢天谢地，她把玻璃杯咬了一块下来，但没有流血。我说：'苏珊娜，你为什么要这样做？'

"她说：'我们家里没有这种杯子，我想尝尝它是什么味道。'于是我们偷偷溜出了酒店，再也没回头看一眼。"

斯蒂芬记得苏珊娜总是很快乐。"她个性开朗，心情总是很好。因为我父亲工作的关系，我父母总有很多娱乐活动，苏珊娜总是活动里的明星。她喜欢受人瞩目。没有人不喜欢她。"

现实中的证据也证明此言非虚。杰克和特鲁迪有至少10本厚厚的相册，记录了他们孩子的成长岁月。苏珊娜没有一张照片是不带着灿烂笑容的。

她很容易交到朋友。特鲁迪为她报名参加了女童子军，她十分喜欢。她想一直穿着制服，不理解为什么只能在集会的时候穿。

苏珊娜无论想要什么，都能轻而易举地办到；她不感兴趣的事情就像拔牙一样痛苦，而这包括学习。他们一家从萨洛尼卡转到雅典后，她和斯蒂芬在乌尔苏拉修女会学校上学。第二年的9月或10月，一位修女给家里寄了份报告，说苏珊娜似乎学不会乘法表。当天晚上杰克回到家，对苏珊娜说："你是个聪明的孩子，为什么会有问题呢？"

她回答道："嗯，我觉得我的脑子在夏天坏了。"

杰克说："你能再说一遍吗？"她又重复了一下对问题的分析。杰克于是告诉她："我们一起玩个游戏。我们要把乘法表变得有趣起来。"

"于是我不断地训练她。我看到她就会说'八乘二！'或'九乘六！'，这给她带来了挑战，因为她必须得出一个正确答案。我觉得特鲁迪对此有些生气，但苏珊娜学会了乘法表，还从中获得了乐趣。你总得给她挑战。"

尽管苏珊娜对上学不感兴趣，但两个孩子学起语言来都很容易。斯蒂芬学会的第一门语言是英语，但他从小在黎巴嫩和叙利亚生活，懂不少阿拉伯语和法语。他的法语一直没丢，在大学期间继续学习法语，说得很流利。两个孩子都学了希腊语，老师们说苏珊娜能够迅速准确地掌握语音语调，甚至比斯蒂芬还好。

他们离开希腊时，斯蒂芬13岁，苏珊娜10岁。实际上，杰克很高兴回家。他在希腊的最后两年，恰逢希腊政治动荡时期，塞浦路斯危机爆发，产生了持久的影响。好几名美国人被杀，他不喜欢这里的局势。他担心无法保护家人，也不愿意看到这种缺乏控制的事情发生。

1976年，柯林斯一家从希腊回来后，搬到了威斯康星州麦迪逊，这是美国国务院的一项新计划，旨在让外交官了解联邦政府以下层面的基层政府，以便他们在海外更好地解释美国的基层制度。杰克一开始被分配到州长办公室，后来担任卫生和社会服务部主任特别助理。他和特鲁迪都自认是保守派和传统派，对自由的大学城周围发生的一切都保持警惕。他们特别担心孩子在学校会学到什么不好的东西。

但麦迪逊是座美丽的城市。他们和孩子们都交到了好朋友。苏珊娜吃了第一顿麦当劳后，觉得美式生活也还可以。作为一个金发碧眼的漂亮女郎，她立刻就融入了当地瑞典和德国人的后裔。她看起来就像当地奶牛场里土生土长的本地人一样。

而作为生活在美国中部的中东人，斯蒂芬的经历则完全不同。他的同学们认为他是墨西哥人，毫不留情地欺负他，虽然斯蒂芬很坚强地承受了这一切。实际上，他上高中之后才向父母吐露了他们住在威斯康星州时的遭遇，他的父母也因没有意识到这个问题并帮助他解决而感到内疚。最终的结果是，斯蒂芬认为他必须在学校里有优秀的表现才能证明自己，于是从那时起，他就一直名列前茅。尽管他身材矮壮，并常被周围高个子金发的同学殴打，但他仍然加入了学校橄榄球队。斯蒂芬出生后的最初几个月一直待在黎巴嫩的一家孤儿院里，这段经历可能给他带来了潜移默化的影响，他的生活态度是必须努力争取。

他们人生旅途的下一站是弗吉尼亚州斯普林菲尔德，就在华盛顿特区外，杰克被调回国务院。这时苏珊娜12岁，斯蒂芬15岁。如果有一个地方能让两个孩子觉得自己真正有一个家，一个让他们扎根的地方，这个地方就是斯普林菲尔德。

杰夫·弗里曼在两人上十年级的那个夏天遇到了史蒂夫·柯林斯[1]，他们很快成了最好的朋友，不久便和苏珊娜走得很近。他记得苏珊娜当时是个可爱的假小子，想和哥哥以及哥哥的朋友们待在一起。他还记得，尽管史蒂夫时不时地会觉得她很烦人，就像长大后的兄弟姐妹一样，但他总是极力包容她，让她感到受欢迎。

斯蒂芬在罗伯特·E.李高中表现出色，但苏珊娜的学业却在弗朗西斯·斯科特·基中学停滞不前。老师和辅导员多次与父母见面，都告诉他们，他们对孩子太严厉了，两个孩子，特别是苏珊娜，需要更加无拘无束的生活。杰克和特鲁迪认为，苏珊娜不能或者不愿专心学习，所以不能由着她的性子来。他们感到困惑不解，似乎他们待在国外时，所有的传统标准和规则都神秘地改变或者消失了一样。

例如，苏珊娜在和父母争吵或者讨论时，总有个说法是"学校里其他孩子都这样做"，而无论"这样做"的是什么——化妆打扮，独自逛商场，在外面待到很晚才回家，等等。特鲁迪觉得这种说法站不住脚，这就是冲突的根源。特鲁迪的一切行为都是为了孩子，无论她这样的举动孩子是否接受。苏珊娜则继续做她盘算好的事情，把纪律或惩罚视作必须付出的代价。

有一次，苏珊娜想在一个女友家里过夜，而朋友母亲的男朋友和她们住在一起，这对于杰克和特鲁迪而言绝对是个忌讳。"她对此非常不满。"特鲁迪回忆道。

特鲁迪也不让还在上初中的女儿化妆，而实际上，许多这个年龄的女孩都会化妆。杰夫·弗里曼现在自己在做房屋建筑和改造生意。

---

[1] 即斯蒂芬·柯林斯。——译者注

在1994年柯林斯一家把他们在斯普林菲尔德的房子卖掉之前，他做了许多翻新工程。有一次，他在地下室修理一个暖气口时，发现里面有个小袋子，被裹得严严实实的。他把袋子取出来打开，发现了一些化妆品，有口红和眼线笔。他把它包起来，放回原来的地方，但随后打电话给斯蒂芬说了这件事。

"我打赌那是苏珊娜的。"斯蒂芬说。他回想起苏珊娜总是能富有创意且不辞辛苦地绕开母亲的禁令。传统得体的特鲁迪不同意女儿穿着牛仔裤去上学，于是苏珊娜有时就会在上学路上跑到草丛里换上牛仔裤。

史蒂夫回顾这段生活时说："实际上，苏珊娜比我乖多了。我有时一周三四个晚上都跑出去喝酒。她只是不像我隐藏得那么好。我的成绩很好，如果你成绩好，你就很容易掩盖很多事情。苏珊娜成绩不好，所以她总是被事无巨细地盯着。相比之下，他们更担心她做的决定。我看起来总是适应得很好，但她却遵守不了最基本的要求，所以她可能会做出一些非常蠢的事情。"

杰克并没有像特鲁迪那样担心苏珊娜，但他承认，因为他经常不在家，苏珊娜总是首当其冲地受到监督和管教。和斯蒂芬一样，杰克希望如果女儿想做什么，能够偷偷摸摸地做了，这样就不必知道了。

杰克说："我真不觉得我们有什么大问题。但作为家长，你总是想做到尽可能完美，一旦你发现有东西不完美时，你就想做点什么。这也许就是对意愿的测试。她总说：'我长大了。我精神饱满。我想自力更生。'所以就这样来来回回。她不会屈服，我们也不会屈服。她总是坚持自己的想法，不肯妥协，我们也不肯。"

特鲁迪还记得："苏常说：'我要做自己命运的主人。''我要自己决定做什么。'而我会回答说：'好，但在有些时候你还做不到。你还是未成年人，而我们是你的父母。'她则会说：'但我知道什么对我好。'我说：'这一点有待商榷，而且我们说了算。'"

杰夫说:"她总是说:'史蒂夫可以晚上很晚才回来,为什么我不行?'"

特鲁迪说:"她应该准时回家,但她不,也不会打电话回来。于是,她回来以后,我们就宣布惩罚措施。我们会说:'我们告诉过你,所以下次你的外出时间要减少一个小时。'但是,这并没有什么用。她仍然会出门待到很晚。"

史蒂夫和杰夫·弗里曼都记得苏珊娜经常因为违规而被禁足或者受到限制。"她总是被抓包。"史蒂夫回忆道,"甚至到了管无可管的地步。他们给她设定好做作业的时间,然后一直站在她身边直到她做完为止。他们太爱她了,总希望她的一切都是完美的。但总的来说,我认为她的性格比我健康得多。我不做没有万全把握的事情。但苏珊娜对事情总是一副漠不关心的态度。"

无论是否故意,苏珊娜总是本能地激起父母积极或消极的反应。特鲁迪很中意她给女儿买的衣服,但苏珊娜却不停地向同学借衣服,或者与同学换衣服穿,这让她十分恼火。

"我要洗衣服时问她:'这是从哪儿来的?''哦,那是萨拉·简(Sarah Jane)的。'然后我会说:'我们不是已经说过这事儿了吗?你不应该穿别人的衣服。你也不能让别人穿你的衣服。'但是,她一点也不介意。她只是说:'妈妈,每个人都这样做。'你知道这句话我听到过多少次了吗?但什么也阻止不了她。她会继续下去。"

但是她也知道如何利用自己的魅力和天生关心人的性格。她总是用手挽住别人。特鲁迪说:"她会拥抱我说:'对不起,妈妈。'我曾经逗她说:'别想用拥抱来糊弄我。你没有按照我的要求去做,拥抱不算数!'她会说:'难道拥抱一点用都没有?'当然,我就卸下武装说:'好吧,拥抱很重要。'"

苏珊娜与父母起争执的原因之一是她在学校的成绩。杰夫说:"柯林斯夫妇对两个孩子的期望是,他们必须发挥全部潜能。史蒂夫总能拿A，而苏珊娜只能拿C。"

除理科外，学习总是让她兴奋不起来。斯蒂芬说："高中的课程对于她只是没有挑战性而已。"

她对高中生活其他方面都十分感兴趣。她每年都当选为学生会成员，参加所有学校舞蹈活动。她还在教堂里定期为有智力障碍的儿童和年轻人提供志愿者服务。

特鲁迪回忆说，苏珊娜曾组织过一次教堂活动，帮助残疾青年："当中一些男孩可能已经有26岁了，但医生说他们的智力和情感水平才7岁左右。苏对我说：'我要让他们站起来跳舞。'她说，这好像能让他们高兴起来，效果很好。她说：'我不明白为什么人们会怕他们。你可以让他们过得更好。这很重要。'我记得我对她说：'好，我很羡慕你，苏珊娜。我很可能会犹豫。我会担心别人怎么看我。'她说：'好吧，这与性别无关，妈妈。不是那样的。他们只希望有人关心他们、善待他们，我很喜欢这样做。'"

她还喜欢和老人待在一起，和他们一起工作，她和外祖父母的关系特别好。她总是给周围的人提建议，给他们的生活带来影响，为此她似乎感到十分高兴而满足。苏珊娜还是学校失恋者的首席顾问，还经常在课堂上被抓到向朋友传递纸条，给他们提供感情咨询。这样的证据大多都被老师寄给了特鲁迪，同时还附上信说："今天苏珊娜在学校没有学习，而是在干这个。"

一位老师评论说："如果学校只有社会活动的话，苏珊娜肯定能拿全A。"

她的房间也反映出她开朗的个性。她的卧室是家里最大的一间，里面放满了洋娃娃和毛绒玩具。架子上放满之后，她就放在窗台上。每次杰克出差，都会给她带回一些东西。"但是，"特鲁迪说，"要花足够长的时间来挂东西，或者找到合适的位置来存放，这对于她来说并不容易，所以她就把东西扔到角落，把门一关，谁也看不见。"

她从一个可爱而大大咧咧的小女孩成长为一个漂亮美丽的年轻女性。她哥哥十分骄傲："非常非常漂亮，属于最漂亮的百分之一。"其他人也这样认为。杰夫说："她十年级就长开了，这让她更加自信。我觉得她很可爱。"

她做过一些模特的工作，拥有很强的时尚感。这些也让斯蒂芬更注意保护她。他承认："我一直想知道她和谁约会。在她出门前，我会尽量和那些男生处一处，用开玩笑的方式询问他们，但最后会以非常友好的态度把他们送走。很多人都对她感兴趣，而我只是想保护她、帮助她。"任何与苏珊娜走得近的人都很重视斯蒂芬对妹妹的保护。他身材矮胖，十分健壮，还是一个举重运动员，肱二头肌大得就像树干一样。

苏珊娜和史蒂夫一样是个运动健将。她成长过程中发育得很快，看上去比实际年龄大，看起来不像史蒂夫的小妹妹。她还在初中的时候，就和史蒂夫的朋友们很合得来，没过多久他们就问他："你为什么不带苏一起来？"可见她很受欢迎。尽管她在生活中有很多事情着实让父母担忧，但他们始终相信她对男孩的判断。在这个方面，她从未做过任何惊吓到他们的事情。此外，他们也知道斯蒂芬在看着她。

按照悠久的郊区传统，斯蒂芬16岁生日后没几天就拿到了初学者驾照，并在这之后不久拿到了正式驾照，于是他给自己买了一辆二手庞蒂亚克车。杰克和特鲁迪想通过不让苏珊娜开车，来激励她提高自己的成绩。

特鲁迪说："每次她把成绩单带回家时，我都会说：'天啊，苏，你知道你和你想要的东西之间还有很长的距离。你不应该好好想想吗？'"

除社会活动外，苏珊娜在学校里最喜欢的就是体育运动。她是高中田径队的跨栏运动员，还是女子垒球队的外场手。她的一双大长腿和又高又苗条的身材让她天生就是运动员的料。对于一个在出生后的一年半时间里都必须戴着吊架睡觉的孩子来说，能成为运动员让她格外高兴。她活泼开朗,人又漂亮,啦啦队想邀请她加入,但这不适合她。

杰夫·弗里曼回忆说:"我们总觉得她就像半个男生一样。苏珊娜喜欢实干而不是在一旁观望。她总是喜欢亲自参与。"

他补充道:"她很早就开始做自己。她比很多孩子更早有自我意识。"她什么事情都得自己试一下。苏珊娜上高中时,有一天和一个女孩一起逃学,弄了一瓶朗姆酒,然后两人一起把酒喝光,想看看会出现什么情况。她犯的另一个战术失误是喝醉了还去打垒球。

特鲁迪接到学校办公室打来的电话:"您女儿的状态很有问题。我们认为您最好来接一下她。"特鲁迪一见到她就知道她干了什么。"她烂醉如泥。"

当他们回到家时,苏珊娜怯生生地问:"妈妈你生气了吗?"

"还不如说我很失望。"特鲁迪冷冷地回答道。

"你要惩罚我吗?"

"不,苏珊娜,"她妈妈解释说,"因为明早上帝会惩罚你的。"

"这是什么意思?"她问道。

"你会明白的。"特鲁迪说。

"第二天早上,她病得很厉害,她整个人天旋地转,吐得一塌糊涂。太可怕了,宿醉持续了两天。我给她冷敷,她却对我说:'妈妈,你为什么对我这么好?'我感到十分内疚。"

"她最终缓过来后,只说了一句话:'我不喜欢那种感觉。'我说:'我很高兴听到你这么说。'"

斯普林菲尔德的房子成为史蒂夫和苏珊娜社交圈的焦点,原因也许是苏珊娜本身就是一个组织者,也许是杰克和特鲁迪很欢迎孩子们的朋友到家里来,并把他们当作聪明的成年人与他们交谈。史蒂夫说,经常一次就有10—12个人。另外,朋友也经常在他们家过夜。直到今天,苏珊娜和斯蒂芬的朋友们仍会去看望杰克和特鲁迪,只要去了,就会在他们家住。

高中时，苏珊娜对母亲说班上有个女孩叫吉娜，她很喜欢这个名字。特鲁迪告诉她，这真是一件很巧的事情，她的原名就叫吉娜。

苏珊娜问："你觉得我能找到生母吗？"

特鲁迪说："我觉得现在有了信息自由法案这类的法律，你也许能找到。如果你觉得这很重要，并且希望我们帮忙的话，我们会的。"

"嗯，让我想想。"苏珊娜说。但她再也没有继续追查下去。

他们后来也问斯蒂芬，他想不想了解自己的身世。"我为什么要知道我的亲生父母是谁？"他说，"我和你们在一起很幸福。"

苏珊娜上高二时，斯蒂芬离开家，来到夏洛茨维尔的弗吉尼亚大学，继续他从中学就开始的优秀生之路。他打算主修美术。第一学年结束时，他觉得自己对商业艺术比对美术更感兴趣，因此他决定转学至里士满的弗吉尼亚联邦大学，这所大学的课程更偏向于商业艺术。

杰克觉得，离开一所要求严格且享誉全国的大学，这是一个很糟糕的想法，但他觉得应该由斯蒂芬自己做决定。斯蒂芬利用圣诞节假期去得克萨斯州看望一位朋友，然后决定待在那里，辍学，找一份石油天然气行业的工作。听到这个消息，杰克不再放任不管了。

他对斯蒂芬说："这是个错误的决定，如果你真那样做，你只能靠自己。我们不会再资助你了。"

苏珊娜很伤心，杰克和特鲁迪似乎要抛弃她心爱的哥哥，把他扔出家门。

杰克回答她说："不，苏珊娜，我不是要把他扔出去。这是他的选择。如果他留在学校里，我们会尽力帮助他、资助他。但是他现在做的是一个错误的决定，我不能鼓励他这样做，不能支持他这个选择。"他们不知道苏珊娜是否赞成斯蒂芬的决定，但无论她的感受如何，也不管她自己与父母的冲突多么激烈，她都无法忍受斯蒂芬就这样与家人疏远。

但当时石油价格暴跌，工作机会十分稀缺。斯蒂芬开始感到来自他朋友的家人微妙的压力。他们担心他打算永远住在他们家里。但在此期间,他遇到了一个女孩,愿意让他和自己住在一起。他在当地一家超市找了一份工作来养活他们。他写信给苏珊娜谈到了这个女孩,说她一头金发,十分漂亮,就像他妹妹一样。

有趣的是,斯蒂芬住在得克萨斯州时,他的这位朋友却决定去华盛顿特区上学,并在柯林斯家住了一段时间。有一天,斯蒂芬决定回家探望,说他要把女朋友带回家。苏珊娜见到斯蒂芬的女友后,立马觉得她和自己一点都不像。

斯蒂芬回到得克萨斯州后,找了一份建筑业的工作。杰克和特鲁迪十分生气。

"最终他给我们打电话。"杰克说,"他出了车祸,和女朋友也分手了。有人偷了他的钱包,里面有他的驾照。他从建筑上摔了下来,眼镜摔坏了,钱也没了。他跌到了谷底。"

杰克有外派任务,不能拖延,于是特鲁迪一个人飞往得克萨斯州。"我从来没有想过魔鬼之类的事情,但是我到了那儿,看到正在发生的事情时,我想:'魔鬼就住在得克萨斯州阿灵顿。'所有这些年轻人都是离家出走的。他们只是活着而已。他们的生活一团糟。那儿的所有年轻女孩都过来跟我说话——你知道,我就像她们的母亲一样——对我诉说她们悲伤的故事:她们是如何与这个已婚男人在一起的,但他又那么爱她,所以他打算离开妻子。她们都相信了。真让人伤心。"

"无论如何,我最后对斯蒂芬说:'这是你最后的机会。就现在。你要么跟我回去,要么留在这儿。'我给他配了副新眼镜,给他办了新驾照,但我只对他说:'我们不会再给你钱让你继续留在这儿了。如果你想回来,就是现在。'于是他回来了。"

他在1983年圣诞节前后回了家。这次,杰克说斯蒂芬不能立马就回大学上课。"你必须先工作一年,表明你能自己做成一些事情。"在这之后,他重返弗吉尼亚大学,在那里,他的成绩依旧拔尖。1987年,他以优异的成绩从经济学专业毕业。

回顾得克萨斯州的经历,斯蒂芬说道:"两年间,我就甩掉了差不多10年的幼稚。"他承认,从这个角度看来,当初他那个金发碧眼的女朋友"根本不像苏珊娜"。

杰夫·弗里曼的看法是:"苏珊娜是他的主心骨。当他们与父母闹僵时,他们彼此之间的联系就更加紧密。苏珊娜年龄越大,史蒂夫从她那里得到的建议就越多。他爱她的程度无法想象。"

苏珊娜不像哥哥那样有好的成绩。尽管她很聪明,但是她的成绩考不上弗吉尼亚大学,或者任何具有学术水平的学校。她说得很清楚,她不想上社区大学,或者找一份她所谓的"破烂工作"。她想离开家。

加入海军陆战队的决定出乎所有人的预料。各兵种的征兵人员都去了她的高中,上高三那年的3月,她有一天回家告诉父母说:"我想加入海军陆战队。"杰克不记得在那之前听她说过想当兵。

他想把自己的想法理理清楚,他说:"哦,天哪,蓝铃铛,我真的很好奇。你知道,我当过海军官兵,我很骄傲,你也听过我在船上服役的所有故事。我想不通你为什么要去海军陆战队而不是海军。"

她盯着他说:"因为,爸爸,海军陆战队是最棒的。"

"我能说些什么?"杰克回忆道,"我于是回答说:'好吧,苏珊娜,你是最棒的,所以这也不错。'"

当斯蒂芬得知她的决定时,他和父母一样感到惊讶。"我希望她能上大学。我从没想过她不上学。但是我没有质疑她的决定。最重要的是,我为她感到自豪。"

杰夫·弗里曼说:"我很惊讶。我觉得这对于一个女孩来说,是一件相当需要勇气的事情。她说她想接受挑战,而我毫不怀疑她一定会成功。"

杰克仍然没有完全想通。"我想对特鲁迪说:'这是个好主意吗?我们应不应该劝她?'然后我想,我们应该先分析一下整件事情。她学习不够好,上不了大学。如果她不去海军陆战队,她也不想继续住在家里。她会和一个女友租一间公寓,找一份工作。我们会担心她人在哪里,她把车停在哪里,天是不是黑了,她会不会感到孤单。我想,我至少知道她在海军陆战队里会很安全。有人会一直看着她、管着她。"

即使在苏珊娜已经确认加入海军陆战队之后,杰克在一些方面还是表现出一个典型的父亲会表现出的样子。当她下楼试穿舞会礼服——一套鲜红的短裙,把她的身材凸显无遗时,杰克说:"你确定没少了点什么吗?"

"我绝不会给她挑这样一条裙子。但每次我这么说,她都会说:'你得剃剃你的鬓发了,是吧,爸爸?'所以我们最后都会以大笑结束。"

1984年6月4日,苏珊娜高中毕业,6月27日,加入海军陆战队。她在南卡罗来纳州帕里斯岛的海军陆战队新兵基地接受了基础训练。

我们在空军或者任何除海军陆战队外的兵种服过役的人都知道,相比其他兵种,海军陆战队的基础训练有多么艰苦。训练的目的是把每个新兵都打碎,然后按照海军陆战队的模子重新塑造。苏珊娜在基础训练中成长得很快,不断逼迫自己的心理和身体接受更高的挑战。她剪短了金色长发,整日穿着制服进行操练。她在家中无法接受的所有纪律约束,在军营里却十分乐意且热情十足地接受了。教官似乎对苏珊娜尤其在意,也许是因为她很漂亮,并且来自受过教育的中上阶层。但苏珊娜把这作为挑战的一部分。在为期8周的基础训练中,他们排里有许多女生被淘汰,其中一些甚至都快精神崩溃了。苏珊娜知道她需要这种训练,她十分喜欢这样的组织带给她的方向感。

她在写给家里的信中详细描述了训练的艰苦程度,但从未表示任何迟疑或退缩。当他们来到帕里斯岛参加新兵训练营毕业典礼时,杰克和特鲁迪的自豪感更加强烈了。苏珊娜把杰克带到巨大的垂降塔上说:"爸爸,我做到了!酷吧?我做到了!"她同样骄傲地向母亲展示,曾经房间乱得一塌糊涂的女儿,现在竟然能把被子叠得紧致规矩,甚至一个25分的硬币扔上去都会弹起来。

新兵接受基本训练后，便会配发制服和帽子。毕业时，他们会拿到画有鹰、地球和锚的陆战队徽章，别在帽子上。有张照片拍的正是苏珊娜从教官手里接过徽章的情景。面对让她训练时苦不堪言的教官，苏珊娜露出灿烂的笑容，仿佛在说："你说我做不到，我做到了！"这也许是她最引以为傲的时刻。

在前往北卡罗来纳州切里波因特执行第一份临时任务之前，苏珊娜请假回了趟家。她父母马上就注意到她和以前的区别，史蒂夫也注意到了。她十分自信，绝对相信自己。"当她回来时，"斯蒂芬说，"她的态度是，'嘿，这就是我的生活。我现在自力更生。你可以提建议，但我自己做决定。'"

她最终还是拿到了驾照，并且自己买了辆车，一辆二手红色庞蒂亚克火鸟，很容易抛锚。但现在她可以随时随地去自己想去的地方。

斯蒂芬开车把她带到切里波因特，沿途他们有很多时间交谈。在那里的海军陆战队航空站，她被分配到第二海军陆战队空中联队，这是一支鹞式喷气战机中队，进行为期5个星期的在岗培训，同时等待下一期航空电子技术员培训班开课。此时，苏珊娜已经开始认真考虑要在军队中接受高等教育，努力成为海军陆战队史上第一批女飞行员。航空电子培训就是第一步。她把目光投向了海军学院的一个舰队，并开始写信寻求建议。她坚信，在军事训练中的突出表现能抵消她十分一般的高中学习成绩，还能表明她已经成熟，具备领导能力，可以承受海军陆战队的一切压力。

1984年10月20日，一等兵苏珊娜·玛丽·柯林斯在田纳西州米灵顿的孟菲斯海军陆战队航空站向MATSS-902海军陆战队航空培训902支持中队报到，开始在航空电子学校学习A类课程。她的父母为她在新兵训练营中展现出来的身体素质和心理素质感到自豪，但令他们印象更为深刻的是，她似乎十分主动并且有能力掌握诸如接线图、电路、飞行理论这类的技术问题。"如果她在罗伯特·E. 李高中上这门课，她一定会搞砸，我敢肯定。"杰克说。

在米灵顿，苏珊娜很难不引人注意：一个高挑的金发美女，身材也因不间断的训练而变得十分傲人。她的一位陆战队战友詹姆斯·布鲁纳（James Brunner）写道："她的态度总是那么优雅而美丽。我记得她在商场里走过时，所有人都转过头来看她，妻子推开丈夫，男人甚至会因为没看路而绊倒。上帝知道，我第一次见到她时，我撞到了电线杆上。"

1985年3月，苏珊娜遇到了苏珊·汉德，她们很快成为最好的朋友。苏珊·汉德于3月11日到达米灵顿。事实上，两个女孩儿非常相似。她们名字相似，而且虽然彼此不认识，却买了相似型号的汽车；都是高个子，金发碧眼，都被认为是引人注目的人。她们的有些照片连特鲁迪都分不清谁是谁。

虽然她们没有一起参加新兵训练营，但都接受了基础培训，她们的家庭背景与周围所有人都不一样。苏珊解释说："几乎所有人，要么是南方的乡下人，要么来自军人家庭。我们俩之前对参军都一无所知，所以别人总觉得我们有些拘泥且势利，即使我们并没有。"

苏珊比苏珊娜大一岁零一个月，来自伊利诺伊州莱尔市，是家里5个孩子中的老大。她在德卡尔布的北伊利诺伊大学上了两年学后，父母再也负担不起她的上学费用。苏珊于是参军来支付学费。"海军陆战队是我们的出路，是远离家乡独自生活的一种方式。"

和苏珊娜一样，苏珊之所以选择海军陆战队，是因为她认为海军陆战队是最好的。她在米灵顿一所空中交通管制学校学习，与苏珊娜住在同一营房里，就住苏珊娜楼下。

米灵顿的生活与新兵训练营相比要丰富些。军营每个房间住2名至4名女兵，床是金属支架的双层床。地板必须每天擦亮并打上蜡。苏珊娜把她那部分房间用奇彭代尔斯演出公司脱衣舞男的海报装饰了一下。

没过多久,苏珊和苏珊娜就在基地里广为人知。"所有人都知道我们。"苏珊说,"我们一直备受关注。我们穿着比基尼去基地的泳池游泳时,每个人都会盯着我们看,但我们不在乎。"两人身高都是约170厘米,体重都是53公斤,身材也一样。苏珊娜的眼睛是蓝中带着绿,而苏珊的眼睛则是棕色带点绿,苏珊娜的头发颜色稍微浅一些。她们能够轻松地——并且她们的确这样做过——交换衣服穿,这让苏珊娜特别满意。

"苏珊娜一直都很开朗友善,而且总是很有趣。但我觉得那里很多女的都对我们不满。"苏珊说,"我们都是高个子金发女郎,比军队里的大多数人——尤其是在米灵顿——更聪明,更会说话,更好看。男人们都很喜欢我们,我们的上级也是。我知道这给苏珊娜带来了些麻烦。"

她尤其招一个上士和一个准尉的憎恨,这两人似乎很讨厌她的外表、她对男人的吸引力以及轻而易举对高级军官展现出来的魅力。

"这两人对我们很刻薄。"苏珊说,"他们总是把我们叫到办公室。苏珊娜的独立性和自由精神总让他们生气。她站完岗会和朋友们一起出去,在她应该回来的时候却不回来。他们会为了任何事情找她麻烦。她真的挑战了他们的耐心。我会尽量守规矩。如果他们说我们不能做什么事情,我会打电话给上尉,让他来处理,这让他们更为恼火。"

另外一件让苏珊娜陷入麻烦的事情,她早前在米灵顿与海军预备役军官训练团的一名大学生约会。虽然苏珊评论说"与我们最有共同点的人就是军官",她本人最后也嫁给了一名步兵中尉,但在所有兵种中,海军陆战队最不喜欢与其他士兵和军官亲近。她说:"我觉得其他女孩嫉妒。这让我想起了高中。"

"我们约会很多,但并没有恶意。苏珊娜既天真又外向。"

并且,差不多在这段时间,苏珊娜从一等兵晋升为准下士。

实际上，是苏珊娜的一个女性朋友，名叫苏·德雷克（Sue Drake），把苏珊娜和苏珊的男朋友介绍给她们认识的。克里斯·克拉克森（Chris Clarkson）和格雷格·"贡佐"·冈佐夫斯基（Greg "Gonzo" Gonzowski）都是海军陆战队空中交通管制技术员，他们从在密歇根州上半岛打曲棍球比赛时起就是最好的伙伴，他们还一起当过孟菲斯海军航空基地足球队队长。他们四人一拍即合，很快，苏珊和克里斯、苏珊娜和"贡佐"两对情侣去任何地方、做任何事情都在一起。苏珊娜和苏珊是仅有的两个被邀请与男生踢足球的女孩。

"我从未见过她沮丧。"苏珊说，"她是一个很好的朋友，关心人，有趣，有冒险精神。我更安静内向一些。我一直想像她一样勇敢、我行我素。真正喜欢冒险的人是帕蒂·库恩（Patti Coon），她是苏珊娜的室友，我觉得苏珊娜在经过严格的高中生活后，有时候会想像帕蒂那样。"帕蒂可能是继苏珊之后，苏珊娜最好的朋友。她只要不当值，如果不在苏珊身边，那就是和帕蒂在一起。

"她一直想出去跳舞。"苏珊继续说道，"她非常喜欢欢乐的音乐，擅长即兴表演。我们会去孟菲斯比尔街上的俱乐部，或者去孟菲斯郊区的日耳曼敦，那里更平淡安全些。我们第一次尝试了各种吃的。"

詹姆斯·布鲁纳曾与苏珊娜一起驻扎在米灵顿，他回忆道："她是一位出色的海军陆战队队员，但当穿上便服不当值时，她是如此迷人，你会情不自禁地喜欢上她，她有一种很可爱的幽默感。我可能一直很沮丧，但10分钟后她就能让我大笑起来。她既是一个淑女，又能和男人们打成一片，但她始终都是个淑女，甚至还能喝把我呛得流泪的威士忌，然后还能和我一起跳舞，跳到我摔倒为止。"

苏珊娜和苏珊身材高挑，又都特别注意形体，总担心自己的体重。"我们不喜欢食堂，因为每个人都会盯着我们看，所以我们会和克里斯、'贡佐'一起出去。我们特别喜欢温迪的沙拉吧。我们会饿一整天，然后去吃他们家的沙拉。"

但她们控制体重、保持身材最主要的方式是运动,她们经常出去跑步。苏珊一次可以跑11—13千米,苏珊娜则常常再多跑3—5千米。基地被一条公路和一条人行道隔开,如果苏珊娜想跑更长的距离,她会要么一个人,要么和男生一起,到基地北侧的高尔夫球场上跑。苏珊娜热衷于跑步,几乎每天都会出去长跑。她还定期在健身房锻炼,她似乎很喜欢所有男人的目光都聚焦在她身上。这除了让她觉得是一种恭维之外,还给了她更大的动力向男人们展示她的能力。

她在米灵顿取得的最大成就是跻身为荣誉甲板会员。正如官方描述的那样:"只有最有上进心的学生,在部队管理人员推荐下,并取得平均80分以上的学术成绩,才能被选为荣誉甲板的成员。"荣誉甲板的成员将参加"颜色警卫"特遣队,参加慈善团体的筹款活动,以及覆盖整个孟菲斯地区的各种民事活动。

但这里没有提到的一点是,在柯林斯准下士来到米灵顿之前,荣誉甲板的所有成员都是男性。

苏珊娜觉得这完全没有道理,她非常想证明女性可以和男性一样出色。她研究了《海军陆战队命令》中的规定,其中提到应具备适当的"海军陆战队人员"要素,进行步枪操练和射击。然后,她说服领导,人员是一个通用术语,并不意味着"男性成员"。如果女性能加入海军陆战队,即使她们的数量被官方特别地限制在5%之内,那她们也应该和男人一样,是人员的一部分。

就像杰基·罗宾逊[1]加入道奇队一样,进入球队是一回事,被队友接受是另一回事。苏珊娜加入荣誉甲板的最初几个星期,男人们让她经历了一段非常痛苦的时期。他们中的许多人后来都承认是故意挑衅

---

[1] 杰基·罗宾逊(Jackie Robinson,1919—1972),美国职业棒球运动员,美国职业棒球大联盟史上第一位非裔美国球员,也是第一位在非黑人联盟布鲁克林道奇队打球的黑人球员。——译者注

她，让她证明了自己。他们坚信她之所以加入荣誉甲板，是因为她那副漂亮的外表，而不是她超群的能力。她花了一些时间才赢得他们的支持，但她最终还是做到了。

米灵顿荣誉甲板的成员理查德·蒂勒尔（Richard Tirrell）回忆说："我必须承认，苏珊娜加入荣誉甲板后的相当长一段时间，我想知道为什么她甘愿忍受其他海军陆战队员——无论男女——的嘲笑和骚扰。但没过多久，我更深入地了解了她，我意识到苏珊娜有着坚定不移的原则和道德标准，这些原则和标准最大限度地减少了她为实现自己的目标而面临的各种障碍。老实说，她把最好的一面发挥了出来。她充满活力的态度、对生活的热情和幽默创造了一种既天真又成熟的气氛，尽管这似乎是矛盾的。对于我自己而言，二者的结合让我在荣誉甲板上做起事来更有效率，也更有动力。"

事实证明，她给海军陆战队的同伴们留下了深刻的印象，他们把她的名字加入了体能训练项目，这是评选荣誉勋章获得者和其他获得佳绩的队员的计数体系。

苏珊娜在写给杰克的一位前海军陆战队员朋友的信中说："他们对丹·戴利（Dan Daley）和其他著名的荣誉勋章获得者赞不绝口。好吧，现在他们在这里加了几行字，是关于柯林斯准下士的。我们的荣誉甲板体能训练几乎每天都在进行，所以我一天能听到很多次。每当我听到它，我都会为加入海军陆战队而感到鼓舞和荣幸。"如果她以前在基地还不够有名的话，那么她现在已然是这里的名人。

当苏珊娜正在荣誉甲板上为平等而斗争时，苏珊·汉德以基地历史上最大的优势赢得了海军救济女王的头衔，让自己脱颖而出。海军救济是一个针对入伍人员及其家属的慈善机构，而投票选女王则是每年一次的募捐，也是基地里一次重要的活动。以自己选择的候选人的名义捐款一美元，由此进行投票。1985年，距离上次海军陆战队员获得这个名号已经过了26年，诺瓦格（Nowag）上尉无论如何要结束连败的纪录。他来到苏珊身旁，说道："你会成为下一任海军救济女王。"

在20万张选票中，苏珊获得了12.5万票。奖品包括一个高约120厘米的奖杯、一条金链子和一套价值200美元的礼服。苏珊娜为她的朋友感到高兴，决定放学之后就来看苏珊加冕，这一天正好是她毕业前两天。

随着毕业的临近，唯一让苏珊娜心生忧郁的是她将被调回切里波因特，而苏珊将担任加利福尼亚州埃尔托罗海军陆战队航空站的空中交通管制员。格雷格·冈佐夫斯基也要去加利福尼亚。格雷格很爱苏珊娜，已经开始考虑和她结婚的事。不过按照苏珊的说法，虽然苏珊娜也非常喜欢他，但她现在过得很快乐，还不想安定下来。

从长远来看，两个女人都坚信她们会一直亲密下去，并且想在一起抚养孩子。但她们也想找到一种能在短期内团聚的办法。唯一的希望似乎是苏珊娜调往加利福尼亚，于是两人一致决定，她们履新之后，就立刻朝这个方向努力。之后，如果一切顺利，她们可以一起去安纳波利斯，开始在舰队里服役。苏珊觉得她毕业后会转入海军当飞行员。苏珊娜坚信海军陆战队将允许女性担任飞行员。

7月10日，苏珊的母亲和她4岁的妹妹从伊利诺伊州赶来，参加她的毕业典礼。第二天晚上，苏珊和苏珊娜计划到苏珊母亲的一位朋友在孟菲斯郊区日耳曼敦的家中，与苏珊母亲共进晚餐，庆祝毕业。但就当她们要离开基地时，军营上士指派苏珊娜为当天的值班军士，这意味着她不能和苏珊同去。她让苏珊和苏珊母亲不用管她。她们约好第二天早上毕业典礼开始前在基地的一块草坪上见面。苏珊为此十分不满，觉得那纯粹是因为那名上士心生嫉妒，故意针对苏珊娜。她绝不应该在毕业前一天的晚上还被安排去执勤，别人完全可以应付。

执勤就是在营房大楼前，坐在红线后的书桌边检查进来的人，另外每小时她要围着营房巡查一圈，确保一切正常，然后在日志里记录。无论如何，这都是一项乏味无聊的工作，苏珊娜可能觉得她由于自己过于出色而遭到惩罚。苏珊说，他们有时会派她的朋友去执勤，因为这意味着她会错过荣誉甲板上的活动。

苏珊娜没什么可做的，晚上只能待在基地，但她确实能做的一件事就是出去跑步。她一天中大部分时间都在打包和安排第二天的行程，所以急不可耐地进行一些严肃的运动。晚上10点刚过不久，她回到房间，见到了帕蒂·库恩和另一位室友维多利亚·帕夫洛斯基（Victoria Pavloski）。她和维多利亚对谁来打扫房间起了点争执。苏珊娜同意在毕业典礼前的早晨打扫房间。然后，她脱下制服，换上海军陆战队的红色T恤和红色运动短裤，穿上白色袜子和耐克运动鞋，系上白色头巾，腰间系上蓝色运动汗带，然后出门开始伸展身体，准备跑步。她对负责在上层后甲板区值班的珍妮特·库珀（Janet Cooper）说她感到坐立不安，说她准备跑差不多半个小时。苏珊娜在做伸展运动时，她们说了大约10分钟的话，珍妮特觉得她心情似乎很不错。

她开心地跑入夜色之中。她才19岁，美丽、健康、身材匀称。她在美国军队里经受了一个女性能接受的最严酷的考验，证明了自己。她想要进入海军学院学习，并成为海军陆战队历史上第一位女性飞行员，这个梦想进展得也十分顺利。在切里波因特，她将有机会再度证明自己。她的父母为她感到骄傲至极，她的哥哥崇拜她，她有一个最好的朋友，还有一个想和她共度余生的男人。她努力工作，努力生活，有着无限可能的未来，这是属于她的未来。

CHAPTER VIII
第八章

DEATH OF A MARINE
海军陆战队员之死——漫长审理的开始

1985年7月12日，星期五，早上苏珊·汉德到基地公园里找苏珊娜，她们约好在苏珊毕业典礼前到那里碰头。苏珊娜没有露面，苏珊开始担心她可能生病了，于是典礼结束后，她到苏珊娜的营房去看看能否找到她。

"有些人看起来很奇怪，但什么也没对我说。"

没过不久，诺瓦格上尉的助手找到了她，说上尉让她去他办公室。这会儿已经是下午了，太阳当头，苏珊还穿着军装。苏珊觉得上尉遣人来找她有些奇怪，她想不出自己做错了什么必须得去"校长办公室"。但诺瓦格喜欢她，他们关系一直都还不错。他可能只是想亲自对她说再见。

苏珊一走进诺瓦格上尉的办公室就爽朗地说："嘿，什么事儿？"

"你最好坐下。"他说。苏珊服从命令坐了下来，他接着说道："你常和苏珊娜·柯林斯在一起。"

苏珊说："是的。"

他走了过去，把手放在她的肩膀上。"我不知道该怎么对你说，你的朋友苏珊娜在米灵顿的公园里被人发现，她被害了。"

"不。"苏珊回答说，声音像是在耳语，又像是啜泣。"不可能！"她加重语气说道，"你确定吗？"

诺瓦格上尉冷冷地点了点头。

苏珊从来没有经历过这么亲近的人去世。她唯一经历过的死亡是她祖母的,但她以前每年也就见祖母大约两次。她哭着说:"这不可能发生在苏珊娜身上。她刚满 19 岁!"

他拉开椅子坐下来,把胳膊放在她肩上。

7 月 12 日,星期五。下午,军车停在了柯林斯一家在斯普林菲尔德的家门口,此时史蒂夫一个人在家。杰克现已从外交部门退休,这天正在纽约帮他的连襟埃德·威力克斯(Ed Wicks)解决一个专利开发的问题。那会儿特鲁迪的父母与他们同住,她带着他们去参加一场老年人午餐了。史蒂夫待在家里养伤,国庆节时,他的脚受了伤。

他看到汽车停下来时,刚洗完澡。他的第一个念头是车里一定是苏珊娜。她今天或明天就应该回家了,他觉得凭借他妹妹的机智和魅力,她一定搭了一个掌权人的便车。

门铃响了,他打开门,两个穿着制服的人站在那儿。还有一个牧师。

"柯林斯先生,"其中一个人说,"我们有个坏消息。苏珊娜被杀了。"

一开始,斯蒂芬连这个消息都没有完全听清楚,也无法应对这消息带来的冲击。邻居保罗·牛顿(Paul Newton)是退休的海军陆战队上校,他记得看见史蒂夫一边用拐杖抽打灌木丛,一边大喊:"不,不,不，不，不，不！"牛顿上校一直为苏珊娜感到非常自豪，曾经对她说，当她被任命为军官时，他想送一把仪仗剑给她。

斯蒂芬回过神来首先想到的是："上帝啊，妈妈要回家了。"没过多久，特鲁迪载着父母，把车开上了车道。当她看到这辆军方的汽车时，她也觉得是苏珊娜搭了一辆便车回家。但斯蒂芬来到车窗前，对她说："妈妈，我需要和你谈谈。"

"这里吗？"她说。

"不。让外公外婆待在车里，你进屋里来。"

"停在小山上？"特鲁迪回答道，"还把我爸妈留在车里？"

"是的。"他说，"我想你一个人进来。请现在就进来。"

她进屋后，斯蒂芬向她介绍了这两位军官。其中一位说："柯林斯太太，请坐。"她坐下之后，他说："您的女儿遇害了。"

然后她回到车上，把父母带进屋，让他们坐在客厅里，并没有告诉他们发生了什么事。她回到斯蒂芬和两位军官那里，说道："我们到后面的露台上去吧，这样他们听不见我们说话。"

在露台上，特鲁迪的反应和苏珊一样。她说："你们一定搞错了。"

"不，恐怕不是。我们会告诉您目前我们知道的所有情况。到目前为止，我们所知道的是，您女儿昨晚在基地跑步，有人从身后抓住了她，然后把她带出基地，袭击了她，然后杀害了她。"

特鲁迪心想："如果我不写下来，这一切就不会记录在案。我不会记得他们告诉我的事情。"

他们四个谈了一阵子。特鲁迪记得牧师人很体贴，很友善。"需要我帮助吗？"他问，"可以让我告诉你父母吗？"

特鲁迪说她要自己对他们说。

"好吧，我可以和你一起去吗？我可以和你在一起吗？"他问道。

"也许你和我一起去是对的。"她说。

特鲁迪回忆说："爸爸妈妈就坐在那里，蒙了，无法理解他们听到的消息。然后我们准备到纽约去找杰克。"

他们最终找到杰克时,是从一个会上把他拉出来的。特鲁迪对他说:"有坏事……发生了一件可怕的事。苏珊娜被杀了。"

杰克坐了下来。"你说什么!怎么可能?我不明白。"他心想:"我必须马上回家。"

在他离开之前,他回去告诉和他开会的人发生了什么。其中有两个人是犹太人,和他很熟。杰克说:"在基督教教堂里,我们会为人们死后的灵魂祈祷。我不确定你们会怎样做,但如果你们能为苏珊娜、为我和我的家人祈祷,我将感激不尽。"杰克说,他们的悲伤和镇静溢于言表。他们十分同情和理解。

杰克的连襟陪着他一同飞回华盛顿特区。下午6点30分左右,特鲁迪和斯蒂芬在国家机场的穿梭门外接上了杰克。他们三个默默地紧紧相拥。

他们回到家,杰克便立即打电话到田纳西州,想要弄清楚确切情况。他们拘留了一个嫌疑人,是一名海军女兵的丈夫,住在基地里。但是苏珊娜被带出了基地,在米灵顿的一个公园里被杀害,因此海军调查处、米灵顿警察局和谢尔比县警署之间存在管辖权重叠问题。他甚至不知道苏珊娜的尸体在哪里。

斯蒂芬听到细节后说:"肯定不止一个人。苏珊娜很强壮。我们俩摔跤时,她几乎可以打败我。肯定不止一个人。"

电话那头对杰克说:"我们明天会知道更多。"

此时,苏珊娜正躺在谢尔比县验尸官的办公室里。医学博士詹姆斯·斯宾塞·贝尔(James Spencer Bell)签署的验尸报告上说:"死因是头部多次受到钝器击打,脖子受到压迫,一根长约79厘米、直径约3.8厘米、尖锐斜切的树枝从会阴部插入腹部约52厘米,树枝深入右侧胸腔,造成腹部和胸部器官撕裂,导致内出血。"

早上6点左右,副治安官在海军基地以东米灵顿市埃德蒙·奥吉尔公园一棵高约46米的树下,发现苏珊娜裸露的尸体正面朝下,躺在草丛里,头朝向右侧。除了双腿之间被强行插入一根树枝以外,她身上还有其他伤口,脸被殴打得很厉害,甚至一开始辨认尸体都非常困难。她的衬衫、短裤、袜子、内衣和运动腰带散落在附近。这些东西加在一起,在绿色背景下形成了红、白、蓝三色的图案。

大约一个小时前,帕蒂·库恩发现苏珊娜的床没有睡过的痕迹,于是很担心地叫来了保安。早晨集合时苏珊娜没有出现,于是全面警戒通告立即发送给了基地安全部门、米灵顿警方和县治安办公室。

他们很快就大致弄清了事情的经过。

晚上 11 点左右,海军陆战队一等兵迈克尔·霍华德(Michael Howard)和马克·肖特韦尔(Mark Shotwell)一起,在基地北侧靠近水牛场的地方,沿着阿图路往北跑步,这时他们看到一个符合苏珊娜·柯林斯特征描述的女性朝他们跑过来。就在她与他们打照面之前,她穿过了街道,到另一边朝向汽车开来的方向继续跑。在她经过他们后不久,他们注意到有辆车开着远光灯,停在他们前面的马路边沿。霍华德觉得这车看起来像是一辆 20 世纪 70 年代中期产的福特旅行车,深色,侧面有木纹镶板,排气管的声音很响。突然,汽车开动,调了个头,向南行驶,方向与苏珊娜相同。

车辆驶过不久后,霍华德和肖特韦尔觉得听到身后两三百米处有人发出尖叫声。他们立即转身,朝那个方向跑去。他们跑过大约 90 米时,叫声停止了,他们看到旅行车回到了阿图路上,朝海军路方向开去。就在这时,另一辆车从相反的方向驶来,车前大灯的眩光让他们看不清发生了什么。

他们继续追赶汽车,但很快就跟丢了,于是他们跑到基地北 2 门,并向那里的警卫员大卫·达文波特(David Davenport)报告了这起事件。达文波特打电话给基地警卫,上报可能发生了绑架事件,并补充说他看到一辆旅行车从大门离开基地。驾驶员是一名男性,胳膊放在副驾驶座上的女人的肩膀上。他没看清车牌号,但记得这辆车是肯塔基州的车牌。一支警卫小队来到达文波特看守的大门，向他了解更多的信息，与此同时，基地第二片区值班主任理查德·罗杰斯（Richard Rogers）向基地警卫、米灵顿警方和县治安办公室发出"留意"警示后，自己出去想要找到这辆车。

罗杰斯还在找这辆车时，接到呼叫，让他去处理基地居民区中心街、学院街和贝苏尔街3条路交叉口的一起斗殴事件。大约12点10分，他看到了一辆符合达文波特描述的汽车，正往南开。

罗杰斯让车停了下来。驾车人叫塞德利·阿利，29岁，男，身高约190厘米，体重约100公斤。他曾在一家空调公司当工人，现在作为在海军当兵的妻子琳内的家属在基地里生活。阿利同意和罗杰斯一起回警务室。他们后来也联系了琳内·阿利，并将她带来问话。琳内看起来很符合所谓绑架案受害者的描述，在罗杰斯他们看来要处理的只是一起家庭纠纷，于是警卫把他们两人都放了。

此时，肖特韦尔和霍华德这两个跑步者正在这座大楼里录口供。阿利一开动车，他们听到排气管的噪声，并称这就是他们看到、听到的那辆车。

凌晨5点左右，警卫接到下士金伯利·扬（Kimberly Young）的电话，转达帕蒂·库恩的消息：苏珊娜·柯林斯前一天晚上出去跑步没有回来。扬向他们提供了苏珊娜的描述，并拿来了几张她的照片。这时，调查再度开始，很快人们就在米灵顿的埃德蒙·奥吉尔公园发现了她的尸体。

7点刚过，理查德·罗杰斯命令他手下的两个巡逻员约翰·格里格斯（John Griggs）和格雷戈里·富兰克林（Gregory Franklin）逮捕了塞德利·阿利，并把他带了回来。然后他给基地指挥官、海军上尉巴里·斯波福德（Barry Spofford）和苏珊娜的指挥官、海军陆战队上校罗伯特·克拉普（Robert Clapp）打电话，告诉他们发生了什么事。苏珊娜片区队伍管理员多萝西·康明斯（Dorothy Cummings）被叫来查看尸体，她认定这就是苏珊娜。

由于绑架案发生地归属联邦政府，于是他们联系了联邦调查局在孟菲斯的驻地机构，联邦调查局派出特别探员杰克·桑普森（Jack Sampson）和安娜·诺思卡特（Anna Northcutt）来到现场。

在犯罪现场，警方和副县治安官发现苏珊娜的头上沾满了鲜血。两片肩胛骨上都有瘀伤，刮伤从肩部一直延伸到腰部。两腿之间插进了一根尖锐、粗大的树枝，直到尸体解剖时把树枝移除，没人知道这根树枝插进她身体多深，只知道露在外面的长度大约20厘米。他们把她背朝下翻过身，发现左眼瘀青肿胀，左乳房上有挫伤和咬痕。最终的尸检报告长达21页。

在距离现场不到800米的地方，警察找到了一把螺丝刀，符合塞德利·阿利用来启动车的那把螺丝刀的描述——他的车用钥匙无法正常启动。当海军调查处拿到并检查阿利的车时，他们在车内外发现了多处血迹。

阿利一开始在警务室否认与此事有关，并要求见律师。不过，他后来改变了主意，说他想承认发生了什么。这时，他说出了自己的故事：酒后驾车，追上漂亮的金发碧眼的海军陆战队员，和她说话，然后不小心开车撞到了她，把她带上车，想带她去医院，她醒来后在车上对他十分抗拒，他把车开出基地，来到埃德蒙·奥吉尔公园，在那儿他慌了神，打了她想让她安静下来，却没有意识到手里拿着螺丝刀。他认为她的死因就是这个，但完全是意外。在这之后，他更加惊慌，突然想到，要把现场布置成性侵的迹象，于是脱下她的衣服，折了根树枝插进她的尸体。

然而，没过多久验尸官就发现，在苏珊娜身上众多的伤口中找不到与螺丝刀刺破头部或被汽车撞击相印证的证据。那天晚上，公园里还有3名年轻人，他们证实从未见过苏珊娜或者塞德利·阿利，但差不多在苏珊娜死亡的那一刻，他们听到了一声所谓的"死亡尖叫"。

琳内·阿利也接受了问讯。整个晚上，她都和朋友一起在特百惠特卖会上。她回来时塞德利并不在家，直到当晚她被带来问讯时才见到他。早上，她注意到车里有草渍，她以为那是她家的两条狗蹭上的，这两条狗经常跳到车上去。她还透露说她丈夫此前曾在肯塔基州阿什兰市结过一次婚，大约5年前，他的前妻不小心淹死在他们家的浴缸中。

随后的调查显示，这起"事故"十分可疑。事情发生在1980年2月28日，即黛布拉·阿利（Debra Alley）申请离婚后的第三天。离婚的理由是性变态。黛布拉当时20岁，她裸露的尸体被人发现躺在浴缸里，脖子上有无数瘀伤和勒痕。阿利说她当晚和其他男人一起喝酒，喝醉了回家，洗了个澡，然后淹死了。报警或叫救护车之前，她已经死了几个小时。验尸官判定她是被自己的呕吐物噎住，喉咙里还塞进了炸薯条。阿利对两任妻子都有暴力史。他和黛布拉所生的孩子当时才4岁，多次亲眼看到他殴打黛布拉。

还有其他细节表明阿利与苏珊娜·柯林斯被杀有关。一名军官家中的空调维修设备被盗。当被拦下进行询问时，阿利车里就放着被盗的物品。

塞德利·阿利被控谋杀美国海军陆战队准下士苏珊娜·玛丽·柯林斯。当天，海军调查处和联邦调查局的代表就与美国助理司法部部长劳伦斯·劳伦兹（Lawrence Laurenzi）进行了磋商。劳伦兹向他们保证，即使出于某些原因，州级谋杀指控无法判处死刑，他也准备好以联邦绑架罪起诉。然而，事实证明这并不是一个问题。谢尔比县地区助理检察官亨利·"汉克"·威廉姆斯知道了事实真相，在看了卷宗后，他立刻决定寻求极刑。他甚至拒绝接受任何认罪协商的提议。

当天下午，在孟菲斯海军航空站海军陆战队航空培训902支持中队的毕业典礼上，留出了一个空位。基地降半旗，期待已久的仪式却不再是快乐的时刻。

史蒂夫给杰夫·弗里曼打电话，告诉他苏珊娜被害的消息时，他正在威尔明顿的北卡罗来纳大学上学。他简直不敢相信自己听到的消息。一个不幸的巧合是,他室友最好的朋友的兄弟刚被摩托车撞死。杰夫第二天给史蒂夫打了电话,问他能做些什么,然后回到华盛顿,和史蒂夫一起准备葬礼。

杰克和特鲁迪沉湎于无比巨大的悲痛中,想要弄清楚女儿身上到底发生了什么,而与此同时,他们不得不考虑苏珊娜葬礼的安排,即使他们得知还得过几天调查人员才能把女儿的遗体交还给他们。

杰克是一个虔诚的天主教徒,因此他们考虑找一块与教堂有关的墓地。他们还有几块陆战队和海军的墓地可供选择。苏珊娜去世时正在服役,因此她可以被安葬在阿灵顿国家公墓。最后是斯蒂芬做的决定,坚持向父母说苏珊娜应该埋在阿灵顿,这里是美国最崇高的亡灵的安息地。

他解释说:"我想把苏珊娜安葬在阿灵顿是因为我觉得她应该得到最好的,因为她就是最好的。"

同时,苏珊·汉德和她的母亲、妹妹开车返回了伊利诺伊州。

她回忆说:"开车穿过印第安纳州时,我一直在哭。母亲想要安慰我,但没用。在路上,我开到将近130千米每小时,还吃了罚单。我不知道我在做什么。我一直在想苏珊娜。"

格雷格·冈佐夫斯基也同样心碎。"他真的很爱她。"苏珊说。回到伊利诺伊州后,苏珊立即打电话给格雷格,他们计划参加葬礼,但他们都必须请假。苏珊想被任命为护送苏珊娜遗体回华盛顿的海军陆战队员,但总给她们两人找碴儿的那名上士却指定由她自己护送。直到今天,苏珊仍为无法亲自陪伴苏珊娜最后一段旅程而倍感失落。

7月17日星期三,孟菲斯海军航空站为苏珊娜举行了追悼会。海军航空培训支持90小组指挥官罗伯特·克拉普上校在讲话中总结道:"她是一位热心而志向远大的年轻女性,能力出众,充满自豪感,知识丰富,愿意承担作为海军陆战队员为国家服务的责任……她取得了很好的成绩,以目标为导向,是人生的赢家。她不会坐着等待事情发生,而是主动让事情发生。她即将从航空电子学校毕业,她几乎已成功。

"我认为,我们所有人都认为苏珊娜无法实现自己的才能和理想是一个巨大的悲剧,因为对于她曾充满骄傲服务过的军团来说,有她是一种光荣。我们要记住,她曾是我们中的一分子,而我们将继续前行。只要有人还记得,那么人就不会真正逝去。我们不会忘记。这也许能稍微帮助我们好过一点。她的精神将在她的海军陆战队中永存,并将通过我们,继续践行陆战队的箴言。只要我们理解这句箴言,践行它就能赋予我们极大的满足,这种满足感是我们无法用语言表达的。她将永远是海军陆战队员,正如有人曾经写道:

"她永远不会老去,不像我们留下来日渐衰老;
她永远不为耄耋所难,永远不为残年所累。
每当太阳落下,每当清晨来临,
我们就会想起她。[1]"

乐队演奏了海军陆战队队歌。然后,当孤零零的号手吹响《塔普斯》[2]时,教堂里坚强的海军陆战队员的眼睛无不变得湿润起来。

由于塞德利·阿利的殴打造成遗体严重毁坏,因此人们决定在守夜和葬礼上,将棺材关上。不过,棺材运回华盛顿时,杰克、特鲁迪和斯蒂芬仍然得见她最后一面。

杰克说:"我们必须尽可能知道她到底发生了什么。"

但是,打开棺材盖时,他们仍然震惊不已。她穿着制服,戴着白手套。

---

1 原诗为英国作家劳伦斯·宾阳(Lawrence Binyon, 1869—1943)1914年为阵亡战士所作,题目为《献给阵亡将士》(*For The Fallen*)。
2 即Taps,为升旗仪式和葬礼上演奏的军号旋律。

"我的心在哭泣,我的灵魂在哭泣。"杰克说,"我的内心在尖叫。我的意思是,我简直不敢相信谁能够做出如此丧心病狂的事来。遗体都看不出是苏珊娜了,因为他狠狠地打了她的脸,他们甚至得修复遗体才行。他们尽了最大的努力,但这不是我们心中的苏珊娜。"

守夜时,紧闭的棺材上放着苏珊娜的照片和美国国旗。

1985年7月18日星期四,这是一个温暖而阳光明媚的下午,苏珊娜·柯林斯的葬礼在阿灵顿国家公墓旁的迈尔堡老教堂举行。教堂里容纳不下这么多送葬者,许多人只能在教堂外面参加葬礼。

苏珊·汉德在这之前去了马里兰州的安德鲁斯空军基地,格雷格·冈佐夫斯基在那里接上她。她从没到过阿灵顿,她说这段经历让她后背发凉。

"很可怕。在葬礼期间,我一直在哭。格雷格和我坐在教堂后面。我们都穿着军装,天气很热,但这对于我们来说并不重要。"

重要的是仪仗队抬着紧闭的白色棺材进来。看着这白色的棺材,想到一个纯洁无瑕的生命就此离他们而去,苏珊的心情无比沉重。

这也是斯蒂芬第二次哭。他第一次哭是在得知这个消息的时候,但后来就没再哭过。即使在他们看到苏珊娜的尸体时,他仍没有流一滴眼泪,坚强地支撑着父母。但这个场景让他受不了。

他在纪念册中写道:"苏珊娜,愿您永远安息。斯蒂芬。"

在这下面,特鲁迪写道:"我们将永远爱你,亲爱的蓝色的苏。妈妈和爸爸。"接着画了一颗心和一长串X。

美国海军陆战队准下士苏珊娜·玛丽·柯林斯光荣地葬在阿灵顿国家公墓西侧边缘50区第127号墓,靠近奥德和威泽尔大道。

仪仗队将覆盖在棺材上的国旗拿下来,精心折叠成三角形,然后交给近亲,这是典礼的一部分。在把这面国旗拿下来,折好交给特鲁迪之后,他们又拿出一面国旗,仍然覆盖在苏珊娜的棺材上。然后,他们按照同样的步骤,但这面国旗他们交给了斯蒂芬。他十分珍视那面国旗，会一直保存着，直到他死去。

第二天，来自伊利诺伊州的格伦·艾林（Glen Ellyn）的好朋友杰克（Jack）和比尔·谢泼德（Bill Shepherd）开车将苏珊送到安德鲁斯，她从那儿搭乘军机去芝加哥。回来的路上杰克说："比尔，我现在对死亡的看法变了。"

比尔说："你指什么？"

"我不再像以前那样害怕了。"杰克说，"对于我来说，没有什么能比发生在苏珊娜身上的事情更可怕。现在，我甚至有些期待死亡了，这样我就可以再见到苏珊娜。"

葬礼过了几个星期之后，柯林斯夫妇才能开始了解女儿生前和遇害更多的细节。我提到"生前"，是因为柯林斯夫妇将听到一百多人向他们诉说，苏珊娜如何触动了他们，如何给他们的生命增添了新的维度，这是一个虽然他们自己知道，但因为苏珊娜才真正彰显的维度。充满爱和友谊的信件、吊唁品和礼物塞满了他们家的多个信箱，所有这些都证明苏珊娜是多么特别。许多与他们联系的人，虽然在这之前与他们素未谋面，但直到今天仍与他们保持着联系，仍在探望杰克和特鲁迪。令人感动的是，许多来信让他们了解到寄信人的生活，向他们吐露了寄信人与苏珊娜的交往。几乎每个认识她的人都想要她永远活在记忆里，活跃在他们的想象中。

8月20日，杰克和特鲁迪来到孟菲斯和米灵顿，与同苏珊娜案有关的关键人物会面。他们坚持要看犯罪现场和尸检照片。他们想了解苏珊娜发生了什么，她遭受了多大的痛苦。他们坚持要看尸检报告，并查看她的脸和受伤的身体的特写照片。验尸官不愿让他们承受这么沉痛的信息，告诉他们这是他见过的最坏的情况。

他们坚持要去她被害的现场。杰克说："我们想站在我们女儿的遗体躺的地方。我们想站在她遭受残酷折磨和流血的地方。"

当他们去谢尔比县警署时，戈登·内伯斯（Gordon Neighbours）警长走到他们跟前，进行自我介绍，然后主动给了特鲁迪一个拥抱。他说："我会告诉你我们要怎样对付那个杂种。我应该当场抓住他，然后杀了他。"

在这之前的星期五晚上，斯蒂芬也表达了类似的情绪，当时他坐在父母床边，和他们一直谈到周六清晨。

"我理解你的感觉，史蒂夫。"杰克说，"我完全同意你的看法。但是现在这个人很可能已被拘留，我们不能对他动手。即使可以，难道我们真的要像他一样做一个残暴野蛮的人吗？"

* * *

他们相信司法程序，为他们伸张正义的正是"汉克"·威廉姆斯，没人能比他更合适、更投入。

虽然我们当时并不认识，但"汉克"和我开始职业生涯的地点很相似，时间也很相近。一个区别是他拥有法律学位。"汉克"比我早一年，即1969年加入联邦调查局，担任特别探员。他第一次外派是在盐湖城驻地办事处，之后调到旧金山，在打击有组织犯罪部门工作。他和妻子金妮（Ginny）的第一个女儿在那里出生。他知道在联邦调查局工作需要频繁调动，而他一心想从事法律工作，于是他离开了联邦调查局，搬回田纳西州，担任检察官。

威廉姆斯刚40岁出头。他并不像许多出庭律师那样虚假或过分地夸张演戏，他目的明确，使命感很强。他回忆说："这个女孩参军保卫自己的国家，她住在基地里，具备所有的安全措施，但这种情况仍然发生了。我觉得这是一件可悲的事情。读了案卷之后，我对自己说，这绝对是死刑案。我不会考虑辩诉交易，在和柯林斯一家谈过后，我的决心更加坚定。"

威廉姆斯不仅以法律顾问的身份进行起诉，而且在杰克和特鲁迪·柯林斯急需体制内有个敏锐的人能给他们依靠的时候，成为他们的心理顾问。他始终坚持给他们提供支持，倾听他们的恐惧、忧虑和挫败感，把自己当作他们的支持者，因为他们都参与了审前的诉讼和程序。

威廉姆斯回忆说："当他们第一次到孟菲斯时，他们坚持要看犯罪现场的照片。我害怕极了，因为我觉得他们需要心理帮助，我认为这对于他们来说太过沉重了。但他们告诉我，他们需要了解发生的事情，需要分担苏珊娜的痛苦，所以我最后同意了。但只要看到这样的东西，你就永远忘不了。"

讽刺的是，辩方却试图把一些照片压下来，因为这些照片可能会"激怒陪审团"。

塞德利·阿利的辩护律师是罗伯特·琼斯（Robert Jones）和埃德·汤普森（Ed Thompson），两位都是孟菲斯优秀的辩护律师，威廉姆斯很尊重他们。尽管他认为这桩罪行的性质十分明显，但他知道自己要对付这两个人并不容易。

事实证明，他们和当事人打交道也不轻松。我不是说他一声不吭，完全不开口。但他不会告诉他们任何有关信息或者能帮助辩护的信息。谋杀案发生一年以后，威廉姆斯和他的助手鲍比·卡特（Bobby Carter）努力推动法庭开庭审判此案。

辩方找了一位名叫艾伦·巴特尔（Allen Battle）的心理学家来给阿利做检查。巴特尔博士询问阿利时，他得到的答复与阿利给他的辩护律师的回答类似。对于任何实质性问题，他都会回答说："我不记得了。"

一个面临死刑的谋杀案犯，在犯罪后数小时之内，向调查人员详细坦白了他的所作所为，但几个月之后，却对心理专家说他不记得了。对于这种行为，只有几种方式可以解释。我个人的解释是，除非存在有力的反向证据，否则他要么试图逃避惩罚，要么就是想让司法系统无法给他定罪。一种更具善意的解释是，这名年轻女性之死可能给他造成了巨大的创伤，让他对此完全失忆，从辩护的角度来看，这种解释会好得多。

这怎么可能呢？巴特尔博士很疑惑。毕竟，7月12日，他亲口告诉警探们他的所作所为，告诉他们他杀了她。好吧……如果只有一个人格记得，而其他人格则不记得，因为他们并没有参与其中！

这是艾伦·巴特尔博士提出的解释。他对阿利进行催眠之后对此更加确信。

坦率地说，辩方这时没有多少牌可以打。阿利并不能完全否认他的罪行，他已经承认杀害了苏珊娜，而详细的验尸报告也使她的死因非常确定。如果你是辩方，你会试着营造一种罪行发生的背景，至少能让他摆脱一部分责任。

案子定于1986年3月17日开庭，就在开庭前10天，琼斯和汤普森正式提出了多重人格障碍的可能性。他们声称需要更多时间来研究阿利的状况。庭审被推迟，以评估阿利的精神状态。

阿利被送往田纳西州中部心理健康研究所。在6个月的时间里，6位不同类型的治疗师对他进行了检查，但都未能得出明确的结论。身体检查没有发现任何异常。国防部派来的精神病医生威利斯·马歇尔（Willis Marshall）博士利用药物将阿利催眠，借此机会对他进行了检查，以帮助他克服"失忆症"。通过这种治疗，阿利能够记起1985年7月11日晚上发生的事情。

在催眠作用下，阿利说那晚他分裂成了3个人格。车上有普通人塞德利，他旁边是一个叫比莉的女性，另外还有身着黑色风帽和斗篷的死神，它骑着一匹白马，跟在行驶的汽车旁边。

虽然巴特尔博士认为阿利患有多重人格障碍，但检方请来的布罗根·布鲁克斯（Broggan Brooks）博士却明确排除了这种可能，他认为阿利是边缘型人格。《精神障碍诊断与统计手册》（*Diagnostic and*

Statistical Manual of Mental Disorders）第三版（现在已经到了第四版[1]）——精神病学领域的参考标准——将边缘型人格障碍定义为"在包括人际行为、情绪和自我形象在内的许多方面存在不稳定"。手册写道，边缘型人格障碍包括强烈而不稳定的人际关系、强烈的愤怒，以及以大范围情绪变化为特征的冲动而无法预测的行为。其他4名审查员表示他们不确定，需要更多的时间来研究阿利。

关于将催眠作为法医检查工具，我们都曾看到过或听说过夜总会里常出现的一个情景：催眠师会挑一些观众出来，让他们咯咯地笑，或者说服他们抬不起手来，或者让他们重回埃及艳后宫廷的前世。人们倾向于认为催眠是可靠的事实与纯粹的暗示相结合的产物，如果你停下来想一想，就会发现这两个概念是互斥的。

事实上，催眠并不适用于所有人，我甚至不敢肯定它能对多少人有用。实际上，这是一种帮助对象集中注意力，专注于特定时间、地点或想法的技巧。这就是为什么有时它能帮助警察从目击者那里获取具体细节，如描述嫌疑人的体形或者记起一个车牌号，但是它和测谎仪一样，并非完全可靠。实际上，这意味着在某些情况下，受试者可能会有意识或半意识地得到暗示，说出他认为催眠师想听的东西，或者，由于催眠师让受试者注意力高度集中，他可能更有效地构建出自己想要讲述的事情。我曾看到过一些出色的控制研究，在催眠师的指导下，受试者对确定从未发生过的事件进行了非常细致的描述。我并不是说催眠有效或者无效；我只是说催眠远远满足不了确定性的要求，许多医生、律师、法官和陪审团成员对此都不了解。

关于多重人格障碍：根据我的经验，多重人格障碍是一种通常在逮捕后出现的诊断。但实际上，这种现象非常罕见，所以任何治疗师，只要他对你说他在这方面有丰富的经验，那他从一开始就值得怀疑。

1　第五版已于2013年正式公布。——译者注

在为数不多的有文献记载的病例中，存在多重人格障碍的女性比男性更多，并且几乎都源自童年早期遭受的性虐待。而且，如果你能发现多重人格障碍的证据，你很早就能觉察到。

另一个问题是，尽管多重人格障碍似乎是一个人对虐待或暴力的一种心理反应——他退缩到另一个人格中，以此减轻创伤，或者幻想对施虐者进行报复——但似乎没有任何证据表明多重人格障碍能让原本不暴力的人变得暴力。换句话说，我没有看到任何文献，或者我咨询过的任何专家，提出暴力人格能够接管一个人，并在其他人格不知道或无法控制的情况下为所欲为。

所以，直截了当地说：如果你要以多重人格障碍为理由，尤其是作为暴力犯罪的原因进行辩护，你必须做好证据的记录，并且是一份可以追溯到童年早期的证据，而不是在犯罪发生时突然出现。而且，如果你要将其作为精神错乱进行辩护的话，你必须证明——但我认为你证明不了——其中一个人格应对罪行负责，而其他的人格都无力阻止"他"。例如，在塞德利·阿利的案件中，哪一个人格杀害了苏珊娜·柯林斯？是死神吗？如果是这样，也许他只是在尽本分而已。或者是比莉干的？也许她嫉妒这个女人。还是普通人塞德利？如果是这样，我们可以不管其他两个人格，就审判塞德利自己的罪行。可以肯定的是，某个人格向警方详细描述了杀害苏珊娜的过程，而我研究了笔录，其中没有提到过比莉或者死神，也没有一个女性人格的迹象。

20世纪70年代末，肯尼斯·比安奇和他的堂兄安吉洛·布诺被控在洛杉矶臭名昭著的"山坡扼杀者"案中强奸和谋杀10名年轻女子。比安奇声称具有多重人格，并让几位精神病专家相信。这些精神病专家最终在催眠作用下，确定了10个独立人格——8名男性和2名女性。但宾夕法尼亚大学的马丁·奥恩（Martin Orne）博士指出，比安奇是装的，甚至还展示了其他人格的来源以及比安奇培养和唤醒这些人格的方法。比安奇撤回了他的精神错乱辩解，并开始与检察官合作以避免被判处死刑。比安奇最后被判处五轮连续执行的终身监禁，目前正在服刑。

但是巴特尔和马歇尔博士仍然坚持。马歇尔作证说，阿利小时候受到他父亲的精神虐待，这是多重人格的起源。巴特尔认为，阿利在儿童时期出现过尿道问题，动过手术进行矫正，从而发展出一个女性人格来处理痛苦。他总结说，死神人格是潜在精神病的结果。

同时，审前程序继续进行。

1986年6月8日，也就是苏珊娜20岁生日的那一天，特鲁迪写道：

这个可怕的男人已经承认是凶手，而他的审判却推迟了两次，现在可能还会再度推迟，我们需要耐心，我们在淌血的伤口中寻求解脱，我们知道，苏正在上帝手中，再也不会受到伤害，这给了我们慰藉。

我们必须诉诸法庭，让正义彰显，才能开始疗愈伤痛，这种需求无疑是巨大而沉重的。我们司法体系的漏洞将最终得到司法公正的时间不断推迟、延长，这是非常不人道的。在这个死亡游戏中，罪犯似乎什么牌都有，而受害者却一无所有。

杰克和特鲁迪准备离开家上法庭之前，已经把他们的狗关进笼子里。他们已经走出家门，准备前往田纳西州，这时电话响了，告诉他们审判再次延期。如果电话晚一分钟打来，他们可能就已经上路，最后却白跑一趟。威廉姆斯还有一个任务，就是要让柯林斯夫妇相信，尽管推迟审判让他们极度痛苦，但法官的做法是正确的，给予辩方所要求的自由来证明他们的案情。

但他也承认："由此带来的挫败感是无法想象的。"

经过4次推迟之后，1987年3月上旬，在W. 弗雷德·埃克斯利（W. Fred Axley）法官的主持下，对塞德利·阿利的谋杀审判最终在田纳西州谢尔比县第13司法区刑事法院开庭。

在审判前几天，威廉姆斯和卡特、巴特尔博士谈了谈。尽管他坚持认为阿利是一起多重人格案件，但在两人的施压下，他承认无法确定谋杀案发生时是哪个人格在掌控阿利。

应检方要求，我乘飞机前往孟菲斯。我住在河畔广场酒店，杰克和特鲁迪·柯林斯也住在这里。杰克出庭作证，告诉陪审团苏珊娜是怎样的一个人。

威廉姆斯最初是通过孟菲斯驻地办事处的哈罗德·海斯与我在匡提科联系上的，因为他担心在陪审团看来毫无意义（的确如此）的杀戮中找到作案动机。他说，他最担心巴特尔和马歇尔做得比他好，并且在没有合理的杀人动机的情况下，陪审团会相信他们的说法。然而，事实证明，他们遇到了一个很不错且明智的陪审团，并没有买巴特尔和马歇尔的账。

我去那里主要有两个目的。第一个目的，威廉姆斯和卡特希望阿利能出庭作证。如果他出庭，他们希望就如何给他定罪、如何让他把真实的个性表现出来咨询我的意见，就像我在亚特兰大韦恩·威廉姆斯（与"汉克"·威廉姆斯无关）儿童谋杀案审判期间，帮助地方检察官杰克·马拉德（Jack Mallard）那样。在整个审判过程中，韦恩·威廉姆斯表现得举止温和，像是一个苍蝇都不会拍死的好人。但是，我们知道他自负心很强，可能会坚持出庭作证。一旦他出庭，我告诉马拉德如何从身体和情感两个方面对威廉姆斯发动攻势，让他把情绪全都发泄出来，从而将他的本色展现给陪审团。这是审判的转折点，最终韦恩·威廉姆斯被判谋杀罪。

第二个目的，是从行为学的角度给检方提供分析，他们可以解释给陪审团，以此帮助检方阐明谋杀动机。威廉姆斯在电话里给我描述了这个案子，之后我也查看了完整的卷宗，我知道塞德利·阿利给出的解释完全站不住脚。他说过死亡是个意外，他无意伤害她。总之，这是胡扯。

首先，这是有组织的犯罪，在某种程度上类似于我从韦恩·威廉姆斯那里所看到的情况。谋杀本身既有有组织的方面，又有杂乱无章的成分，同时也向我表明，尽管苏珊娜处于劣势，但她一定全力反抗过。这是一次大胆而机智的绑架，几乎就发生在军方的眼皮子底下。要在苏珊娜所处的情况下制服一个人，即使对于阿利这样魁梧的人来说，也需要攻其不备，才能突袭成功。袭击之后，尽管有两名正在跑步的陆战队员竭力追赶他，但他还是把她拽上了车，并带着她离开了基地。他带着她通过了安全门，把她直接带到一个他知道不会被打扰的地方。你不可能第一次犯罪就干出这么惨无人道的罪行来。他肯定有经验。因此，当威廉姆斯告诉我他怀疑阿利勒死了他第一任妻子，以及加利福尼亚州有两起与柯林斯案类似的谋杀案也可能是阿利干的时，我并不感到惊讶，尽管他从未受到指控犯有这些罪行。

其次，该罪行显然属于"淫欲杀人"，这是特别探员罗伊·黑兹尔伍德和我在1980年4月的《联邦调查局执法简报》中发表的题为《淫欲杀人狂》一文中阐述的类型。通常，这些谋杀都是针对异性和相同种族的人，之所以被称为"淫欲杀人狂"，是因为他们的罪行都包括对生殖器的残害。虽然绑架肯定是机会犯罪，但阿利折断树枝，在受害者还活着的时候把树枝插到两腿之间（如验尸报告所示），这必然是一个反社会的人蓄谋已久、与性相关的暴怒，他要一切按照他的方式进行。

正如我们在文章中所说的那样："淫欲杀人是作案者在痴迷幻想中的预谋。但当机会出现时，凶手可能会马上采取行动。也就是说，凶手是在幻想中精心策划了犯罪，但直到真正犯罪之时，才真正有意识地决定要实现这些幻想。因此，凶手通常并不认识受害者。"

在这篇文章中，我们将淫欲杀人狂分为两大类：有组织的非社交者（organized nonsocial）和无组织的反社会者（disorganized asocial）。尽管我们不再使用非社交者和反社会者这类术语，但柯林斯案属于第一类情况，原因有很多，其中一个原因是创伤主要是在受害者生前而非去世后造成的。

"淫欲杀人"一词可能会引起误会，因为它实际上并不像我们通常认为的那样涉及欲望。塞德利·阿利对苏珊娜·柯林斯并没有情欲；据我们所知，他之前从未见过她。在犯罪分子看来，性行为有许多种形式。大卫·伯科维茨开枪打死了受害者，并没有碰过她们，但他承认，他事后会回到谋杀现场一边回想自己的所作所为，一边自慰。我很清楚，在伯科维茨和阿利的案子中，两个都是在正常情况下毫无权势的人，通过性的方式表现他们的权力。

虽然阿利肯定是个虐待狂，但他并非我们所谓的性虐待狂。与多伦多的保罗·贝尔纳多这样的人相反，施加痛苦并不能让他兴奋起来。尽管受到钝器剧烈殴打，但苏珊娜并没有被灼烧或鞭打，让攻击者从她的尖叫声中得到高潮。尽管她的一个乳头被咬过，但这是一种普遍的愤怒行为，而且攻击者并没有像劳伦斯·比泰克对受害者所做的那样，用钳子或其他刑具来对付她。阿利别有动机。

袭击发生前，凶手的生活中曾有突发事件发生。残忍虐待完全陌生的人——殴打、扒光衣服、用树枝犯下不可言说的残酷行为——表明这是一股投射到他人身上错位的愤怒。由于这类人的人格都不健全，他们无法以成熟、自信的方式与女性打交道，所以他们就用这种行为替代与女性的交往。

我们对淫欲杀人狂的描述是："人们会发现他是一个麻烦制造者和操纵者，他只关心自己。他的反社会行为造成他与家人、朋友和'权威人物'的分歧，他的这些行为甚至包括杀人。这是无法社交者获得社会平等的目标。"

小詹姆斯·克莱顿·劳森是奥多姆和劳森连环杀人组的杀手（而非强奸犯），曾在接受讯问中说："我想切掉她的身体，她就没了人形。我想消灭她，这样她就不存在了。"如果消灭了受害者，他实际上就成了她唯一的拥有者。

在这些类型的犯罪中，用在受害者身上的凶器常常就很突兀地陈列在犯罪现场。柯林斯案的凶器就十分显眼。

阿利声称插树枝是为了伪装成性侵，这一说法显然十分荒谬。除了目击者说听到苏珊娜尖叫以外，内脏器官的受损程度还表明，树枝以相当大的力气插入了三四次。如果只是想要伪装，完全不必这样做。你把树枝插进去又拔出来干什么？

我想告诉检方的是，这是一个愤怒而沮丧的男人，他对生活，尤其是对女性，充满了极大的愤懑，他想通过毒品和酒精来发泄，在那天夜里，他再也无法忍受任何挫败感。当这个年轻的跑步者没有立即接受他，甚至这只是他自己认为的，因为她可能都还没来得及拒绝他，他就已经控制不住自己。他把按捺不住的愤怒全部发泄到她身上。

如果阿利没有被捕，此案作为一个未知作案者犯罪交到我们手里，我们仍会得出一个与实际杀手非常相似的心理侧写：一个蓝领白人，20多岁或30岁出头，没有关系亲密的朋友，没有固定工作，需要另一个人接济，有婚姻问题和家庭暴力史，等等。我们会描述我们认为罪犯在犯罪前的行为类型，并且在犯罪后，他会对亲近的人表现出敌意，还会有体重减轻、滥用药物、缺勤、过度关注案子等现象。他不会为自己杀死了一个无辜的生命而感到内疚或者懊悔，但会非常担心被抓住。他可能会找借口出门旅游。我们知道他熟悉基地和周围地区，这意味着他是当地人，可能住在基地里。我认为他本人并没有服役或被开除军籍，所以他很可能是基地人员的家属。综上，我想我们很快就能抓住他。

这是件好事。因为尽管塞德利·阿利不是标准的连环杀手类型，但他感受不到后悔，因此我认为，只要刺激源合适，他会再次杀人，这一点毫无疑问。这是权力、愤懑和暴怒型犯罪，我不知道有什么办法可以治好这些最极端的人。

如果他是未知作案者，当我们找到他并搜查他的住所时，我认为会找到色情制品和毒品。实际上，当海军调查人员得到授权对阿利的住所进行搜查时，他们找到了毒品用具以及一系列琳内·阿利与另外一个男子的色情合影照片。在楼梯下的储藏室中，他们还发现了一根约50厘米长的棍子，上面缠着胶带，沾有未知的污渍。

当年我们无法用行为特征作证。法院还不接受这种做法。因此，我坐在检察官的身后，做笔记，在每次审判结束后，与他们进行讨论。

万一陪审团成员仍对犯罪动机模糊不清，威廉姆斯和卡特准备用以下证据证明阿利是理性的：阿利和其他几人下午在军官家测试了好几个小时的空调设备，而这些设备在阿利车里被发现。这表明他杀害苏珊娜也许是因为她看到他们偷这些东西，因为军官的房子就在绑架现场附近。在一段时间里，柯林斯夫妇认真地相信了这个解释，因为它至少给了他们一个女儿被杀的具体而易于理解的理由。但坦率地说，我认为这种可能性很低。它并没有说明罪行的特殊性，而这也不是威廉姆斯的主要论点。如果阿利只是因为偷东西被发现而生气，觉得必须让目击者闭嘴，那么他就不会像这样惩罚她。到目前为止，证词令人痛苦万分。

在审判的第二天，弗吉尼亚·泰勒（Virginia Taylor）称，1985年7月11日晚，她和朋友在埃德蒙·奥吉尔公园听到了她所谓的"死亡尖叫"，声音传来的区域正是她之前看到的一辆老式旅行车开往的方向。

谋杀案发生后的第二天下午，阿利在口供中声称苏珊娜之死是一场意外，这份口供的录像在法庭上播放。陪审员听到他坚持说："我绝没有和她发生过性关系。我现在想把这个问题说清楚。"陪审员们都听到了，阿利既没有提到，也没有任何迹象表明存在比莉和死神。

当我听到阿利的认罪，看到他的笔录时，让我感到惊讶的是，这一切在他的版本里就这样"发生"了。他喝醉酒开车，碰巧撞到了正在跑步的女人。后来，当他把她控制住，他却在慌乱中挥舞手臂，甚至没有意识到手里拿着一把螺丝刀，而这把螺丝刀恰好击中了她的头部，刺穿了她的头骨，把她杀死。（要知道，验尸官在苏珊娜身上发现的各种伤痕中，没有一个与螺丝刀刺伤或汽车撞击相符的痕迹。）阿利说她死了之后，他碰巧把手往上伸了一下，摸到了树枝，让他产生了一个主意：把树枝折断，插进她的下体，让这场罪行看起来像性侵一样。弗吉尼亚·泰勒听到的"死亡尖叫"一定是风声或者动物的叫声，因为按照他的说法，苏珊娜这时已经死了。无论如何，整件事情就这样神奇地发生了，阿利几乎没有主动参与其中。当这些坏事发生时，似乎他和苏珊娜只是同时出现在同一地点的两个棋子一样。

当然，这还不是最后的说辞，阿利还以精神错乱进行辩护，巴特尔和马歇尔为其作证。当你用精神错乱进行辩护时，你就为检方提供了多种途径对你的主张提出异议。威廉姆斯宣读了阿利写给不同亲戚的信，在信中他非常理性地说他准备用暂时精神失常进行辩护，还解释了这样做能取得更好的结果的原因。

威廉姆斯自己将阿利治疗团队和其他心理评估人员分为"梦想家"和"现实主义者"两类。他认为，现实主义者的代表是精神科社会工作者黛博拉·理查森（Deborah Richardson），她是田纳西中部心理健康研究所的心理健康计划主任。她仔细观察了阿利几个月，指证他存在幻觉和多重人格的说法与实际表现出这些症状的病人的经历不一致。更具体地说，她指出，他在访谈和评估期间的行为与他在不必"表演"时的行为没有关联。根据她的证词，比莉在男性和女性之间轮流交替。她称阿利沉迷于暴力性行为，养成了与医院的精神病患者混在一起，学习模仿他们行为的习惯。她还透露，阿利曾告诉医院的工作人员，他在供词中撒了谎，这样他的律师就能证明其故事前后矛盾，从而"让他下车"。

威廉姆斯带来了亚裔精神科医生泽吕尔·阿塔尔（Zillur Athar）博士，他磕磕绊绊的英语却将他的智慧和批判技巧表现得淋漓尽致。阿塔尔觉得，阿利对任何评估者都不坦诚，他们因此感到沮丧，便在问询中对他的回答进行引导。阿利十分聪明，能够了解重要的问题和"正确的"答案是什么，所以他开始把答案提供给评估人员。为了测试他的前提条件，阿塔尔给阿利下套，如问他是否曾梦见恐怖的画面或杀人场景，在凌晨3点左右醒来。阿利就告诉随后的询问者，他在凌晨2点50分醒来，梦见了恐怖的画面。

治疗团队的另一位成员塞缪尔·克拉多克（Samuel Craddock）博士曾是田纳西中部心理健康研究所的一名心理学家，他在很长一段时间内坚持认为多重人格诊断是正确的。但是，当他出庭时，他作证说："在我面前，阿利先生从未表现出对受害者的同情。"他认为这不太说得过去，因为阿利向他声称死神是杀死苏珊娜·柯林斯的人格，而阿利本身则是"好人"。

当在法庭上受审时，巴特尔博士无法说出谋杀案中哪个人格在支配。由于他的理论也许是进行精神错乱辩护的关键，所以这一说法越来越站不住脚。即使阿利是多重人格——我再强调一次，没有任何理由支持他存在多重人格——也没有证据表明，在犯罪和审讯期间，除了普通的塞德利以外，还有其他人格在控制他。就是这个人格犯了罪，认了罪，并因谋杀罪受到审判。在我看来，这显而易见。

阿利的母亲简（Jane）试图从心理健康的角度辩护，她为儿子作证，泪流满面地告诉法庭说"他一直不对劲"。黛布拉·阿利死后，她和丈夫获得黛布拉和塞德利的两个孩子的监护权。琳内·阿利在审判时已经离开了他。实际上，她已经离开当地，没有出庭作证。

在因谋杀苏珊娜·柯林斯而被捕之前，没有人能够提供可信的证词，证明阿利存在多重人格。正如威廉姆斯回忆说的那样："没有人能想到任何能提出来的东西，支持他从小就罹患多重人格障碍。相反，不断涌现出来的是他反社会性格的例子。"

最后，阿利选择不出庭作证。如果他作证了，毫无疑问，我们可以系统地把他拆解开来，向他展示他真实的自己——一个卑鄙、虐待成瘾的反社会者，他会仅仅因为心情沮丧且有这样的意愿，就想要并且真的夺走另一个人的生命。

到审判时，阿利瘦了下来，好好打理了自己。我发现这种行为很普遍。实际上，我经常开玩笑说，当案子上了法庭，你向辩护人坐席看过去，通常很难看出哪个是被告杀人犯，哪个是律师。对于辩方来说，用非言语的方式传达"现在这看起来不像是恶贯满盈的杀手，对吧？"这条信息非常重要。

尽管阿利从未在陪审团面前发言，但在整个审判过程中，他的手肘一直放在椅子扶手上，密切注视着律师，并向他们递条子。他似乎显得既不自大自负，也不可悲无助。他似乎是一个一辈子也不愿接受审判的人。

在结案陈词中，鲍比·卡特对陪审团说："你们已经观察了他两个星期，他能够控制自己的行为。"

他总结道："现在，结束寻找借口，让他为自己的行为付出代价的时候到了。"

罗伯特·琼斯试图说服陪审团认定这是"疯子的行为"。罪行可怕至极，一定是"一个明显精神错乱的人的所作所为"。

尽管我很乐意承认阿利确实适合与法律无关的"精神病"的定义，但完全制服一个身体健康的海军陆战队女队员，让她丧失反抗能力，把她运送到更安全的地方后，对她进行折磨，然后布置犯罪现场，是一个残酷的、以自我为中心的反社会者，而不是一个精神错乱的人能做出来的。从基地门卫的证词来看，很明显，在阿利把苏珊娜打晕之后，他把她放在前排旁边的座位上，当他们开车出去时，他把她的头靠在自己肩膀上，装作情侣的样子。

在整个审判过程中，我的心与杰克、特鲁迪·柯林斯在一起。他们看上去极为震惊、十分疲劳、不知所措、一脸茫然。我知道他们已经看过犯罪现场的照片，而且我几乎无法想象父母能够忍心亲眼看到这些照片。我听了杰克的证词，觉得他非常英勇。

当确定阿利不愿作证时，我准备离开孟菲斯回匡提科。第二天早上，我和柯林斯夫妇共进早餐，我们聊了很久。尽管有各种证词，并且他们与"汉克"·威廉姆斯、鲍比·卡特进行了广泛的交流，但他们仍然无法理解罪犯的动机，为什么有人要对他们的女儿这样做？我试着向他们解释我认为发生了什么，就像我向威廉姆斯的团队解释的那样。

在我离开匡提科来参加庭审之前，我去拜访了吉姆·霍恩（Jim

243

Horn），他曾是调查支持小组早期成员，后来和吉姆·里斯（Jim Reese）一道成为联邦调查局里与执法相关的压力方面最优秀的两位专家。我问他，如果情况合适，我可以做些什么来帮助这个家庭。霍恩是一个非常敏感且善解人意的人，他告诉我，我能做的主要事情就是倾听，表现出同情心，"汉克"·威廉姆斯已经做得很好了。吉姆还建议我让他们与被谋杀儿童的父母等支持组织联系，我把这些信息传递给了他们。我立刻就喜欢上了柯林斯夫妇，但当时我还不知道他们日后会帮助洽谈有类似悲剧经历的人，向他们提供咨询。这些是我真正的灵魂伙伴。这就是我从事这项工作的原因。

陪审团进行审议时，简·阿利看到特鲁迪来到她身边。她说："我很抱歉你女儿的遭遇。"她并没有承认是自己的儿子干的，但那已经十分不同寻常。

"我对你实话实说。"特鲁迪回答道，"你是母亲，我也是母亲，我很难过。你的儿子给两个母亲带来了难以磨灭的悲伤。"

经过6个小时的审议，由十位女性和两位男性组成的陪审团裁定塞德利·阿利犯有一级谋杀罪、严重绑架罪和强奸罪。又经过两个多小时的量刑，陪审团建议以电刑方式执行死刑。法官埃克斯利将刑期定于9月11日。

杰克和特鲁迪也像我一样想象"汉克"·威廉姆斯的世界。他是捍卫我们法律制度的真正英雄。他对柯林斯夫妇同样赞赏有加。

"他们比我处理过的任何暴力案件的家庭都更加深入积极地投入案子中。他们一直投入其中，成为受害者权利运动的领导者。"

他们当时还不知道的是，随着陪审团的裁决一起到来的并非结束和解脱，折磨才刚刚开始。

CHAPTER IX
第九章

THE PASSION OF JACK AND TRUDY COLLINS
杰克和特鲁迪·柯林斯的热忱

——寻求正义之旅

1988年10月,杰克有颗牙疼。他去看了牙医,医生检查之后说他需要进行根管治疗。

"好,行。"杰克回答道,"那就做吧。"于是他做了根管治疗。

杰克离开诊所前,牙医说:"你之后会感觉到疼。我给你开点药,在麻醉药过了之后用。"

几个小时之后,麻醉药过了,疼痛变得强烈起来。"很严重,非常疼。"杰克回忆说。

特鲁迪看到杰克的痛苦,提醒他牙医给他开了药。

杰克对她说:"我不会吃这个药。我想全部承受这种痛苦,这样能分担一点苏珊娜的痛苦。"

特鲁迪问:"你什么意思?"

杰克解释道:"我已经很疼了,但我希望能更疼。我要请上帝把所有这些疼痛加起来,回到苏珊娜被打、被折磨、被杀害的那个晚上,从她身上减去同等的痛苦,这样她承受的痛就会减轻一些。"

"杰克,你不能回到过去。"特鲁迪说。

"不,我可以。"杰克回答,"上帝没有时间,上帝是永恒。"

对于这一点,特鲁迪从来不像杰克那样确定,但是这种做法一直是他的一种奉献。"现在,苏珊娜去世以来,我经历的每一次痛苦——

疼痛、紧张、沮丧、焦虑、失落，无论是什么，我全都为她奉献出来。我求上帝在苏珊娜遭受极度痛苦和恐怖之时，将这些痛苦的功绩回馈给苏珊娜，让她的痛苦减轻同样的程度。"

我问杰克，他觉得苏珊娜在塞德利·阿利手中遭受到的可怕痛苦能成就什么。

"就其本身来说，什么也成就不了。"他说，眼里含着泪。即使过了11年，说起这个也并不容易。"一个无辜的女孩死了，就因为当魔鬼要发泄它的愤怒时，她在错误的时间出现在了错误的地点。但在另一个层面上，它成就了很多。它让我们变得更好，更关心别人，更具有同情心。这也激发我们在公民和政治方面积极行动起来，为罪行的受害者和家人争取正义。它让我们伸出援助之手，帮助那些以前可能从未帮助过的人。"

我评论说，在我看来，他们一定生来就是好人。

"我们在努力，人总能变得更好。现在，每当我们听说自己可以为什么人、什么事提供帮助时，我们都会尽力。史蒂夫曾经问过我：'上帝为什么让这么可怕的事发生在苏珊娜身上？'特鲁迪回答说：'世界上有邪恶。虽然有些人想否认这一点，但邪恶就在这世上游荡，我们必须正视它。我们必须抓住每一个机会来对付它。'"

"我对此深有感触。"特鲁迪补充说,"如果我们让邪恶占上风,甚至让它蔓延开来,它就会要了我们所有人的命。很快,邪恶就涨到你的鼻子底下,然后到眼睛,接着你会习惯于此,甚至意识不到它占了上风。"

正如斯蒂芬所说:"没有比我父母更亲密的夫妻了。"他们下定决心,一家人要永远在一起。

特鲁迪说:"如果我们分崩离析,那么塞德利·阿利的胜利就更进了一步。我们不想让邪恶获胜。我不知道我们能不能赢,但我知道我们将一直战斗下去。"

像大多数遭受惨痛损失的人一样,面对苏珊娜的死,杰克和特鲁迪分了好几个阶段才最终接受。

特鲁迪解释说:"我的第一个反应是:'好吧,上帝。我向你祈祷照顾好她。你怎么能让我们失望?'但之后你会变得现实:你知道,上帝没有这样做。

"其他人会对你说:'哦,这太可怕了,里面一定有原因。'我说:'不。没有原因。仅仅是一个邪恶的人想做一件邪恶的事。'"

接下来,她陷入极度脆弱之中。她一直感到焦虑紧张。她私下里在线圈速记本上写下了自己的想法:

如果史蒂夫受了伤,离开了我们,如果杰克生了病,如果我自己生了病,病得很重,该怎么办?为什么这些事情要发生在我们身上?是我们太不在乎,做得太少,忽视了别人的需要吗?还是我们被"选择"受难,无论如何我们都要忍受这些?我问这些问题真是可耻。毕竟,直到现在,上帝还是伟大的,不是吗?

是吗?我们有自己那一份苦难要承受吗?也许还不够。我们为什么事先想好呢?将来会怎样?退休后我们的未来会宽裕吗?一旦发生"可怕"的事件,闲散懒怠可以接受或忍受吗?我们是否曾经考虑过可怕的事情发生的可能性？现在我们要变成什么？与失去我们唯一的女儿相比，还有什么事情能更糟糕？失去我们唯一的儿子？主啊，如果您不希望我们拥有他们，为什么要把他们交给我们？

她开始过于保护周围的人。苏珊娜的一个好友住在附近，常常天黑后一个人跑步。特鲁迪见到她时说："拜托，向我保证，天黑以后，即使在家附近，也别出来跑步了。不值得你这样做，真的不值得。早上锻炼，或者和其他人一起锻炼。求你了。"

最终，特鲁迪说，你必须到达最后一个阶段，接受。尽管如此，她和杰克深知，对于他们而言，最重要的是陪着苏珊娜"走完全程"。在他们做到之前，特鲁迪说："我们的事业就没有完成。"

他们希望看到女儿的凶手付出田纳西州的人们加诸他的终极代价。

他们是有宗教信仰的人，并非睚眦必报。他们说他们甚至不讨厌塞德利·阿利，完全不值得为他付出这种人类的感情。尽管我个人认为，法律范围内的复仇是有益的，具有道德净化的作用，但他们很乐意将复仇问题留给比人更高的权威。他们关心的事情十分纯朴，就是为自己心爱的女儿伸张正义。

与许多——即使不是绝大部分——与暴力谋杀案关系密切，或近距离接触过暴力谋杀案的人一样，柯林斯夫妇赞成死刑。但是，如果有不得保释的无期徒刑之类的刑罚，那至少可以向社会保证，像阿利这样的猎手再也无法残害其他生命。

"只要绝对不会被假释，永远没有希望被假释。"特鲁迪说，"但是我们知道在这个国家，这太荒谬了。"

杰克说："所谓的不可假释的无期徒刑法律可以被更改，要么通过法庭判决，要么新的一批政治人物当选州议会议员时通过立法修改。另外，州长有赦免权和减刑权。就算是死刑判决，我们担心，只要这件事一直拖下去，就有可能被推翻。无论如何，这个行为的性质需要一种比不可假释无期徒刑更严厉、更确定的回应。"

审判和判决以后，杰克和特鲁迪同时进行了两场战斗：保持他们的生活不受侵扰、关于苏珊娜的记忆不被抹去、仍能感受到她在身边的战斗，以及为暴力犯罪受害者及其家人寻求正义的战斗。在这两个方面，他们都不孤单。许多人加入了他们的队伍，并且人数不断增加。他们代表了好人，他们开始发声，用杰克的话说就是："如果社会不认真考虑对最严重的罪行作出有力且有效的反馈，那么我们如何期望公民采取行动？如果罪行没有迅速且无疑地得到有意义的惩罚，你如何能期望一个社会能在人们如何对待彼此方面，拥有一套合理的道德规则和标准？"

他们开始为其他受害者提供咨询，成了社会活动家。他们传递给其他家庭的信息很简单：你们永远也不会和从前一样，不会再完整，但你们可以渡过难关，继续前进，你们的生活仍具有价值，你们能够以快乐积极的方式，让所爱之人的记忆永存心间。

"基本上，我们就是与他们分享自己的经验。"杰克说，"我们会说：'我们正在这样做，但我们没有什么特别之处。你也可以做到。'"

"但实际上你能说的并不多。神奇的咒语并不存在。你表现出你的同情心，他们就会知道你理解他们。你可以把手臂放在他们肩上，简单地说一句：'上帝啊，我很遗憾。'然后拥抱他们，看着他们的眼睛。不要担心会流泪。自从这件事发生以来，关于我们自己，关于悲伤，我们都学到了很多。"

他们分享的另一条信息是，你们要相互扶持。遭受毁灭性打击的夫妇要么彼此更亲密，要么相互离开。意识到这一点很重要。

痛苦常常会把人击垮。特鲁迪回忆说："有时候我很沮丧，不知道我能不能应付。杰克帮助我重新站起来。我觉得有时候他也会很伤心，而我会帮他。"

杰克补充说："如果我没有特鲁迪，我想我会变成一个废人。尽管信仰对于我来说很重要，但还不足以支撑我走下去。我们必须一起，否则我们都不行。"

杰克和特鲁迪还生活在斯普林菲尔德时，会定期参加一个为凶杀受害者幸存下来的家庭成员提供支持的小组。他们对两周一次的聚会十分期待，在那里他们可以与遭受类似创伤的人建立联系，分享自己的悲痛、应对方法和继续生活下去的技巧。这个小组的协调员卡洛尔·埃利斯（Carroll Ellis）和桑德拉·维特（Sandra Witt）成了小组所有成员所珍视且信赖的朋友，而对于特鲁迪和杰克来说，他们是真正的英雄。

小组的核心活动是每月一次的"关怀和分享"会。泪水和笑声一起流淌，信任和理解的纽带交织在一起。此外，成员经常参加与起诉杀害其他人至亲的凶手的刑事诉讼相关的听证会和审判，从而为彼此提供直接的支持。成员还会与执法人员、法官、检察官、辩护律师、惩教人员、缓刑假释官员和联邦调查局探员见面，让他们了解受害者和家人特定的需求。随着时间推移，这个小组越来越善于和媒体打交道。成员开始寻找机会到立法委员会作证。电视台开始报道他们的一些会议和公共活动。

现在，全国各地都有许多这样的团体，涵盖的范围和项目计划各不相同。从特鲁迪和杰克的经验以及他们在各处的经历来看，他们认为"老"费尔法克斯县团体是美国同类团体中最好的一个，可以成为刚起步的团体的榜样，或是在计划内容和方法方面提供经验老到的建议。有兴趣了解更多信息的读者，请联系：费尔法克斯县警察局受害者证人组费尔法克斯同伴幸存者小组主任，弗吉尼亚州费尔法克斯，佩奇大道10600号，邮编22030。

柯林斯夫妇成了像他们这样的人的支持者，开始出现——通常是两个人一起——在电视和广播节目中，对任何愿意倾听的人说："我们是否意识到我们在这个国家正在损失什么？我们是否知道我们正在失去像苏珊娜这样的高素质人才，而他们可能会成为我们未来的救星？我们的社会真的在乎吗？"

"你知道发生了什么。"杰克说，"就犯罪而言，我们每个人都能想象的最糟糕的事情是对亲人残暴、野蛮、恶性的谋杀。然而，这在我们的社会中一再发生。对刑法制度的滥用，让我们今天以漫不经心的方式来处理这些罪行，由此，我们发出的信号是，社会中发生的最坏的事情是可以原谅的，或者不值得我们全力以赴让罪行得到应有的惩罚。于是，你会看到，在芝加哥，有孩子把其他孩子从窗户上扔出去，在纽约，孩子们为了争一件皮夹克而互相杀戮。杀人不再是一件大事。我们什么时候才能对此有正确的认识？"

杰克花了很多时间和精力去思考这个问题，说出了我们许多执法人员的感受。

"现在唯一能让人们提起兴趣的罪行似乎只是'关于社会的'犯罪，你知道，比如破坏环境、种族主义、穷人和无家可归者的待遇太差。这些都是普遍性的，都是集体的罪行。再也没有个人罪过，没有'我对自己的行为负责，我必须对某人负责'了。这些全都没有了，再也没有个人责任，没有自己对自己的责任感。我们不停地面对这样一种情况：坏人和他们的辩护律师会说：'哦，在这样的社会里你能有什么期待？你能希望一个孩子怎么办？'

"那么，谁是社会？社会是人，是必须为自己负责的人。"

从塞德利·阿利受到指控的那一天起，他们唯一追寻的事就是解脱，这个词你会不断地从暴力犯罪受害者和家人的口中听到。只要审判还在进行，只要上诉仍在继续而审判一再推迟，只要还活着的人每次出席听证会、庭审或假释委员会审查时必须重新面对可怕的经历，揭开伤疤，就没有解脱可言。

在整个过程中，他们发现，尽管被告人得到了所有照顾，但罪行的受害者，实际上应该说是受害者们，因为每起犯罪的受害者都不止一个，却被这个体制所忽视。

正如特鲁迪在笔记本中写的：

当别人听到他的愤怒，以及他无缘无故地对这个可爱的年轻女孩做了什么时，他们还能够充满怜悯地看着他吗？社会可以宽恕、容忍这种行为吗？其他人需要知道这是不能容忍的。

在田纳西州，当塞德利·阿利之类的被告被认定有罪，并被判处死刑时，将自动向田纳西州最高法院上诉，绕开了中间一级的刑事上诉法院。庭审记录用了一年多的时间，直到1988年10月才准备好，阿利上诉的口头陈述才完成。那时，他有了新律师阿特·奎因（Art Quinn）和蒂姆·霍尔顿（Tim Holton）。1989年8月，田纳西州最高法院经过差不多两年半的庭审，这已是苏珊娜被害之后4年，才一致批准对塞德利·阿利的定罪和判决。

然后奎因和霍尔顿向美国最高法院提出了标准上诉。1990年1月，申请诉讼文件调取令被拒，实际上这意味着最高法院在案件记录中没有发现任何表明或暗示存在可逆转判决的错误。威廉·布伦南（William Brennan）和瑟古德·马歇尔（Thurgood Marshall）两位长期反对死刑的法官表示异议。但是无论如何，司法系统的漫长程序似乎一直都在往前推进。执行死刑的时间定于1990年5月2日。

因此，那时柯林斯夫妇认为这部分苦难很快就会过去，至少在他们给苏珊娜扫墓时，可以告诉她正义已经彰显。

但这还没有结束。实际上，杰克在两年前就已经得到提示为什么这还没有结束。早在1988年，他就读过美国最高法院大法官威廉·H.伦奎斯特（William H. Rehnquist）的一个演讲稿，内容是关于死刑案件中人身保护法（habeas corpus）上诉过程存在的延误和重复问题。当杰克认识到这意味着什么时，他意识到这可能会给苏珊娜的案子结案带来很大的问题。

人身保护法的渊源至少可以追溯到 14 世纪。从字面上看，这是拉丁语"你有身体"的意思，意在迫使犯人的扣押者在特定的时间和地点，将其带到法律裁判官面前，以对其身体状况进行司法检查。通常认为，这是对抗来自没有正当理由的统治者或没有管辖权的法庭的非法拘禁的基础武器和堡垒。实际上，任何被羁押者都可以以此为依据，请求就羁押的合法性进行听证。

1969 年，最高法院就哈里斯诉纳尔逊案（*Harris v. Nelson*）发表的意见中，大法官亚伯·方特斯（Abe Fortas）表示："人身保护令是保障个人自由免遭肆意非法行为的基本手段，其突出作用得到宪法的承认：'人身保护令的权利不得中止……'令状的范围和灵活性在于它适用于各种形式的非法拘留，能够突破形式的障碍和复杂的程序，一直受到法院和立法者的重视和保护。令状的本质决定了它必须采取主动和灵活的管理方式，以确保其范围内的司法不公现象能浮出水面并得到纠正。"

我认识的人中没有谁会否认这些都是对的，都是正确且应当的，但是必须在正确的背景下进行审视。

根植于盎格鲁－撒克逊习惯法并载入美国宪法的人身保护令（Writ of Habeas Corpus），特别针对的是行政机关，如总统、州长或总检察长等，或者无管辖权的法庭对个人的非法拘留，并不适用于被合法组成的法院按照法律判刑的人员。

但是在 1867 年，随着南北战争结束后，南方各州重新加入联邦，国会通过了一项法令，使这项联邦令状也适用于各州被州法院定罪的囚犯。根据新法律的规定，囚犯必须声明拘留违反了宪法或联邦法律或条约。这条联邦法律规定的是，联邦法院应对州法院的司法程序进行间接审查。但对于州法院确定的适用法律裁决和事实认定，这项规定没有把人身保护令作为重审的手段。联邦审查应该处理诸如正当程序缺失、平等权未得到法律保护、法官的偏见行为等问题。

在阿利计划执行死刑的前一个月,他的律师提交了确定判决重审申诉,声称阿利的原律师无效,从而提出附带诉讼进行上诉。顺便说一句,"汉克"·威廉姆斯认为他的法律对手非常称职,为他们的客户提出了所有可能的问题和疑问。他说:"琼斯和汤普森是谢尔比县最好的辩护律师团队。他们都是非常聪明的人,有一个强大的组织,而且经验比其他任何人都丰富。"

陪审团不接受其论点与律师的有效性无关。

然而,当 W. 弗雷德·埃克斯利法官认定阿利的申诉没有任何依据时,已经是 1991 年 9 月了。差不多一年半过去了。尽管如此,威廉姆斯并没有责怪法官。实际上,他对埃克斯利赞誉有加。他为塞德利·阿利提供了一切可能的机会,因此从任何技术角度都无法翻案。

但是杰克意识到,利用州和联邦人身保护令所提供的手段,阿利的律师实际上可以无限期地推迟判刑。阿利在执行电刑之前,可能已经老死了。

杰克和特鲁迪认为,塞德利·阿利行刑前,他们还要再等上好几年,他们只希望自己能活着看到他行刑。真的到了这一天,他们都想在现场,看着女儿的凶手为他的残忍付出最后的代价。[1]他们一直因为苏珊娜去世时他们不在身边而懊恼,但看着凶手被执行死刑,就是陪着她一起走完整个旅程的最后一步,虽然这于事无补。

1996 年 6 月 8 日,苏珊娜 30 岁生日这天,杰克和特鲁迪决定出去吃饭庆祝。"她生前多么快乐和乐观,我们想为她感到高兴。"杰克解释说,"这是一个美好的夜晚。现在,在她被害和埋葬那天的周年纪念日,我不确定我们能否出去吃晚餐,但是在她生日那天,我们说,是的,

---

[1] 2006 年 6 月 28 日,塞德利·阿利在田纳西州被执行死刑,柯林斯一家没有到场。——译者注

让我们为她高兴。我想我们每年都会这样做。"

他们每天都在以大大小小的方式怀念她。杰克的表带上挂着苏珊娜去世时戴着的项链上的心形金挂坠。斯蒂芬在钱包里放着一张她上高中时的照片。苏珊·汉德后来成为埃尔托罗的空中交通管制员,嫁给了陆军上尉埃里克·马丁(Eric Martin),现在改姓马丁,已经是两个孩子的母亲了。每当她听到头脑简单乐团的《不要忘记我》(*Don't You Forget about Me*)这首歌时,她的眼睛总会湿润。这是她和苏珊娜最喜欢的一首歌。特鲁迪十分怀念和苏珊娜一起做过的事情,可是再也不能和她一起购物,再也没有她在旁边说:"妈妈,那对耳环和这个不搭。"

最近,杰克写了一篇短篇小说,标题是《海军陆战队员的挽歌》(*Elegy for a Marine*),这是他从自己的角度,稍加修饰,对苏珊娜之死的回顾。他说,这是一种情绪的宣泄,是对待这场悲剧的另一种方式,是在她去世那一个小时里分担她的痛苦和精神上与她在一起的另一种手段,因为他的身体无法与她同在。这是对苏珊娜的一生和她的勇气的致意,是我读过的最震撼人心的一部作品,沉痛而深刻地揭示了为人父母的痛楚。

在法律上,他和特鲁迪将不惜一切代价继续为女儿和其他像她一样的人寻求正义。他们建立了一个活着的纪念馆:苏珊娜·玛丽·柯林斯永恒奖学金。它是美国外交协会奖学金计划的一部分。柯林斯奖学金授予外派人员——无论在职、退休还是已故——的子女,供他们完成大学学业——只要他们有需要。

CHAPTER X
第十章

THE BLOOD OF THE LAMBS
羔羊之血——重现案情

1987年3月13日星期五深夜到3月14日星期六中午，30岁的南希·纽曼（Nancy Newman）和她的两个女儿——8岁的梅利莎（Melissa）和3岁的安吉（Angie）——在阿拉斯加州安克雷奇市埃德街自己的公寓内遭性侵后被杀害，这是调查人员见过的最残忍、最残暴的一次犯罪。她的姐姐谢丽尔（Cheryl）和姐夫保罗·查普曼（Paul Chapman）见南希没去上班，才到她家发现了这一恐怖的场景。除了致命袭击之外，还有证据表明家里遭窃。罪行让人心惊胆战，当局十分担心，因为一个恶毒的连环杀手正逍遥法外。安克雷奇市警和阿拉斯加州警立即成立了联合调查小组。

　　在任何可被视作家庭凶杀的案子中，配偶总是第一个被怀疑的人。但是，约翰·纽曼（John Newman）是一个输油管道的重型设备运营商，他和家人从家乡爱达荷州来到阿拉斯加，3个月前因工作受伤，1月3日以来一直在旧金山接受治疗，恢复身体。除了从地理位置上不可能之外，调查人员很快就发现，他对妻女的感情堪称模范，夫妇之间没有任何可疑迹象。

　　即使这些明显具体的原因没有洗清约翰的嫌疑，但我们在听到谋杀案的场景描述，看到犯罪现场的照片之后，也会知道他与这次袭击无关。可悲的是，有些家长的确会虐待、杀害自己的孩子，强奸他们、殴打他们、烧他们、饿他们、捂死他们，有时甚至会用刀刺死他们。但是家长绝对做不出如纽曼的孩子所遭遇的暴行。个人原因造成的家庭杀人案中，男人杀死妻子、前妻或前女友，我们能看到过度杀害的证据：大量的刺伤集中在头部和颈部附近。我们也见过男人杀死全家的案子。但是，无论是用刀、用枪，还是其他方式，现场都要比这"干净"得多。无论男人会对妻子做什么，无论他在杀她时要她经受多重的惩罚，我们都从未见过父亲会残暴地强奸、砍杀自己的女儿，然后把尸体放在外面等人发现。这种事根本不会发生。

安克雷奇市警方和阿拉斯加州警方都是一流的组织，对自己的使命和能力有足够的信心，因此可以很自信地寻求他人的帮助。按照常规，安克雷奇警方的每个凶杀案小组中都有一名地区助理检察官，从一开始就监督调查。新成立的联合调查小组立即与特别探员唐·麦克马伦（Don McMullen）取得了联系。麦克马伦是联邦调查局安克雷奇驻地办事处的心理侧写协调员，向他们总结了会犯下这种可怕罪行的人的类型。他既是一流的探员，也是这一领域的顶级心理侧写师。大约3年半以前，我们曾一起共事，当时他是罗伯特·汉森（Robert Hansen）谋杀案的协调员。罗伯特·汉森是安克雷奇的一名面包师，他绑架妓女上自己的私人飞机飞出城，然后在远离文明世界的林子里捕杀她们。他把这当作一项运动。在为警方对纽曼谋杀案进行了初步评估后，麦克马伦联系了在匡提科的尤德·雷。

尤德在调查支持小组工作了大约两年半，这段独特的经历给他的背景和资质添彩不少。他的执法生涯是从佐治亚州当警察开始的，后来迅速成长为凶杀案警探，再后来加入了联邦调查局。我和他第一次见面是在1978年，当时他是佐治亚州哥伦布市警察局的轮班指挥官，正在本宁堡侦办"邪恶力量"多重谋杀案。1981年年初，我再度和他短暂共事了一段时间，当时他是亚特兰大驻地办事处的特别探员，而我则特意从匡提科赶来协助侦破亚特兰大系列儿童谋杀案。但最后我们并没有因为这个案子共事很长时间。我在别的书中曾提到，1981年2月21日，尤德的妻子雇用了两名杀手，差点在他自己的公寓里杀了他。他由24小时武装警卫看护，在医院度过了3个星期，终于从身体的创伤中恢复过来。但心情的平复所需的时间不止这么多。

我们之间的差别很明显，比如我是高个子、蓝眼睛、白皮肤，而尤德个子矮、结实、黑皮肤，但他可能是最像我兄弟的一个人。我们小组出现几个空缺职位时，他正在纽约担任心理侧写协调员，我立即把他和吉姆·怀特调了过来，怀特当时正在华盛顿驻地办事处工作，曾经侦破约翰·欣克利（John Hinckley）案。

尤德要麦克马伦提供犯罪现场的照片以及迄今为止获得的一切有关案件的材料。当时立刻就有一批照片传真过来，全套照片于周二早上传到匡提科。麦克马伦告诉尤德，根据驻地办事处提供的心理侧写，警方认为他们有了一个很可疑的嫌疑人。当然，在现阶段，尤德不想听到任何潜在嫌疑人的信息，他需要他所说的"中立自由"。

尤德独自一人坐在办公桌前查阅卷宗时，问自己的第一个问题是：哪个受害者在犯罪者手里遭受的折磨最大？

照片证明3个人都经历了可怕的折磨。但尤德很快就得出结论，最猛烈的殴打、最残忍的迫害、最大的愤怒是针对小女儿安吉的。安吉满身是血，右手手指上有防御性伤口。

得是什么样的魔鬼才能对一个3岁的孩子做出这样的兽行？

从犯罪现场的照片可以明显看出，罪犯极度混乱。通过现场血液转移——即血清学专家通过追踪确定受害者的血最终流到了哪里——警方确定，未知作案者首先袭击了纽曼夫人，然后是梅利莎，最后是安吉。还有证据显示，现场有一些没有明显象征意义的仪式性行为，这在极度混乱的罪犯中很常见。这个案子的未知作案者擦拭了安吉满是血迹的身体，从她的阴部到上腹部擦出了一道干净的印迹。

虽然南希是一家夜总会酒吧的女服务员，但受害者研究没有发现她有任何高风险的地方。警察在酒吧询问的每个人都说，她深受所有同事爱戴，人很友善，但对男人绝不轻浮。从所有证据来看，她完全忠于丈夫，从不与顾客交往，也没有吸毒。简言之，她或女儿没有理由在自己家里成为如此兽行的攻击目标。

有一份法医证据可能很重要。谋杀案发生后，凶手在厨房的水槽里冲掉了自己身上的血污。在他用过的毛巾上（毛巾布无法提取指纹），技侦人员发现了虱子。没有证据表明公寓里有虱子，所以虱子一定是凶手带来的。除虱子的线索外，尤德还发现未知作案者必须在他出去之前，认定自己身上的血已经洗掉了，这一清洗自身的情况很重要。为什么他会在现场停留更多的时间，冒着被发现和留下更多证据的风险，而不是回到自己的住处清理自己？一种可能是，他没有自己的住处。这类人通常是流浪者。而且，如果像尤德推测的那样，他熟悉这附近的环境，那么在那里洗干净可能是他自然而然的反应。但最重要的是，如果他在离开谋杀现场之前花时间、冒风险也要清理血污，那么可能意味着这样两件事：他与别人同住，因此他回去时必须看上去是"正常"的；他离开时担心被人看见，这意味着路灯已经灭了，说明凶杀案发生在星期六凌晨而不是星期五晚上。这两种可能要么都成立，要么必定有一种成立。

此案还有一层十分诡异的心理因素。在谋杀案发生前的周四，一个女精神病人打电话到安克雷奇警察局,说即将发生一起仪式性谋杀案,凶手会喝掉十分年轻的女性受害者的血,用她们的尸体献祭。不用说,这个预言让所有相关人员毛骨悚然,特别是当媒体把消息散播出去以后。安克雷奇警方回访了这位女士,对她所述故事的各个方面进行了研究,但是尤德和工作组都找不出任何真正的联系。这似乎只是凶杀案中突然冒出来的巧合之一,这种巧合会让所有人至少在一段时间内偏离正确的轨道。

在咨询了联邦调查局安克雷奇驻地办事处之后,警方设定了地毯式搜索和问询方案,以筛选出符合典型混乱型暴力犯罪者的侧写、曾有过性侵史的人。这是一个 20 岁出头的白人,外表邋遢,昼伏夜出,最多只受过高中教育,没有服过兵役,无业或者从事某种体力劳动,等等。地毯式搜索中浮现出一个很有可能的怀疑对象:一个年轻人,最近刚搬到纽曼夫妇家附近,中间隔了两户人家。他没有谋杀案发生时的不在场证明,警察认为这就是他们要找的人。

尤德认为关于此人只有一个问题。他说:"我一直在回想 3 岁女孩。一直困扰我的是,我坚信受害者肯定认识这个未知作案者。"

但警方逮捕的这名嫌疑人从未见过纽曼一家人。

"理论上,他的确符合我们的模型,但这不是你们要抓的人。"尤德在与工作组的电话会议上自信地说。他们指出,除了他不认识这一家人之外,这人在其他方面都很完美。但是尤德坚持说,在这个案件中,了解这一家人是心理侧写中的关键点。其他因素都没有这么重要——年龄、职业、犯罪前后的行为,都没这么重要。

尤德建议,在调查初期进行对抗性讯问并非上策。如果计划在那个人身上没有成功,那么一切计划都会被耽搁,警察会失去信心和信誉,真正的罪魁祸首反倒会松一口气。

"一个陌生人在屋子里花这么长时间,我不能接受这种假设,他拿走的财物也不是一个陌生人会拿走的东西。当晚,陌生人进入公寓会冒相当大的风险。随着我们得到的证据越来越多,我越来越确定他们抓错了人。"

受害者被用纽曼家里的电线绑了起来。尤德解释说:"如果你只想杀人,完全不必这样做。这表明你希望与受害者进行更多的互动,进行某种形式的谈判。我不认为他们这名首要嫌疑人能有这么复杂的想法,想要在受害者身上花这么长时间。我认为凶手应该具有比这个人更强的人际交往能力、沟通和谈判能力。单从这一行为本身,我解读出许多动态信息,而当我把这些信息与他们想要讯问的人放在一起时,这些信息就像在说,不,不,不。"

伤口的特点并不支持性虐待狂的心理侧写,但确实表现出凶手对每个受害者都怀有极大的愤怒,这是陌生人作案假说不成立的关键原因。一个陌生人不会这样做,他没有理由,也没有动机。这一点无关任何作案手法或者欺骗性识别标志。

另一个原因是他拿走的物品。一台手动35毫米相机丢失,未知作案者还从厨房里的一个锡罐中拿了钱,那是南希放她收到的小费的地方。放锡罐的地方并非一眼就能看到,所以未知作案者要么是在周围找其他东西时发现了这个罐子,要么就是知道它在那里。现在,他在公寓中花了这么长的时间,他当然可以对整个地方进行搜索。但是,房间没有被洗劫的迹象,只是有些凌乱,这与在其他方面显得杂乱无章的罪行相矛盾。你不会把犯罪现场搞得像屠宰场一样,然后又小心翼翼地穿过房间去找要偷走的东西,还把你不想要的东西放回原位。专业盗贼可以做到这一点,混乱的强奸犯做不到。

与工作组的电话会议进行了两个小时,其中一名侦探说:"好吧,尤德,你怎么看?这是我们找到的可能性最大的人。"

尤德重申,他们要找的是一个20多岁的白人男性,对纽曼一家很熟悉。他说,一旦找到这个人,他们会发现这人对小安吉有特别的不满情绪,并且在谋杀案发生前的几天里,他受到了某种刺激,可能与工作或失败的感情有关。

警探说："嗯，她的侄子。实际上是她丈夫的侄子。"

"侄子？"尤德重复道。

"是的，但是他当时在安克雷奇西南方向八九百千米的地方，据我所知，他刚回来。"

尤德说："那就是你们要找的人。"

"你什么意思？"侦探问。

"你们应该调查一下这个人。你们要把注意力放在他身上。"

他的名字叫柯比·安东尼（Kirby Anthoney），23岁，于1985年9月从爱达荷州——阿拉斯加人称"下四十八州"[1]——的双子瀑布来到安克雷奇，并与纽曼一家住了一段时间。

尤德预言他们会发现他的背景有问题，说："查查他的背景。你会发现他的生活中发生了一些事，引发了这次杀戮。"

警方调查了安东尼，发现他的女友黛比·赫克（Debbie Heck）和他一起从爱达荷州过来，两人一直在荷兰港的一条渔船上工作，荷兰港是阿留申岛链众多的海湾之一。谋杀案发生前大约两周，黛比和船长好上了，船长于是开除了柯比。后来黛比告诉调查人员，柯比脾气很坏，打过她无数次。柯比认为船长偷走了他的女朋友，然后让他失去工作避免竞争。他既生气又沮丧地回到安克雷奇。

尤德预测安东尼会十分配合警察的工作，主要是为了弄清楚他们调查进行到哪一步，以及对他的了解程度。尤德说，如果他们没有指控他，那么一旦案子的紧张程度和热度降下来，他就会找个看起来合理的理由离开。

毫无疑问，对他在谋杀案发生后的行为的分析支持将他作为嫌疑对

---

[1] 指美国本土彼此有共同边界的48个州，即除阿拉斯加州和夏威夷州外的48个州。——译者注

象。他曾与约翰和南希住在一起（黛比也和他们住在一起），但他没有参加南希的葬礼。在约翰极度伤心，需要亲人情感支持的时候，他也只是在约翰从旧金山回来时，敷衍地联系了一下。另外据了解，他有一个室友丹·格兰特（Dan Grant），现在住在距离纽曼家大约3个街区的老鹰街。

与尤德的电话会议结束后，安克雷奇市警和阿拉斯加州警立刻找到了他。他们多次询问，他什么也没承认。与此同时，警方正在对他申请搜查令，但在安东尼看来，调查力度似乎逐渐变小。正如尤德预料的那样，这时他准备离开了。阿拉斯加州警预计他会越境进入加拿大，于是通知了加拿大边境巡逻队留意他，加拿大当局以驾驶证无效为由，将他带走。

他们逮捕了安东尼，对他家进行了搜查，他们找到了南希那部35毫米相机，警方对他进行身体检查时，在他生殖器周围发现了虱子。

背景是这样的：约翰遭遇事故而离家接受治疗后，纽曼一家的情况迅速恶化。根据南希的姐姐谢丽尔·查普曼（Cheryl Choman）的说法，柯比开始表现得奇怪。他对孩子们很坏。他没有工作，但和一些游手好闲的人混在一起，南希不想这些人出现在女儿周围。

事实证明，他之所以来安克雷奇，是因为他在爱达荷州惹了麻烦。他是湖边海滩上性侵并差点杀害一名12岁小女孩的首要嫌疑人。但是警方无法提出诉讼，因为女孩脑后受到创伤，无法辨认袭击者。不过，安克雷奇警方与那边的警察局局长联系时，局长说他绝对相信如果没有人正巧路过，女孩肯定会被杀死。

南希告诉过姐姐谢丽尔，柯比让她心里发毛。尤德还认为，有充分的理由认为他对她提出过非分的要求。南希的丈夫没在身边，她感到和他待在一起很不舒服，也不安全，于是让他离开。这时，他和女朋友一起去了荷兰港。

于是，他失去女朋友又丢了工作后，重新回到安克雷奇，感到和周围格格不入，一切都在与他作对。尤德猜想他一定又找到了南希，想让她允许他回去，但她不想再和他有任何关系。

事情可能是这样发生的：周六清晨，柯比来到纽曼的公寓，打算要么让她改变主意，要么报复她拒绝了他。他从窗户偷偷溜进去，来到安吉的房间。他以前也从这扇窗户溜进去过。安吉还在熟睡，于是他来到南希的卧室与她对峙。也许一开始他还十分友善，带着恳求的语气，但可以肯定的是，他早上6点出现在卧室里，让南希惊慌失措，更加印证了对他的恐怖印象。因此，她不可能张开双臂欢迎柯比，并且可能让他滚蛋，再也不要回来。

当然，这证实了柯比的感受，全世界都在与他作对，而这正是他需要把一切发泄出来的触发器。长久以来他内心深处积聚的所有不满终于有了目标，可以宣泄出来。她竟敢这样拒绝他！他一直以来对她的单相思再也不用压抑了。

安东尼有星期五晚上的不在场证明。但是有强有力的证据表明，谋杀发生在星期六早上6点半到7点之间。罪犯在离开之前洗干净身体是一种证明。此外，卧室放着咖啡杯，而尸检和化验报告指出，南希去世时膀胱是空的，所有这些都表明她并不像安东尼的辩护律师声称的那样是在晚上被害的。那天早上他没有不在场证明。

调查小组起草了逮捕令，指控他三项谋杀罪、一项一级性侵犯罪和一项绑架罪。当逮捕他的警察向他宣读对他的所有指控并将他带走时，发生了一个很说明问题的细节。

安东尼的回答不是愤怒、震惊，或者"见鬼！"——这些都是清白的人在这种情况下的反应。他的反应却是："绑架是什么意思？"显然，他不明白为什么有这项指控，因为在他的脑海里，只有这件事他没做过。

但是从技术上讲，在阿拉斯加州等多个州，绑架的一个要素是施加于个体的控制权，以武力或暴力迫使其违反自己的意愿移动，哪怕只是从房间中的一处移动到另一处。

法医根据谋杀现场的血液转移等证据重建了犯罪现场，根据这些证据，不仅可以确定死亡的顺序，而且让尤德清楚地了解发生了什么。

强奸和谋杀都十分残暴。根据罪犯对两个女孩下手之前花在南希身上的时间，尤德推论，尽管南希的强奸是被强迫的，但她也有合作的意愿，她拼命想要和他谈判，争取时间。尤德想象着她说："好吧，别伤害我的女儿。"

"但不幸的是，一旦这样的罪犯犯下了诸如强奸之类的严重罪行，那么他就没有理由不除掉所有可能的目击者。陌生人不一定会这样做，因为他不会被认出来。他也不会认为自己能在房间里找到可以用来控制受害者的东西。"

"而且我认为他真的很想羞辱这个女人。"尤德继续说道，"这是他把她绑起来的原因。我相信有些事情可能是她女儿看着他干的。"

他把8岁的梅利莎弄下床，在走廊里追她。从尸体被发现时的状态和在母亲卧室里发现她的血液可以明显地证明这一点。她被发现时也被绑着。

犯罪现场照片显示，小安吉满身是血的尸体躺在她自己房间的地板上，她的玩具和书散落在周围。谢丽尔·查普曼报告说，柯比曾经给孩子们当保姆，他觉得安吉是"暴君"，每当她表现得像典型的3岁孩子时，柯比就很生气。

凶手像是完成仪式似的将安吉身上的血从阴部擦到腹部，这有可能表明他对杀害第一个侄女感到一丝后悔。不过尤德不相信这一点。"他有足够的时间洗干净自己。他有足够的时间找钱，找相机和其他东西。如果他有一丝丝懊悔，那他也肯定有足够的时间在犯罪现场做些事情，把小女孩或者我们看到的任何东西掩盖起来。但我什么都没看到。有的只是冷血而残酷的杀戮。"

我们在孩子身上看到的可能只是一次并不成功的尝试，他想把如此大量的血迹清洗干净，但他意识到工作十分艰巨，所以只好放弃了。否则，也许只有他自己才了解其中的意义，而我们其他人永远不会知道。凶器是他带去的一把锋利的刀，据称这把刀他总是随身携带。

看着照片，尤德知道凶手完全无法控制自己的野蛮行径。尤德还知道，如果再有类似强度的刺激源，他还会找到新的目标杀戮。杀害小孩几乎是我们能想到的最懦弱的行为，而他很明显是把自己的愤怒转移到孩子身上，打她、残害她。

"你不能踢老板的屁股，不能踢前女友的屁股，你也不能回家找妈妈，但是你可以把所有的力气花在一个无法反击的孩子身上。"尤德说，"无论谁发现尸体，柯比都想震撼到这个人，他知道南希的姐姐很有可能是第一个发现尸体的人。考虑到他在这个家以及在工作中受到的压力，他极有可能已经在脑海里把这些人杀了一百回了。即使他没有在这个场合杀害这些人，但像他这样的人大开杀戒也只是时间问题。杀人的幻想总在蠢蠢欲动。"

安克雷奇地区检察官史蒂夫·布兰奇弗劳尔（Steve Branchflower）指派威廉·H.英格森（William H. Ingaldson）起诉此案。安东尼有两名公共辩护律师约翰·萨勒米（John Salemi）和格雷格·霍华德（Greg Howard）。在着手准备审判时，布兰奇弗劳尔想知道调查支持小组是否有人曾在主要案情陈述期间作为专家证人作证，而不是仅仅作为辩驳证人。答案是我们没有，因为心理侧写和行为分析仍被认为是试验性的新生事物，执法部门里有许多人（更不用说联邦调查局内部了）也不知道该如何处理。

尤德来找我，问是否有过先例。

没有，我告诉他，我们以前从未被允许提供专家证词。我们给匡提科的法律顾问打了电话，他就这一问题进行了查询，但没有找到任何我们在犯罪分析领域作证的先例。我们自20世纪70年代初以来，就一直在不断发展犯罪分析这项技术。

尤德回电给布兰奇弗劳尔，告诉他虽然联邦调查局法务部的人并不反对我们任何人出庭作证，但他告诫说我们从来没这样做过。

布兰奇弗劳尔回答说："嗯，以你的警务工作背景和多年来侦办凶杀案的经验，我想我能让你有资格作证。至少我们要试一下。"

仔细查看阿拉斯加州的法律法规后，他让尤德获得了成为专家证人的初步资格，于是尤德飞到阿拉斯加，准备进行对柯比·安东尼的审判。尤德到达后，法官对能够给联邦调查局多大的自由度非常谨慎。他裁定尤德不能就心理侧写本身作证，但可以就犯罪后的行为特征作证。对于辩方来说，这是一个关键问题，辩护方称其当事人的举止没有表现出有罪的行为。当然，尤德准备好做出相反的论证，因为他已经预言了安东尼接下来的每一步会做什么。

尤德在安东尼案中作证是我们小组第一次有人作为专家就我们的工作作证，在这个过程中，他建立了一个审判的先例，为我们其他人开辟了道路。

在开庭第一天之前，尤德就开始给英格森应采取的策略提供建议。尤德说："关于我的直接证词，我建议他严格按照我们认为对方会采取的辩护策略来，他们会让很多人来说这个人的举止如何，以及这些举止行为意味着什么。"

因此，在直接询问中，英格森向尤德询问他的资格，他参与侦查过多少个案子，一次又一次地看到过什么样的行为，如此种种。但是在交叉询问时，辩方开始偏离犯罪后的行为这一主题，允许尤德在更大的范围内进行回应，尤德自己本来是不允许对这些内容进行回应的。辩方决定不让原计划出庭描述安东尼行为的证人上场。尤德认为，这也许是因为辩方意识到陪审团听了尤德的解释后，很可能对这些行为做出非常不利的解释。

就像我们咨询过的许多案子一样，我们最希望的是被告放弃反对自我归罪的宪法权利，出庭作证，这样至少可以向陪审团展示真实的自己。每天，安东尼似乎都显得更加自大、更加乐观，就好像他身处世界之巅，而不是在接受谋杀案审判一样。有时候似乎是他在引领辩护，告诉他的两名律师该怎样做。他甚至还宣布自己为共同法律顾问。

这正是尤德期待的态度和行为。如果被告骄傲自满，并且有足够的信心认为利大于弊，他会坚持出庭作证。

由于扎实的法证工作，检方对案子很有信心。他们有安东尼的血液和精液，还有虱子。但是请记住，这时法庭还没有运用DNA证据。DNA的首次运用要等到大约一年后，尤德也参与了这个案子，我将在下一章中详细介绍这个奇特的故事。因此，为了得到对安东尼的有罪判决，英格森和尤德希望抓住被告自己前后矛盾的地方。

当警察搜查安东尼的住所时，他们发现了南希的相机。他解释说是南希给他的。对于我们和警方来说，这个说法明显是假的，因为相机里还有一卷胶卷，是纽曼一家上个圣诞节拍的照片。如果他们能让安东尼出庭作证的话，他们认为可以问个水落石出。在读了警方的讯问记录后，尤德确信，虽然安东尼可能很喜欢这部相机，但他并不知道该怎样使用，这说明相机不是南希主动给他的。

"我只想让他把相机拿在手里，让他向法庭证明他不会用，因为在讯问中，他提到了很多他多么了解相机，多么喜欢拍照，而且南希知道这一点。安克雷奇警方的审讯工作做得很好。他们真的搞定了。"

尤德从一个媒体联系人那里听说，关押安东尼监狱里的黑人囚犯威胁要揍他。"我觉得这说不通，但我进一步了解了一下这件事，事情是这样的，他每晚从法庭回来时，他们会大喊'杀婴犯！'，而他则会对着这些人喊种族歧视的脏话。

"所以我在想，嗯，这可能有用。这家伙不喜欢黑人，他对黑人的反应取决于对方的行为。我想，我们可以试着让他的前女友出庭，就坐在旁听席上。我想我们可以激怒他。"

黛比·赫克已经被列入检方的潜在反驳证人名单，以防辩方针对犯罪后的行为特征进行反击，因此她随时可以到场。

在旁听席上，尤德开始坐在黛比旁边。"这完全不具有威胁性。我们只是坐在一起。但我的策略是引起安东尼的注意，一旦他注意到我，我就开始俯身向黛比小声说着审判的事情，询问她对安东尼的看法。每和黛比说一次话,我就会坐得更靠近些。然后我把手放在长椅后面,看起来像是抱着她。虽然我并没有,但我也能看到安东尼极度沮丧。他对他的首席律师耳语了几句话,我知道他在说什么。律师随后站起来要求休庭。"

安东尼和他的律师走进法庭外面的一间前厅。大约10分钟后,他们回来了,两位律师走到法官席前,然后其中一位对英格森低声说:"我没法不让这家伙出庭作证。"

他是想给前女友留下点印象,还只是想说"我比你聪明,黑人探员",抑或他只是要做这类傲慢的被告都想做的事——"我能拯救这场审判"?我们无从知晓。但他知道这个案子检方的证据很充分,辩方没有提出任何可以讨论的东西,他可能已经意识到自己没有什么可失去的了。

媒体似乎对他真的要这样做震惊不已。

我当时在匡提科,尤德给我打电话,让我帮他为英格森想一个进攻策略。正如我在亚特兰大对韦恩·威廉姆斯的审判中建议的那样,我建议检察官缓慢而有条不紊地开始,逐渐增强安东尼的信心,让他认为自己赢了。然后,一点一点地,检察官越来越靠近,直到开始侵犯被告的个人空间感,然后锁定他前后矛盾的地方。关键是要出其不意地拿下他。

如前所述,我总是喜欢用一个与谋杀有关的实物或符号,让被告可以触摸、把玩,或者盯着看——对于无辜者来说,这东西没有任何特别的意义,但会引起犯罪者十分清晰的情绪反应。在玛丽·弗朗西斯·斯托纳遇害案中,是达雷尔·吉恩·德维尔用来砸她头的石头。在对挺波·苏的审判中,是德里安娜·亨沽有血迹的内裤。当尤德告诉我相机的事时,我认为这是完美的工具,它可以让陪审团确信,安东尼说的一切都是谎言。

这正是英格森所做的。他慢慢地开始,然后逐渐向行凶者靠近。突然,他停止了提问,开始谈起相机来。他利用安东尼在警方讯问时所说的话,问他用过多少次这个相机。他向陪审团描述了相机的情况,然后他拿起相机，交给证人席上的安东尼。

"给我解释一下怎么样？"他问道，"什么是光圈？"

尤德回忆说："安东尼看了看相机，接着又看了一会儿，然后说：'我对光圈一无所知。我只是拍照。'"

"嗯，那你拍的照片质量如何？好不好？"

"我拍的照片一直很不错。"

"你可以看到他开始屈服，因为陪审团看得很清楚，这家伙对相机一无所知。相机肯定不是别人给他的，因为他并不知道怎么用，所以是他在杀人后偷走的。他彻底把自己吊死了。"

审判持续了8个星期。在结案陈词后，陪审团在星期五结束庭审。陪审团周末休会，然后在星期一上午继续审议。大约4个小时后，他们回到法庭上，对所有罪名作出有罪判决。

安东尼被判处487年监禁。到目前为止，他所有的上诉都失败了。上诉的争议之一是，一名联邦调查局探员对犯罪行为作证这一行为不恰当。由于我们的证词越来越被广泛接受，没有一个法院对这一论点表示赞同，今后也不太可能。

就在审判结束前，尤德和约翰·纽曼去露营了一次。他们披荆斩棘，冒险进入偏远地区，来到山里的一个原始湖泊，踏足人迹罕至的地方。两人在一起度过了一个周末。

"我们的谈话开始涉及他的家庭生活，谈到生活曾经是什么样，现在又变成了什么样。看着他盯着万里之外的月亮，我永远也忘不了他，忘不了他经历了什么。他需要知道发生了什么。他试图从我嘴里套出他的家人在最后一刻都经历了怎样血淋淋的痛苦。我不能把这件事原封不动地讲给他听，那样太痛苦了。但我十分理解他的需要。即使有我这样的经历，我也想象不出一个男人失去妻子和两个女儿是什么滋味。"

正如我在苏珊娜·柯林斯谋杀案中所经历的那样，一种强烈的感情在尤德身上油然而生。"最后让我触动的是，那些爱着这些人的人，那些被他们撒手留在这个世界上的人，每天都必须面对这一切。从那以后，这种事在我身上发生过好几次。"

庭审结束后，尤德试图与约翰·纽曼和谢丽尔·查普曼保持联系，尽他所能提供情感上的支持。这是我们小组的典型做法，也是让我们的工作既充满压力，又能得到个人回报的一个因素。

柯比·安东尼被定罪，这是尤德特别满意的时刻，这位曾经的警察和凶杀案侦探习惯于处理事实和确凿的证据，现在他要进行推测、发表意见，让自己置身于对手的脑海中。

"在我来到小组的那段时间，我对通过一堆照片之类的东西还原犯罪现场还有些保留。但后来我意识到，小组里的人并不是因为学过某种特定的学科——心理侧写——才能做到这些事情。真的，这是一个各种学科的集合，需要对法医心理学、法医病理学、文化人类学、社会心理学、动机心理学等有深入透彻的了解，当它们正确地结合到一起，并通过你的调查技术进行理解时，所有这些东西就整合到了一起。这不是谋杀案调查的灵丹妙药，但如果没有这样的理解，我不知道你如何有效地处理这些案件，所有东西都依靠分析，你会在离开时说：'嘿，我有理由相信你抓错人了，更有理由相信你现在调查的人才是你应该花精力的人。'正如我在这件案子中说的。"

要弄清楚是什么造就了一个优秀的心理侧写师和刑事调查分析员并非易事。其中一个关键的技能是能够在你自己的脑海里重现剧情中的两个主要角色——受害者和袭击者——之间发生的故事。尤德曾是一名凶杀案警探，警探的工作就是尽可能多地收集一些细小的信息，然后把它们整合成一个逻辑连贯的罪行进行陈述。这就是为什么我总是发现好的警探是好的说书人。但我认为无论是尤德还是我都无法确定，他杰出的能力在多大程度上与他丰富的从警生涯有关，有多少是天赋和本能，又有多少是土生土长的街头智慧，也不知道是否与他曾是受害者有关。

当他着手处理柯比·安东尼的案子时，他离被袭已经过去了6年。

"即便如此,"他说,"我每次看到犯罪现场时,还是不能把我的经历隔绝开。有些案子比别的案子更难。我想,如果是刀割的情况下会容易些,但当有造成类似我的伤口的枪击时,情况就尤其困难。我想我更关注那些犯罪现场。

"但曾经受害只是一个因素。我曾濒临死亡,我想这让我对特定犯罪现场的受害者有更深入的了解。我有那种意识,因为我经历过。通过一种奇特的方式,我几乎可以把自己置身于犯罪现场,当我看着这个女人时,我差不多能想象出她遭受的一切。当我看着一张照片时,我几乎就是在回想我挣扎过的那些分分秒秒……但她没有挺过来。我通过这一点来思考发生了什么,没有发生什么,可能发生了什么,存在哪些可能性。从某种意义上说,这就像穿着她的鞋走路,但在那晚成功地走出了黑暗。"

几年前,尤德离开了调查支持小组,现在是国际培训和援助小组组长,也在匡提科。他确实已经走向世界了。现在他在二楼的办公室有一扇窗户,这是他和我们一起工作时从未有过的,因为我们的办公室都在地下约18米的地方。不过,尽管目前尤德在联邦调查局工作更"主流",但他对过去工作的信心和热情一如既往。

"调查局必须在更大的范围介入。我绝对相信答案就在其中。今天世界各地,特别是在美国,所有这些悬而未决的案件留下了大量纸质档案,我觉得这些案子是可以解决的,因为这些犯罪现场存在共性,联邦调查局需要再次引领对调查程序的调整浪潮,把这件事推进到下一个层次。我认为,无论是心理侧写、犯罪现场分析,还是我们所做的其他工作,我们都只触及了表面。"尤德断言,"我想,如果我们真的做了更好的工作,回到监狱研究犯人,补充人手,真正把时间花在我认为最紧迫的问题上——针对我们公民的暴力犯罪——我们就能够取得长足的进步。我觉得联邦调查局在这里可以发挥很大的作用。"

CHAPTER XI
第十一章

HAVE THEY GOT THE WRONG MAN?
他们抓错人了吗?——拯救无辜的人

32岁的卡罗琳·哈姆（Carolyn Hamm）工作勤奋，是历史保护领域的律师，但她已经两天没在华盛顿特区的办公室露面了，这很不正常。一般来说，即使是迟到5分钟，她也会打电话。但这次她错过了好几个约会，而没有提前取消或者之后跟进。一开始她的秘书并没有着急，因为秘书知道这些天卡罗琳正在筹划去秘鲁度长假，她十分需要这个假期。但是，3天之后她仍然没来上班，秘书便慌了。她打电话给卡罗琳最好的朋友，请她去卡罗琳家看看。这是1984年1月下旬发生的事。

卡罗琳的家在弗吉尼亚州阿灵顿市南二十三街，是一栋修长的白色隔板房间，深色的百叶窗和房子对比鲜明。她朋友到达的时候，注意到前门开了一条缝，雪可以飘进去。这根本不像卡罗琳会干的事。她有些害怕，在街上找到一个年轻人，让他和她一起进去。

他们在地下室发现了卡罗琳裸露的尸体，面朝下，躺在车库门口。她的手腕被一截从百叶窗上扯下来的绳子绑在身后，脖子上套着绳套，这是一截绑地毯的绳子。绳套拉出来的绳子越过天花板上的管子往下，最后绑在卡罗琳停在车库里的菲亚特车的保险杠上。他们在她身上没有看到血迹或者瘀伤，但显然她已经死了一段时间了。

阿灵顿警方赶到后，确定凶手是从地下室的窗户进入房子的，那里有一根连接干衣机的通风软管被拆了。绳套原来绑着的地毯卷上，有一把约15厘米长的刀，大概是未知作案者用来制服她的。除了卡罗琳钱包里少了一些现金之外，房间里似乎什么也没丢。钱包是在楼上发现的，里面的东西被倒在了地板上。警方勘查了周围地区，结果什么也没发现。没有人，甚至连邻里联防员都没有注意到任何异常情况。

通过验尸，法医在受害者的口腔、下体和直肠周围发现一种类似凡士林的润滑剂，下体和大腿上有精液。楼上客厅的浴袍上也有精液的痕迹。她的左脚脚背有一处小擦伤，说明她是从楼上被拖下来的。死亡时间估计在1月22日晚上10点以后或1月23日凌晨。

警探罗伯特·卡里格（Robert Carrig）和查克·谢尔顿（Chuck Shelton）从受害者研究开始。卡罗琳·哈姆和华盛顿大都会区许多受过良好教育的年轻专业人士一样，大部分时间都在她的工作地点，位于市中心的著名律师事务所中度过；她的邻居对她并不了解。朋友们说她独来独往，不是在酒吧勾搭男人的那种类型。事实上，她只谈过几次恋爱。警方发现了一封前男友写的措辞愤怒的信，但他的嫌疑很快就被排除，因为他的不在场证明得到证实，袭击发生时他并不在州内。

两名警探推断侵入者于1月22日下午闯进受害者家里，等着她回家。目前尚不清楚的是，这起犯罪在多大程度上是有预谋的：是抢劫强奸案过了头,还是他一直就计划杀人?阿灵顿很少发生谋杀案,尽管该县和华盛顿特区就隔着一条波托马克河,而华盛顿特区是美国谋杀案发生率最高的地区之一。阿灵顿平均每年只有四五起谋杀案发生,这里的8位抢劫和凶杀案警探的重心都在抢劫案上,有凶杀案发生时,他们就轮流处理。

事实上,这次不该轮到卡里格或者谢尔顿来处理这起谋杀案。哈姆谋杀案本来归乔·霍加斯(Joe Horgas)警探负责,但发现尸体时,他碰巧在外地参加家庭活动。霍加斯在阿灵顿警察局工作了16年,而他上一次侦查凶杀案已经是两年前了。大约过了一周,他回到镇上,忍不住要调查这个案子。他在调查中注意到,强奸凶杀案发生前后,哈姆家附近的街区报告了两起非法入侵案。除地点接近外,这两起非法入侵的其他一些特征与哈姆案也很类似。3起案件中,作案者都是从一个小后窗进入屋内的。

其中一起入侵事件是,作案者与一名单身女性居民搭讪,持刀威胁她,对她进行了性侵,并索要钱财。她反抗时,他砍了她一刀,然后逃走了。她向警方描述了袭击她的人:一名黑人男性,大约高170厘米,身材瘦小,戴着帽子、手套和面具。

第二次闯入时,入侵者显然等得不耐烦了。他在受害者回家前就离开了。但他给她留下了一些东西:在她床上发现了色情杂志,还有一根百叶窗绳。霍加斯认为,这3起案件显然有关联。他还发现这3起案件与过去几个月附近发生的一系列强奸案有关。

第一起闯入案受害者提供的描述与被警方称为"黑面罩强奸犯"的嫌疑人相符。1983年6月以来,阿灵顿县至少有9名受害者描述了同一个蒙面强奸犯。霍加斯发现没有人调查这些罪案与谋杀案的关系,于是他把自己的想法告诉了上司弗兰克·霍金斯(Frank Hawkins)警长。霍金斯提醒他哈姆案不是他的案子,但鼓励他继续追查与入侵案的关联。霍加斯向北弗吉尼亚州、哥伦比亚特区和马里兰州的各部门发布了一份地区电传信息，描述了嫌疑人和在受害者家门口看到的一辆汽车。也许有人会认出他们要找的人。

在此期间，卡里格和谢尔顿来到匡提科，与我和罗伊·黑兹尔伍德会面，想了解凶手的心理侧写，以及在抓到这样一个嫌疑人后如何审问他。我们有犯罪现场的照片和验尸报告，但几乎没有法医证据。我们在孤立地办这个案子，并不知道有没有其他案件可能与之相关。现场有很多相当复杂的犯罪手法，表明这是一个经验丰富的凶手。那时我们遇到的强奸谋杀案几乎都发生在同一种族内。事实上，今天基本上也是这样，这类罪犯往往以自己种族的人为目标。基于此，罗伊认为可能是一个30多岁的白人男性，我同意这个看法。现场同时存在成熟和不成熟的迹象：扔掉钱包只拿现金是不成熟的，而捆绑却十分仔细，没有造成其他伤痕或伤口，这是一个成熟凶手的标志。这可能意味着有两名罪犯，或者一名凶手具有两面性。

卡里格和谢尔顿把他们在匡提科记的笔记与掌握的线索进行比对。与此同时，霍加斯每天检查电传打字电报机，但没有收到任何答复。1984年2月6日，卡里格和谢尔顿逮捕了37岁的大卫·瓦斯奎兹（David Vasquez），指控他在两周前谋杀了卡罗琳·哈姆。

瓦斯奎兹最近从住在哈姆家附近的朋友那里搬了出来，搬到马纳萨斯和他母亲同住，马纳萨斯离这里大约一个小时的车程。然而，发现哈姆尸体前几天，有两位邻居报告说在她家附近见过他。

警探们来到瓦斯奎兹曾经住过的房子，在他的老房间里发现了色情杂志，大多是《花花公子》（*Playboy*）和《阁楼》（*Penthouse*）这种，其中一本杂志上有一张一个女人被捆着，塞着嘴，脖子上还缠着绳子的照片。警探们还发现了他透过窗户拍下的女性脱衣服的照片，很明显，这些照片是在她们不知情的情况下从远处拍摄的。发现这类罪犯拥有大量的色情制品——无论是购买的还是自己制作的——这并不罕见。尽管我不相信有任何可靠的数据显示色情作品能诱导男性出门进行性犯罪，但我们的研究确实表明，某些类型的虐待狂和束缚性质的材料会助长那些已经有这方面倾向的人的幻想。因此，尽管一个男人想看杂志上的裸体女人没有什么不正常的，但一张捆绑照片却很接近真实发生的犯罪行为，而"偷窥照片"至少表现出侵犯他人隐私的想法。

卡里格和谢尔顿是在马纳萨斯的一家麦当劳逮捕了瓦斯奎兹，并把他带来进行审问。当时他正在马纳萨斯履行监护职责。在几次审讯过程中，瓦斯奎兹对谋杀供认不讳。

法医证据无法将他与哈姆尸体或者浴袍上的精液样本联系起来，但现场的毛发样本与瓦斯奎兹的阴毛特征一致。而瓦斯奎兹说他当晚在打保龄球，这个不在场证明无法得到证实。他母亲后来为他担保，说他和她在一起，但之后改变了自己的说法：她告诉调查人员她在工作，不知道儿子在哪里，无法提供证明。

瓦斯奎兹生活中的一些细节，比如他的工作性质，以及他30多岁还与母亲住在一起，都表明他的智商不高。调查人员因此认定他一定有同伙，他看起来不够聪明老练，不足以独自作案。在混合型犯罪现场，罗伊·黑兹尔伍德和我偶尔会遇到两个罪犯共同作案的情况。警方认为现场的不成熟迹象可能是瓦斯奎兹留下的。他此前已知的唯一的犯法是十几岁时从一家洗衣店偷硬币。

指向存在同伙的证据包括精液样本、房子外的两套鞋印，并且大卫·瓦斯奎兹需要某些方面的协助，比如他并没有开车，谋杀当天他在马纳萨斯上班，第二天早上7点却能准时回去上班。这么早还没有公交车，他也没有其他的出行方式。必须有人开车送他到哈姆家然后再回去。大卫·瓦斯奎兹也不强壮。他的同事告诉警方，他很难从卡车上卸下14千克重的箱子，而哈姆比瓦斯奎兹至少重这么多。无论从体力还是心理上说，瓦斯奎兹都不可能单独行动。调查人员和瓦斯奎兹的律师想让他供出这起残忍罪行的主谋，但他不愿透露任何姓名。

他的律师甚至让他喝下一种叫作"真相血清"的化学制剂来接受审讯，但他仍然只自己认罪，所以他们没有用它来为他辩护。

对他不利的证据包括3份口供录音带和两名看到他在现场的独立目击者。最后，大卫·瓦斯奎兹对针对他的二级谋杀指控进行了阿尔福德式认罪（Alford plea）——不是真正认罪，但承认检方有足够的证据对被告进行审判，并判定他犯有更严重的罪行。通过认罪，瓦斯奎兹的律师避免了他被判处死刑的可能。这样他只被判入狱35年。

尽管许多人相信还有一个同伙，但哈姆案最终还是了结了。

1987年12月1日，911接到报警电话，派出阿灵顿警察去"检查一名妇女的情况"，她的邻居说她不开门也不接电话，而且已经好几天没人见过她了，因此有些担心。通常情况下，警方接到此类报警后会发现一位老人在洗澡时摔倒或心脏病发作。但这一次，巡警威廉·格里菲斯（William Grifith）和丹·博雷利（Dan Borelli）发现的是一个年轻得多的女性，但她的命运比洗澡时摔倒或心脏病发作悲惨得多。

在接到911报警电话13分钟后，两名巡警来到这座乔治风格[1]的两层砖房，随即发现了一些可疑的迹象：后门没有锁，门开着，顶到了抵在门把手后面的椅子。进屋之后，他们看到地板上有一个钱包，里面的东西被随意地倒在外面，同时立刻闻到了一股独特的腐臭气味。

在楼上的卧室里，他们发现了苏珊·M. 塔克（Susan M. Tucker）的尸体，她脸朝下，赤裸着躺在床上，头悬在床沿外。凶手用一根白色的绳子紧紧地勒在她的脖子上，她的手腕被捆在身后，勒脖子的绳子顺着背部往下，在捆手腕的绳子上打了个结，另一根绳子缠在打结

---

[1] 乔治风格（Georgian Style）建筑是指1720年和1840年之间，在大多数英语系国家出现的建筑风格，这一时期恰逢英国国王乔治一世、二世、三世和四世统治英国。这种风格的建筑本质上是古典主义建筑，强调结构对称。——译者注

的地方。一个睡袋放在她的身体中央。卧室被洗劫，衣服、银行账单和其他个人物品散落在各处。

虽然苏珊·塔克已经结婚了，但在过去的几个月里，她一直独居，她的丈夫雷吉（Reggie）在威尔士。他是威尔士人，3个月前离开这里，在那边找了一份工作，安顿好了家。她几周之后就要过去和他一起生活。

11月27日，星期五，这对夫妇通过话之后，苏珊错过了30日星期一他们约好的一次通话，当天晚上和周二的电话她也没有接。苏珊很有责任心，一丝不苟地遵循习惯。雷吉在他上班时联系不上苏珊很担心，打电话给苏珊在马里兰州的一个表妹，她答应第二天去看看苏珊。就在此时，他打回家的电话通了，犯罪现场探员里克·肖姆布斯（Rick Schoembs）警官接了电话，告诉了他苏珊的死讯。肖姆布斯很负责地没有透露她是被谋杀的，因为在调查初期，任何与受害者有关系的人都要被视为嫌疑人。

最初，唯一有用的发现是从受害者身上和水槽里取下的几根毛发。毛发的颜色很深，似乎是阴毛，不可能是红头发的受害者或她丈夫的。那一周晚些时候，最初报警的邻居在房子附近的一棵树上发现了一块毛巾，雷吉证实是苏珊的。

肖姆布斯和他的搭档约翰·科尔（John Coale）认为这是一个手法老练的盗贼。他们检查了所有可能提取指纹的地方，但发现凶手可能接触过的每个地方都被擦干净了。他甚至擦掉了他爬窗时在洗衣机上留下的鞋印。

与哈姆案一样，作案者只拿走了受害人手头的现金。受害者存下来的硬币和信用卡很容易就能找到，但并没有被拿走。

这一次轮到乔·霍加斯警探领导谋杀案调查，从一开始，他就觉得这是杀害卡罗琳·哈姆的凶手再次作案，尽管大卫·瓦斯奎兹还在监狱里。除了捆绑、扼杀的方式以及尸体摆放的位置以外，现场还有其他相似之处。凶手从后面洗衣房的一扇窗户进入房间，窗户很小，很难想象高大的凶手能通过窗户钻进来。两个现场的指纹都被抹去了，两个家中都有一些财物被盗，包括把受害者钱包里的东西倒出来。尽管塔克的尸体已经有腐烂的迹象，但调查人员发现，和哈姆一样，受害者没有反抗，也没有任何防御性伤口。她家离哈姆家只隔了4个街区，从卧室的窗户几乎可以看到哈姆家。

但这一次，凶手自己带了绳子。雷吉看到取样时没认出来。这根绳子是在洗衣房靠近歹徒进入的地方发现的。凶手傲慢自大，在优雅的餐桌前用一把锯齿状的长刀切了个橘子，平静地吃了半个。

甚至受害者研究也很相似。与卡罗琳·哈姆一样，苏珊·塔克是一个低风险的受害者，44岁，白人，是一名专业人员，是美国林业局的技术作家和编辑。每个人对她的评价都是工作可靠，性格有点孤僻，没人知道她有什么敌人。她只有丈夫和几个密友，不太可能接触陌生人或者被陌生人带走。

霍加斯知道，一个这么狡猾的杀手不可能被邻居看到，也不会犯其他愚蠢的错误。他建议肖姆布斯尽可能地多调查犯罪现场，因为他认为案件将取决于他们找到的法医证据。行凶者看起来可能在现场洗了手或者洗了澡，他们甚至把水槽和浴缸的排水管都拆了下来。

法医弗朗西斯·菲尔德（Frances Field）医生后来估计受害者是在周五晚上到周日早上被杀的。受害者是被绳索勒死的。在尸检之前，肖姆布斯使用物理证据恢复工具包从受害者身上收集精液和其他体液等证据，这是处理人身攻击案件的标准程序。

考虑到与哈姆案的相似之处，调查立即针对1984年大卫·瓦斯奎兹那个可能更狡猾，但从未透露姓名的同伙展开。正当调查人员深入调查受害者的背景，询问她们的邻居时，霍加斯来到白金汉姆矫正中心看望了瓦斯奎兹，白金汉姆矫正中心是弗吉尼亚州3所戒备森严的监狱之一。1984年，瓦斯奎兹的辩护律师之一里奇·麦丘（Rich McCue）也来了。

霍加斯给瓦斯奎兹带来了一支雪茄,因为查克·谢尔顿告诉他瓦斯奎兹喜欢雪茄。很快他就敞开心扉,但不是霍加斯希望的那样。瓦斯奎兹哭着说,他刚到监狱就被人袭击,他说监狱里的生活就像是地狱。他在那里待了快4年,从来没人去看过他。尽管他急于出去,但没有提供有帮助的信息。

霍加斯离开监狱时担心他们可能抓错了人。更糟糕的是,他们又有了一桩谋杀案,可能还是同一个凶手干的。霍加斯开始重新审视把瓦斯奎兹定罪的案子。

的确,瓦斯奎兹供认了几项罪行,但他被审问的方式是不恰当的,而且我们知道,对于一个被动且不够成熟的人来说,这种方式是无效的。笔录和审问显示,他们对他使用了"好警察和坏警察"的手法,提高嗓门,猛击桌子,把他困在一个没有窗户、充满雪茄烟雾的狭小审讯室里。最终,他似乎崩溃了。他全部的供词似乎都建立在他们给他的信息基础上。

辩方的心理专家支持霍加斯的想法。他们认为,瓦斯奎兹心智功能低下,不明白他与调查人员谈话的意义,很容易感到困惑和不知所措。

之前指向存在第二名罪犯的证据现在却困扰着霍加斯:瓦斯奎兹不会开车,那他是怎么到哈姆家的?为什么精液不匹配?相似的毛发和一些可疑的目击证人的说法足以定罪吗?

由于没有新的线索,大卫·瓦斯奎兹也没有提供他"同伙"的任何信息,于是霍加斯回到他最初的理论,即凶手就是在谋杀发生前6个月闯入附近另外两个住宅的人,也就是在全县行凶的那个黑面罩强奸犯。他开始仔细研究所有这些罪行。

1月发生了一起闯入事件,一名女性报警说有人从地下室的窗户进入她家。除40美元现金和几条金链子外,什么也没拿走。但是窃贼留下了一些奇怪的东西:在她的床上留下了一个纸袋,里面有一根胡萝卜、三本色情杂志，还有几根从百叶窗上剪下来的绳子。入侵者还在床尾的地板上放了一个水桶，里面装着毒品用具和一小瓶普鲁卡因，这是一种处方局部麻醉剂，有时被非法用作性刺激剂。调查警员里奇·阿尔特（Rich Alt）从入室盗窃的受害者那里得知，她的一位邻居告诉她，他不好意思向警方承认，留在她家里的一些物品是从他家偷的，而他家就在隔壁，也是同一天晚上被人闯入。他们的房子离卡罗琳·哈姆家只有两个街区。

发现苏珊·塔克的尸体一周后，乔·霍加斯偶然有了一个关键性的突破：里士满警察局凶案组提供了一条区域信息。信息是1987年10月6日，即两个月前发出的，提到9月和10月初里士满发生的两起谋杀案。对袭击的描述与哈姆和塔克谋杀案惊人的相似。两名受害者分别是35岁和32岁的白人女性，她们都被一名从窗户入侵她们家的闯入者勒死。霍加斯立即打电话给里士满的警探格伦·D. 威廉姆斯（Glenn D. Williams），在电话中他了解到案件更多的相似之处：两名妇女都被强奸，都被绑了起来，在这两起案件中，法医都在生殖器和肛门周围发现了凡士林。

电传信息发出后，在毗邻里士满的切斯特菲尔德县发生了第三起强奸谋杀案。这名受害者年纪较小，还未成年，但她和其他受害者一样被强奸、勒死，并被绑在卧室里。里士满警方不确定是否为同一罪犯，于是他们把3个精液样本送到纽约，在一个实验室分析DNA。

威廉姆斯并不认同霍加斯的理论，即各县的案子是有关联的。强奸谋杀犯不会跑到160千米以外去作案，而且无论如何，他们要找的人一定是个白人。不过，他邀请霍加斯第二天到里士满参加一个调查小组会议，参会的有他的部门和切斯特菲尔德的警探。

在里士满，警探格伦·威廉姆斯和雷·威廉姆斯（Ray Williams）（两人不是亲戚，但部门的人都叫后者"小威廉姆斯"）介绍了他们辖区内发生的两起谋杀案。就像在阿灵顿一样，两起谋杀案令人震惊的一部分原因在于其地理位置：里士满的南面是一个安静富裕的城镇。除一些建于20世纪40年代的砖砌高档花园公寓外，大多数住宅都是在19世纪初建造的。但在里士满，媒体对谋杀案的报道更多，造成居民普遍紧张，五金店开始卖窗外锁，整个社区彻夜灯火通明，惴惴不安的居民要让入侵者不可能在不被察觉的情况下溜进家里。

里士满第一宗谋杀案是在1987年9月19日被发现的，当时一名男子报警称发生一件奇怪的事。他注意到前一天晚上10点，一辆白色掀背式轿车停在家门口却没熄火。第二天早上，他发现车还在那儿，发动机还在运转，于是报警了。警察查了车牌，追踪到了车主，她住在几米外的花园公寓里。调查警察让房东太太开门，让他进到这间单层一居室公寓里。他在那儿发现了35岁的黛比·戴维斯（Debbie Davis）面朝下，死在床上。和阿灵顿的受害者一样，她的手腕被绑在一起：一只放在臀部，一只放在后腰位置。绑绳是一根黑色鞋带，从她肩膀上穿过，如果她一只手移动一下，另一只手就会被拉得更紧。

她穿着一条牛仔短裤，戴着耳环和手镯，除此之外是赤裸的。她是被一只蓝色及膝袜勒死的，袜子绑在真空吸尘器的金属管子上，像止血带一样。绑绳很紧，法医不得不把它切断。验尸结果显示，死者眼睑内有出血，这表明凶手不仅勒死了受害者，还折磨了她：交替着勒紧然后松开止血带，持续的时间估计在45分钟到1小时。但瘀伤方面，只有下唇和鼻子上有小擦伤。与阿灵顿的案子一样，她身上没有任何防御性伤口能够表明她曾试图反击袭击者。

公寓里没有挣扎的迹象。入侵者身手敏捷，从一个只有约30厘米宽的厨房小窗进入公寓，他从附近的房间偷来摇椅，站在上面够到窗户。厨房柜台的窗户正下方放着一个盛满了玻璃杯的晾碟架，却没有被他打翻。警方推测，罪犯曾想溜进戴维斯的车里，但对换挡杆不熟悉。

受害者研究没有得到什么结果，只能确认黛比·戴维斯不是一个高风险受害者。她是《风格周刊》（*Style Weekly*）的收账员，同时在附近一家商场的书店兼职,也是待在家不出门的类型。她几年前就离婚了,有段时间没约会了。她的邻居、同事和亲戚都说她待人友善,没有敌人,也没有吸毒。她很受欢迎,《风格周刊》甚至悬赏1万美元寻找能最终逮捕凶手并定罪的信息。

调查人员在犯罪现场几乎没有任何发现:在公寓里、受害者的车上都没有指纹。他们只有她床单和床罩上的精液样本,这意味着凶手可能对着受害人手淫。他们还发现了一些毛发:几根动物毛发、另一个白人的面部毛发,以及一根黑色卷曲的毛发。

10月4日,两位威廉姆斯接到消息说,在南区距离戴维斯公寓只有约800米的地方又发生了一起凶杀案。凌晨1点半左右,一名男子回到家中。他的妻子是弗吉尼亚医学院的神经外科住院医生,他觉得这时她应该还在上班,因为前门的门闩是锁着的。他洗了个澡,在黑暗中上床睡觉,但他发现床没有铺好。他打开灯想整理床单,看到被单上有血迹。他跑到壁橱里,想穿衣服去找他的妻子时,发现她死了,就在壁橱的地板上。

32岁的苏珊·海拉姆斯(Susan Hellams)身体侧卧,面朝天花板,勉强能放进约60厘米宽、150厘米长的壁橱里,头夹在墙和一个手提箱之间。她只穿了一条裙子和一条衬裙,裙子被拉到腰部,此外是赤裸的。她的脚踝上松松垮垮地绑着一条紫色的腰带,手被一根延长的电线绑在身后,绳子上面缠着一条蓝色领带。和其他谋杀案一样,绳子在两个手腕上绕了好几圈,一只手腕放在臀部位置,另一只放在背后。她被一条红色皮带勒死,凶手把这根皮带系在另一根皮带上,使之变长。验尸结果显示,海拉姆斯也有戴维斯身上相同的瘀点出血,但范围更广,这表明她遭受了很长时间的折磨,最后被勒死。凶手的胆子越来越大,开始不慌不忙地下手。

海拉姆斯没有防御性伤口,但嘴唇和鼻子上有擦伤,这和戴维斯一样,可能是被推到墙上或其他物体上造成的。法医对她右小腿上的一处痕迹进行了检查，发现了一个不完整的鞋印：凶手把她按在地上，同时拉紧绞索。在壁橱旁边窗户外的空调外挂机上发现了一罐沾有她阴毛的凡士林。这扇窗户在阳台上，距离地面约 4.6 米，入侵者正是通过这扇窗户没用梯子就进入了房间。警察在阳台上看到更多的绳子，整齐地盘绕在花盆里。房子的后面是一条杂草丛生的小巷，有人可能会从后面的篱笆溜进屋里而不被人看见，尽管这对于大多数人来说很困难。

凶手能在没人看到的情况下逃脱，同时，受害者的尸温约 37 摄氏度，意味着她可能死于午夜到凌晨 1 点之间，这两点意义重大。她被发现躺在壁橱里，可能是因为丈夫回家时凶手还在房间里。

调查人员没有发现指纹，但从受害者的下体、肛门和被褥上提取到了精液样本。没有发现掉落的凶手毛发。警方在等待 DNA 结果时，实验室确认这起案件打结的方式和戴维斯案几乎完全相同。

受害者研究没能说明海拉姆斯为什么会成为目标，她是一名白人妇女，身材矮胖，头发红棕色，有工作，大部分时间都是独居，丈夫是马里兰大学的法律系学生，周末才回家。

霍加斯询问了发生在这一地区的强奸案，但里士满的警探认为与这件案子无关。受害者是一个 30 多岁的白人单身女子，住在南区一个底层公寓里。11 月 1 日凌晨 3 点左右，她醒来后发现一个黑人拿着一把长刀站在她身边。闯入者看上去 20 多岁，大约高 180 厘米，戴着滑雪面罩和手套。用来绑她手的绳子放在背包里。在长达 3 个小时的时间里，他强奸她、折磨她。早上 6 点左右，他在绑她脚踝时，受害者的哭泣声引起了楼上邻居的注意。他听到邻居下楼的脚步声就跑了。

这是里士满出现的第一个连环杀人犯，警方一边调查一边学习，从与这类禽兽打过交道的人那里取经。两位威廉姆斯任调查小组组长，小组中还有另外四名凶杀案侦探、一名性犯罪调查员、便衣警察，甚至特选邻里逮捕项目的警员，这是一个专门打击毒品相关暴力的项目，主要针对的是少数族裔聚集区。

与此同时，公众自发组建起了庞大的邻里联防项目，而以前这些地方几乎没人对这一项目感兴趣。当地召开了多次城镇会议，地方官员和警察均参与其中。政府发出了各种建议，人们也悉数遵守，居民开始修剪门窗周围的灌木丛，开着灯，回家后互相打电话报平安。在人们开始保护自己地盘的同时，情况变得不稳定起来：有一次，一个居民看到两个形迹可疑的男子坐在车里，而这辆车不是他邻居的，于是他悄悄地走过去，用一把点四五口径的手枪指着司机的头，命令他们下车。车上的人原来是便衣警察，幸运的是，警觉的民众没有朝他们开枪。

我们小组的尤德·雷和汤姆·萨尔普（Tom Salp）驱车来到里士满，在联邦检察官办公室的一个会议室会见了里士满和切斯特菲尔德县警方。尤德指出，尽管统计数据和研究表明，作案者是一名接近30岁的白人男性，但他们不应因为种族而排除任何嫌疑人。考虑到凶手在现场没有留下指纹或其他明显的线索，尤德提供的心理侧写表明，这是一个有盗窃、性侵等前科的高智商罪犯。考虑到他的受害者似乎都没能自卫，他的上身力量一定很强。

尤德和汤姆还认为凶手有一份全职工作，这就是谋杀都发生在周五晚上的原因。鉴于性侵的类型，作案者是一个对"正常"性行为有困难的人，并且很可能与普通女性交往有困难。不像其他暴力性侵罪犯，他不喜欢显摆自己的罪行，是一个独来独往的人。

坦白地说，我们都倾向于认为这是一名白人罪犯的原因除受害者是白人外，还有就是当时我们在黑人、西班牙裔或亚裔罪犯中，从没见过这种独特的识别标志。有些行为我们只在白人中见过，比如用棍棒或其他物体进行性侵。这就是为什么在侦破纽约弗朗西娜·埃尔维森（Francine Elveson）谋杀案时，虽然法医在尸体上发现了一根黑色的阴毛，但我确信凶手是白人。这是1979年我与纽约警察局合作的一个案件。她被人用她自己的雨伞性侵,我从来没见过黑人或西班牙裔人对受害者做这样的事。出于同样的原因,如果谋杀苏珊娜·柯林斯后,塞德利·阿利没有这么迅速被捕,当警方寻找未知作案者时,我仍然会建议他们把注意力集中在寻找一名白人男性身上,判断的基础就是他袭击她的方式。

直到后来,我们才开始在黑人和其他少数族裔罪犯的性犯罪中看到更多独特、怪异以及包含识别标志的特征。小乔治·罗素(George Russell, Jr.)是西雅图的一名狡猾老练的黑人强奸犯,他会精心地把受害者摆出侮辱性的姿势。这是在1990年。对于检方来说,能够将谋杀案联系起来并证明他们是同一个人所为,这一点至关重要。我就识别标志出庭作证,最终帮助他们将罗素定罪。

1987年11月下旬,凶手再次出击。切斯特菲尔德县的厄尼·哈扎德(Ernie Hazzard)和比尔·肖沃尔特(Bill Showalter)警探为霍加斯和里士满调查小组描述了此案的细节。

15岁的戴安娜·卓(Diane Cho)和她的父母、弟弟住在切斯特菲尔德和南里士满交界以西一个综合楼一层的拐角公寓里。11月下旬的一个星期六晚上,卓夫妇两人在晚上11点30分左右听到女儿在打字。第二天一早,他们起床去家庭商店上班时,戴安娜还躺在床上。中午时分,夫妇问儿子,儿子说戴安娜还在睡觉。虽然他们不知道她为什么这么晚了还躺在床上,但他们知道他们的儿子不想惹怒姐姐去叫醒她;他们没管她,直到下午3点左右他们到家。卓太太发现女儿死了,场景十分可怕,而警方却很清楚,这与里士满谋杀案很像。

房间本身看起来没什么不对劲的:作业纸放在桌子上,没有挣扎的迹象。但床上躺着戴安娜的尸体,全身裸露,脖子和手腕都被绑着。白色的绳子深深地勒进她的喉咙,另一根较重的绳子把她的手腕绑在一起。凶手用胶带封住了她的嘴,不让她发出声音。和其他受害者一样,除阴部周围有大量血迹外,她身上没有任何伤口或瘀伤。后来发现，她被强奸得十分残忍，导致两处出血，并且袭击发生时，她正好月经来潮。她前一天晚上磨的指甲没有被破坏，说明她根本没有机会反击。

她的眼睛、脸以及肩膀周围的瘀点出血表明她曾备受折磨。受害者体内和周围，包括她身上和床单上都有精液样本，说明凶手也曾对着她自慰。

此案与其他谋杀案还有很多相似之处：凶手从卧室窗户进入，窗户离地约1.2米。警方了解到，戴安娜常常开着纱窗，这样她就可以伸出头和住在楼上的一个朋友聊天。凶手没有留下指纹或脚印，而且和往常一样，强奸谋杀案发生在周末晚上。

凶手已经把魔爪伸向了郊区，这表明他在跟踪新闻报道，知道在新的区域作案更安全，但这也更让警方恼火。这一次，受害者的家人就睡在隔壁房间，他竟也敢大胆动手。警探们认为，他要么趁她睡着时闯入，并立即用胶带让她发不出声音，要么在外面看着，在她洗澡时溜进来，并在她回房间后立即控制住她。肖沃尔特警探说："这家伙肯定观察了她一段时间，才能知道什么时候动手最合适。"

他还留下了一张奇怪的"名片"：在她左腿的一侧，膝盖上方，他用指甲油画了一个8字。女孩的家人从来没见过她在身上画东西，而且指甲油并非她指甲上的那种。

尽管警方觉得什么也找不到，但还是进行了搜索以排除其他线索。戴安娜·卓加入了高中合唱团和荣誉协会，并没有沾染毒品、色情或任何其他会使她成为高危受害者的东西。她和其他受害者不属于同一种族，也更年轻，但在某些方面，她与其他受害者的身体条件类似：她身高约160厘米，体重63.5公斤，很像其他人。

11月25日，血清学结果证实，来自卓、戴维斯和海拉姆斯犯罪现场的精液全部匹配，切斯特菲尔德的两名警探开始直接向里士满警察局汇报。当时，调查人员能够在3名受害者之间建立的唯一联系，除了身体特征之外，就只有克洛弗利夫购物中心的收据显示卓和海拉姆斯曾在那儿购物，而戴维斯在那里兼职。专案组的观点是，作案者在那里挑选受害者，跟踪她们回家后对其强奸并杀害。警察可以在购物中心蹲点，但他们怎样才能认出罪犯呢？

在阿灵顿，乔·霍加斯比以往任何时候都更加确信，哈姆和塔克谋杀案与里士满的谋杀案有关，阿灵顿和里士满发生的强奸案都是同一罪犯所为：黑面罩强奸犯。他成立了专案组来调查塔克谋杀案。入室盗窃组警探迪克·斯帕丁（Dick Spalting）和性犯罪组的一名侦探埃德·查普曼（Ed Chapman）与霍加斯和他的搭档迈克·希尔（Mike Hill）一起组成调查组。为寻找大卫·瓦斯奎兹的同伙，或者另一个可能参与哈姆和塔克谋杀案的罪犯，即黑面罩强奸犯，霍加斯让他们把1983年以来这一地区所有入室盗窃和强奸案的案卷都找了出来。

霍加斯将塔克犯罪现场的证据亲手送到位于费尔法克斯县的北弗吉尼亚法医科学局。12月22日，他从科学局的联系人蒂安·达布斯（Deanne Dabbs）——她正好有个好友在里士满的犯罪实验室工作——那里得到初步消息，塔克的精液样本与戴维斯和海拉姆斯案现场的样本具有相同的血液特征。这有助于他们锁定罪犯，因为只有13%的人口符合这些特征。当然，他们首先得确定嫌疑人。

接着，他重新询问1983年以来黑面罩强奸犯的受害者。9个人中有8个人同意与他谈话。虽然回忆她们的经历很痛苦，但当她们得知此人可能逍遥法外，并且正在谋害其他受害者时，她们觉得必须与警方合作。

1983年6月，第一名受害者在超市停车场遭到袭击。凌晨1点左右，一个瘦瘦的黑人拿着刀，走向20多岁瘦小的黑发受害者。罪犯身高约180厘米，也是20多岁，他头上罩了件T恤，他在T恤上开了两个洞，把眼睛露出来，双手也都被遮住。他强迫受害人开车带他兜风，接着让她在一片树林边停下，然后下车。他一直拿刀胁迫她，还多次强奸她。他把她留在树林里,独自回到车上,她趁机逃走。受害者认为袭击她的人没有射精,并且给她的印象是"他什么事都干得出来,什么事都有可能"。

强奸犯接下来的 3 名受害者都是在自己家中被侵犯的,他趁她们睡觉时闯了进去。罪犯符合第一宗案子中作案者的外形描述,他每次袭击时都戴着手套和临时面具。每起案子中对刀的描述都相同。他的行为方式是先要钱,通常是让受害者把钱包拿出来,然后强奸她。在 3 起案子中,他多次用刀子胁迫受害女性,并对她们发出威胁,比如"你要高潮,否则我会杀了你"。霍加斯觉得这听起来像是作案者在按照剧本演戏。

在最后一次袭击中,强奸犯加上了两样新内容:他用胶带封住了受害者的嘴,还试图将她绑起来。当他准备剪下百叶窗的绳子时,她逃离了公寓。

他在下一次作案中又加入了更多的元素。这名受害者 18 岁,他在她下车时突袭了她,强迫她回到车里,并让她开车到一个僻静的地方,到了之后,他用胶带蒙住她的眼睛,然后反复强奸她。最后,他用绳子把她的手腕绑在背后,强行把她塞进车的后备厢里。她闻到烟味时,奇迹般地踢开了后备厢,并得以逃脱。强奸犯把她的车点上火,想把她烧死。

在另一次袭击中,未知作案者用长袜绑住受害者的脚踝,并用百叶窗上的绳子将其手腕绑在背后。性侵方式与其他受害者遭受的类似。案卷显示,此人似乎每 6 个星期就要作案一次,而且越来越暴力。

霍加斯认为,到 1984 年 1 月,强奸犯已经升级成杀人犯,最后的强奸案显然支持这一观点。1 月 25 日,卡罗琳·哈姆的朋友发现她的尸体几小时后,强奸犯闯入了另一名受害者的家。此人 32 岁,听到房子侧门打开的声音,于是下楼查看。在楼下她发现了一名男子,从他的年龄和身高到他自制的面具和刀具,都符合其他袭击案中袭击者的特征。入侵者强迫她把钱包给他,这听起来很像发生在哈姆身上的情景。他把钱包里的东西倒在地板上,然后拿走了现金,接着强迫她回到楼下,在那儿性侵她。她奋力反抗,大声尖叫。她觉得如果真的和他一起出去,他会杀了她。最后他逃走了。

霍加斯把他的发现告诉了专案组,但专案组对此态度冷淡。入室盗窃升级为强奸和谋杀似乎有些牵强。性犯罪组的人认为他们知道那个黑衣强奸犯是谁:他们在 1987 年夏天逮捕了一个有着类似作案手法的人,但他们无法证明他在 1986 年之前就犯过案。到了圣诞节,霍加斯的专案组解散了。

然而,与此同时,他的搭档迈克·希尔又发现两个似乎符合同样规律的闯入案。1984 年 1 月 12 日,一名 18 岁的女性叫醒父亲,说她听到屋外有声音,让他去查看一下,因此阻止了一次入室盗窃的尝试。他发现地下室有两扇窗户被损坏,卧室窗户下放了一个邮箱,大概是为了方便进入房间。两天后,一名 22 岁的女性报警称,一黑人男子(与强奸案中男子的描述相同,戴着面具和手套,拿着刀)闯入她家地下室,向她要钱,否则"我们就杀了楼上的小女孩"。听到她室友下楼发出的声音后,闯入者就逃跑了。这两起案件都发生在距离卡罗琳·哈姆家两个街区之内。

1987 年 12 月 28 日,霍加斯登上了飞往纽约的飞机。他已经得到批准,可以在生命密码实验室(Lifecodes)对阿灵顿案件样本进行分析,这正是里士满警方检测 DNA 的实验室。这么多起案件似乎有关联,霍加斯需要证据。他们必须迅速行动:就在那天早上,一份来自附近费尔法克斯县的报告传来,12 月 17 日,一个 17 岁的女孩在卧室里被一个黑人袭击,这个人的描述在霍加斯心里已经滚瓜烂熟。幸运的是,袭击者刚绑好受害者的手腕,她姐姐就走了进来,于是袭击者跑了。

霍加斯也知道 DNA 结果只有在他逮捕了一名嫌疑人之后才有用。因此,带着他搜集到的所有信息和行为线索,他再次打电话给调查支持小组,对特别探员史蒂夫·马迪吉安说:"我想和你们谈谈。你们能过来和我们坐下来谈谈吗?我觉得我们这儿有一起谋杀案与里士满的案子有关。"12月29日,史蒂夫和尤德·雷冒着风雪前往阿灵顿,在警察局总部与他会面。

在会议室里,史蒂夫和尤德听着霍加斯向他们详细地介绍证据。他的讲述有条不紊。介绍了塔克的案子之后,他说:"好吧,现在你觉得这些情况和里士满的案子有关吗?"

史蒂夫和尤德陷入了窘境。我们小组工作的效果建立在我们与合作的警察部门和当地执法机构高度互信的基础上。我们已经与里士满进行了一次独立的案例咨询,如果两方面的调查走向不同的方向,我们不想夹在两个重要"客户"的冲突之间。

但霍加斯回顾完案情后,史蒂夫说:"我们认为这些案件很明显是相关的。从心理侧写的角度来看,这些案子的方法、作案手法非常一致。以我们自己的观点来说,我们认为他们面对的很可能是同一个罪犯。"

霍加斯的思维很严密。"现在我想让你们看看1984年发生的一起凶杀案。"他说,"就是卡罗琳·哈姆谋杀案。"

塔克案和哈姆案同样惊人的相似。"这段时期本地还发生过什么事?"史蒂夫问道。

霍加斯随后向探员们概述了1983年阿灵顿发生的一系列入室盗窃和性侵犯事件。所有的受害者都是白人妇女,大多数是二三十岁,被一个戴着手套、拿着刀的蒙面黑人男子袭击。在某些案件中,受害者被捆绑起来,用的是百叶窗的绳子。性侵过程相似,未知作案者每实施一次强奸就变得更加危险,直至哈姆被杀。

"当你看到在阿灵顿地区活跃的连环强奸犯和同一时期活跃的连环入室盗窃犯时,你立马会发现地理位置有重叠,重叠的地方同样也对应正在调查的谋杀案。"史蒂夫和尤德很快商量了一下,然后对乔说:"这些案子都是相关的。在手法、升级、进展等方面有相当多的共同点。

一切都能说得通。"

尤德把重点放在强奸案上，案件的受害者都活了下来，能接受询问。因此，如果强奸案和谋杀案是由同一个未知作案者犯下的，那么不同的案件就会不仅有确切的物证，还有大量的言语行为。他注意到里士满谋杀案和苏珊·塔克遇害案中，凶手都十分注重捆绑的细节。凶手用绳子要么勒死受害者，要么控制她，但他用绳子做的事情超出了必要的程度，这从他绑住手腕打结的方式，以及把多余的绳子或者捆绑其他地方的绳子缠在手腕上就能看出。这不仅是作案手法，还是凶手识别标志的一部分。看着犯罪现场的照片，尤德解释说，未知作案者非常需要把局面完全控制住。

他还认为作案者是一个性虐待狂，他喜欢折磨受害者，掐她们一会儿然后放开，看她们表现出恐惧和痛苦，听她们向他乞求怜悯。

史蒂夫还提到了其他识别标志的元素：受害者的尸体都以某种方式隐藏起来，塔克盖着睡袋，海拉姆斯藏在壁橱里，卓盖着床单，戴维斯穿着短裤。他还注意到尸体上的精液，所有人都是在卧室被杀的，而且凶手立刻制服了受害者，让她们没有时间挣扎。

显然，凶手有一定的组织能力，他非常小心地策划了他的行动。他跟踪受害者，等待出手的机会，监视她们的行动，可能一等就是好几天。他选择那些独自生活或在他袭击时独处的受害者。他很老练：他知道在受害者家里犯罪能够降低自己被发现或者罪行被看到的风险。

两名探员都确信罪犯的犯罪史不只是破门入室。他可能并没有因为以前的罪行被捕，但他早前肯定实施过强奸。他不可能一开始就能实施精心策划的谋杀。

促使尤德和史蒂夫相信强奸与哈姆和塔克谋杀案是同一个罪犯所为的原因，不仅仅是对作案者外形的描述或者他戴面具进行伪装。心理语言学同样支持这一论断：这是我们在要求赎金的绑架案、人质事件、敲诈和爆炸案中广泛使用的心理侧写手段。换句话说，心理语言学涉及的是书面或口头交流的情况。我们曾将其应用到多种场合，取得了令人满意的效果，如打探劫持人质者的真实意图，以确定是否应使用武力，以及在多大程度上使用武力。最近使用心理语言学分析最突出的例子也许是在大学航空炸弹案中。正如我们在《大学航空炸弹客：追查美国最臭名昭著的连环杀手》(*Unabomber: On Trail of the Most Wanted Serial Killer*)一书中所详细描述的，正是通过逐字逐句、逐个想法的对比，将大学航空炸弹客的宣言与其他个人信件、文章进行对比，才将躲在遥远的蒙大拿州小屋里的西奥多·卡辛斯基（Theodore Kaczynski）确定为这些致命爆炸案的首要嫌疑人，这些恐怖袭击在美国肆虐了10多年。

现在，在乔·霍加斯收集的案件中，强奸犯的措辞和句子结构不仅在每件案子中是一致的，而且与我们认为会犯下这类罪行的人普遍拥有的人格也一致。这个强奸犯需要受害者向他展示自己得到了性满足，以构建自己的男性气概。他的主要动机是控制，表现在他侮辱性的语言、对刀具的使用，以及最终的捆绑、折磨和谋杀受害者上。

两位探员都强调，这类罪犯每犯一次罪都会变得更暴力，因为他从罪行中不断学习，完善自己的技巧。尤德展示了第一次从停车场绑架受害者并强奸的风险多么高。但他从中吸取了教训，改变了作案手法，从那以后，他几乎只在受害者家里攻击她们。他对受害者的控制也随着时间的推移而强化。起初，他只是用刀来控制，但后来他开始蒙住受害者的眼睛和嘴，把她们绑起来。在最后几起强奸案中，他胆子大到闯入隔壁家里，从一家偷了道具用到下一家。在后来的谋杀案中，他自带绳子，表明计划更加精细。

强奸是在练习谋杀：他改进并完善了闯入受害者家中的方法，没有留下指纹，在受害者家里待的时间越来越长，越来越惬意，还会带着受害者上楼下楼，并在不同的地点强奸她们。

在史蒂夫和尤德看来，当他感觉即将失去控制权时，谋杀就开始了。他们以阿灵顿最后一起强奸案为例。当受害者拒绝按指令使用性玩具并让他离开时，强奸犯的暴力程度迅速升级。他觉得她想控制这场演出，想从他手里夺回控制权，这激怒了他。后来的谋杀案受害者几乎都是职业女性，她们都是成就型人格，习惯于掌控自己的生活。凶手已经在身体上制服了她们（所有案件中都没有挣扎的迹象），也许她们试着和他说话，在口头上反抗。仅仅这一点就把他惹毛了。

霍加斯做完所有的陈述，我们的人基本上确认了他的怀疑后，他停顿了一下，然后说："让我解释一下。哈姆案实际上已经结案，因为已经有人被逮捕审判，也定罪了。"他向探员们介绍了大卫·瓦斯奎兹的情况，也把他有一个没被抓获或确认身份的共犯的观点告诉了他们。

"你们觉得不止一个人吗？"他问道。

史蒂夫告诉他，仅仅只是坐在会议桌前看材料还不够，有必要对案子进行更彻底的审查，但他告诉霍加斯，从他们目前所看到的情况来看，他们既不相信像瓦斯奎兹这样的人能够像描述中那样杀害哈姆，也不认为他有个二人小组，他们强调，这类犯罪肯定是由单独的罪犯实施的，如果有两名罪犯，犯罪现场会有更多不同行为的证据。从整个小组集体的经验来看，一个像瓦斯奎兹这样水平的人似乎不具备此类犯罪的智力和经验。

那么从哪里开始呢？

探员们解释说，如果所有这些都是某种模式的一部分，那么这种模式应该有助于找到未知作案者。他们告诉霍加斯，回溯过去，第一起强奸案的地点是他感到最舒服的环境，是他生活或工作的地方。

"现在，与哈姆案不同的是，所有强奸案都是未结案件。"史蒂夫继续说，"从来没有人被逮捕。通过研究我们知道，这类性犯罪者不会自己停下来。他要么因为某种原因被迫离开这一地区，要么因为另一项指控被捕。"

尤德说："一般来说，一个男人会在他杀过人的地方继续杀人，直到他被驱赶出去或者发生其他事情。"

史蒂夫总结说："如果他是因为强奸或相关的性犯罪被捕的，他会出现在这些案件的考虑范围之内，但他没有。"

同样，如果他离开本地，在其他地方作案，那么其他执法机构就会发现他的模式，从而回应霍加斯发布的协查通告。但那也没有发生。但如果活动停了下来，就像这里突然发生的，那么他很有可能因为某项与此无关的罪名被关押。另一个较大的可能性是他死了，但他们可以排除这种可能，因为显然，同一个罪犯又开始作案了。

"他很可能因为入室盗窃被捕。"史蒂夫说，"这也是他常干的。"

"听着，"尤德说，"既然你们没有找到20世纪80年代初出现的性侵罪犯，而他又在卡罗琳·哈姆遇害后不久就停手了，那么就回到第一起强奸案发生的地方，找找因入室盗窃被捕的人。"

史蒂夫认为，入室盗窃罪应该会判3年到4年的刑期。时间正合适。"因此，如果你能找到一个在弗吉尼亚州北部因入室行窃而被监禁了3年，然后在里士满监外就业的人，那么这个人就是首要嫌疑人。"

霍加斯听从了两位探员的建议。他重新审视第一起强奸案，一部分原因是如果凶手住在那附近，那么他住得离霍加斯与妻子和小儿子住的地方并不远，因为工作的关系，他总是把他们母子单独留在家里。他找出所有卷宗，查阅适当时间范围内所有因入室盗窃被捕的人。

在里士满，市民们都处在极其紧张的戒备状态。不过，即使霍加斯向警探们拿出了他展示给联邦调查局探员一模一样的信息，即使几名受害者身上都发现了深色、可能是黑人的毛发，探员们仍不认同霍加斯的理论。

1988年新年刚过，霍加斯和希尔立即开始审查部门计算机打印出来的成堆数据。他们的目标是1984年在阿灵顿被捕、3年后在里士满获释的罪犯。不幸的是，他们不能按照自己希望的那样缩小搜索的范围：假释记录中的罪犯来自多个司法管辖区，但并没有按照被假释人的住所进行分类。也没有罪犯的犯罪类型和监禁时间的记录。因此，这项工作十分耗时，只能人工进行。

在这上面花了几天的时间之后，霍加斯重新集中注意力。他在阿灵顿第一起强奸案发生地工作过，认识很多人。他想要回忆起正好是这个年龄，体形又与对强奸犯的描述相符的人。保罗·莫内斯（Paul Mones）写了一本关于这个案子的好书《追踪正义》（Stalking Justice）。正如他在书中描述的那样，霍加斯开车上街，想要唤醒自己的记忆。最终他想到了一个名字：蒂米（Timmy）。

蒂米是当地的一名青少年，10年前第一宗强奸案发生时，他就是附近地区的麻烦制造者。霍加斯当时在调查一起入室盗窃案时曾调查过他，但他没有因此被捕。那时候，蒂米曾经纵过火，把他母亲的房子或是她的车点燃了，具体情形霍加斯记不清了，但这让他想起强奸犯曾纵火焚烧受害者的汽车。霍加斯问了两天，但部门里没有人记得这个孩子。然后，在1988年1月6日，乔·霍加斯突然想起了这个少年的全名：蒂莫西·斯宾塞（Timothy Spencer）。

霍加斯又在电脑上检查了几次，最后找到了他想要的东西：蒂莫西·斯宾塞，黑人男性，正好是蒙面强奸犯差不多的年纪，有一条1980年入室盗窃被捕的记录，1984年1月29日在阿灵顿附近的亚历山德里亚被定罪。回顾他的收监记录发现，他于1987年9月4日获释，来到里士满招待所的一个名为"爱宾之家"（Hospitality House）的临时收容所。

霍加斯和希尔认为是他犯下的各种罪行，在这样一个背景下，他上次被定罪的原因就让人不寒而栗：他从一扇小后窗潜入房间，被捕时口袋里放着从各家各户偷来的纪念币，身上还有一双深色袜子、一个小手电筒和一把螺丝刀。在他车里发现了一把约13厘米长的折叠刀。面罩强奸犯有好几个受害者都报告说他手上套着袜子，有一个手电筒，并且拿出折叠刀威胁她们。但纪念币是起决定作用的东西。塔克夫妇收藏的硬币对于入室窃贼来说可能具有潜在的价值，但不是在那次闯入时偷走的。他曾因偷窃易于识别的硬币而被捕，他不会犯两次同样的错误。正如我们预料的，他会从以前的罪行中吸取教训。

根据记录，斯宾塞在阿灵顿的固定住址距离第一起强奸案发生地只有约180米。里士满的临时收容所则位于海拉姆斯和戴维斯家步行可达的范围内。

霍加斯联系了临时收容所，把1987年案件发生的日期与斯宾塞签字外出的日期和时间进行了比较。没有一个日期能排除他的嫌疑。霍加斯还了解到，如果斯宾塞是他们要找的人，那么我们还有一个理论也是正确的：他工作日白天在一个家具厂上班。

霍加斯打电话到里士满，但没能联系到两位威廉姆斯警探，他们当时正在另一个谋杀案现场。这个案子一开始看起来像是"南区扼杀者"所为——除了受害者头部被毒打。但那天晚些时候，里士满警方接到了一个自杀电话，发现一名男子的尸体，此人与谋杀案受害者的妹妹约会，并为她租了一间房，直到她把他赶了出去。很明显，最后这起谋杀案是第一个模仿扼杀者的案子。

1月7日，霍加斯和希尔与里士满的警探会面时充满了紧张的氛围。他们同意监视斯宾塞，但仍然认为凶手是白人。斯宾塞又提出这个周末到阿灵顿休假，没人愿意冒险。不过，因为大雪，他去阿灵顿的计划最终被迫取消。

这周五发生了一个小插曲。里士满警方在克洛弗利夫购物中心外控制了斯宾塞，当时他正待在车里，等两个在商店行窃的女性。尽管担心这样出击会逼着斯宾塞离开本地，但阿灵顿警方把这一事件作为他在购物中心闲逛的证据，专案组推断凶手就是在这里物色受害者。

经过一个多星期的监视，里士满警方认定斯宾塞没有任何可疑行为，更不像连环杀手。他们宣布将于18日星期一取消监视。说完，阿灵顿县联邦检察官海伦·费伊（Helen Fahey）决定诉诸大陪审团。他们于 20 日星期三开庭,对斯宾塞进行控告。逮捕令于同一天签发。

在逮捕之前,霍加斯联系了匡提科方面,希望得到审讯建议。史蒂夫建议他耐心一点,让斯宾塞自己说话。1984 年 1 月他因入室盗窃被捕时,他对警方十分配合,因为他很高兴警方对他的其他罪行一无所知。史蒂夫警告说,连环杀手很少招供,他说如果霍加斯想让斯宾塞坦白,那就只能从入室行窃说起,而不能说强奸和谋杀。

大陪审团发出起诉书后,霍加斯和希尔前往里士满,半路来到斯宾塞在阿灵顿的住所。他与母亲、同母异父的弟弟住在一栋两户人家的砖房里。他的祖母住在另一边。房子位于一条安静的死胡同的尽头,离第一次强奸的地点很近,并且步行 10 分钟就能到塔克家。

两位警探向斯宾塞的母亲解释说,他们正在调查感恩节期间发生的一起入室盗窃案。他们告诉她有人看到她儿子在该地区出现,因此他们想进她家找赃物。尽管他们没有搜查令,但她明白,如果他们什么也没有发现,她的合作可以帮助排除她儿子的嫌疑,因此她同意他们四处看看。

他们快速地搜查了一遍,只找到一卷胶带,但和戴安娜·卓谋杀案中使用的胶带不符。

接下来,他们和战术小队警长亨利·特伦布尔(Henry Trumble)、警探史蒂夫·卡特(Steve Carter)一起前往里士满。当晚,蒂莫西·斯宾塞下班回到爱宾之家时,他们以入室盗窃罪逮捕了他。他质问警察,如果他只是因为入室盗窃而被捕,为什么那么多警察参与抓捕,为什么保证金定得这么高——35 万美元。他允许警察搜查他的房间,但他们没有发现任何特别的东西,他确实有几把螺丝刀、一顶帽子和一副手套,但在隆冬季节,这些东西并不罕见。但在床垫的底部,有人画了一个无穷大的标志,就像在卓腿上画的一样。

在开车回阿灵顿的路上,嫌疑人显得很健谈而且友好。霍加斯问他是否介意提供血样时,斯宾塞问这是否与强奸有关。霍加斯说只是和一桩入室盗窃案做比对，有时窃贼闯入时会割伤自己。但正如保罗·莫内斯在书中所说，斯宾塞回答说："不……如果你想要我的血样，那一定和强奸有关，因为我没有在哪个房子里割到我自己。我没有被破窗户割伤。"

斯宾塞得知入室盗窃案发生的地点后，特意问到是否与他在报纸上读到的谋杀案有关，但霍加斯按照联邦调查局的提示，一直在打太极。霍加斯与其他阿灵顿和里士满的警探审讯了数小时，斯宾塞仍然没有招供，他后来也未招供。然而，他确实提供了一份血样，证明了他所说的一切。

实验室的最初结果显示，蒂莫西·斯宾塞的血样与苏珊·塔克睡衣上的精斑一致，这种匹配程度只占总人口的13%。此外，他的头发特征与塔克尸体上和水槽中找到的样本匹配。但这还不够，他们需要DNA才能定罪。

我们开始调查斯宾塞的背景，了解他的为人。他的父母都上过大学，结婚10年，在他7岁那年离了婚。据说他父亲是一名邮政员工，离婚后就与孩子断了联系。母亲是一名簿记员，后来与一名大学毕业生订婚，对方有一份稳定的砖匠工作。斯宾塞和他的母亲都说家庭生活很好。

但蒂米总是闯祸不断。9岁时，他在男厕所里放了一把火，在学校各个地方大小便，学校注意到他充满愤怒和敌意，他需要"证明自己是掌控局势的人，而不是被环境掌控"，这恐怖地预示着他未来会寻求支配、控制局面。他在9岁和11岁时因盗窃被捕，14岁就发展到非法入侵。在学校里，他的学习一直赶不上进度，八年级之后就一直落后。他无法与同学和睦相处，且十分厌恶被逼着上补习班。这与我们在采访连环罪犯时看到的背景非常一致。相比之下，他的弟弟特拉维斯（Travis）却是个好学生和出色的篮球运动员。

15岁那年，蒂米用偷来的车兜风，后肇事逃逸，被送到少管所，因此在十年级辍学。19岁时因持有隐藏武器、非法入侵和缓刑期违法被捕。在20世纪80年代初，他要么因入室盗窃、非法入侵和缓刑期违法被监禁，要么与祖母住在一起。她觉得蒂米真的努力想要改变，他参加教堂活动，还想获得普通高中同等学力证书。

他很难在一份工作上干得长久，不是因为他会被解雇，而是因为他总是干了几个月之后就离开，去找另一份工作。他的工作通常是些粗活，当看门人或者泥瓦匠。他承认经常喝酒，但他说自己并没有对酒精成瘾。

1983年，斯宾塞因入室盗窃和非法入侵被拘押，在此期间，有一名心理学家对他进行研究后报告他"精神健康，没有妄想或幻觉"，但很难遵守规则。报告指出，他"倾向于自己设定界限，而不是遵循别人的规则"。心理学家测试他的智商为89，明显低于斯宾塞的真实能力。

1984年1月，他盗窃纪念币人赃俱获，但仍然矢口否认自己有罪。一份判决前报告指出，他"将自己的行为合理化，自己犯罪却指责他人"。

他还是个"好演员"。调查人员在审问他时，有时甚至会觉得他很讨人喜欢。他这样的人如果不发脾气，别人很难想到他能做出多么残忍的事。因此，我还强调，在审问这样的人时，做好充分的准备并熟悉犯罪细节，这一点非常重要。他的雇主认为他是一个友善而独来独往的人。他的女友从去年10月起就与他约会，据说每个周末都会去见他，她对他的形容也如出一辙。她否认他们的性生活有任何异常，没有面具也没有玩具，她不相信她的男朋友会成为杀手。当然，这也不罕见。

只有一名前女友报告了可能有用的信息。她是个妓女，说斯宾塞曾告诉她，如果下体干燥的话，可以用凡士林，还对她承认自己喜欢自慰，但在霍加斯质问他尸体上和周围发现的精液时，他信誓旦旦地对乔·霍加斯说他"从来没有自慰过"。调查人员在斯宾塞和他的受害者之间没有找到任何联系，即使有两名目击者在开往克洛弗利夫购物中心的公共汽车上见过他。该案的关键是科学证据。

DNA测试直到3月初才完成，但结果让人备受鼓舞：斯宾塞的血液与塔克、戴维斯和海拉姆斯犯罪现场的精液样本相匹配，此外还与早年阿灵顿发生的一起强奸案中的样本相匹配。他的辩护律师卡尔·沃马克（Carl Womack）和托马斯·凯利（Thomas Kelley）让细胞标志诊断有限公司对DNA检测结果独立进行了盲检，希望出现不一致的情况。这家公司是马里兰州一个著名的实验室，后来O. J.辛普森谋杀案的样本分析也是他们做的。但这里的专家同意生命密码得到的结果。斯宾塞的DNA与北美另一名黑人DNA相匹配的可能性——也就是说警察抓错人的可能性——据说是1.35亿分之一。

除进行DNA测试外，费尔法克斯当地的实验室还检验了斯宾塞的衣服，包括他每天穿的迷彩夹克。资深法医科学家约瑟夫·贝克曼（Joseph Beckerman）发现夹克上玻璃的痕量颗粒与被作案者打破的一个地下室窗户上的玻璃相符。

1988年7月16日，蒂莫西·斯宾塞被判强奸和谋杀苏珊·塔克罪名成立。里士满的谋杀案没有纳入此次审判，但会在量刑阶段予以考虑。黛比·戴维斯的父亲在女儿的冥诞出庭作证。

斯宾塞的母亲为他作证，社区中心的领导和他以前的一名老师也出庭作了证。两人都提到了他麻烦不断的少年时期。最后，斯宾塞简要地告诉陪审团，他没有谋杀任何人，并"为她们的家人感到难过"。陪审团经过3个小时的商议，一致建议对斯宾塞判处死刑。

1988年10月，斯宾塞因谋杀黛比·戴维斯而被判有罪。1989年1月，他因谋杀苏珊·海拉姆斯被判有罪。1989年6月，在戴安娜·卓案中被判有罪。戴维斯和海拉姆斯的案子使用了DNA检测结果，但是卓的谋杀现场没有提取到纯DNA样本。在那次审判中，检察官认为这是"具有作案标志的犯罪"，法律允许他们引用其他谋杀案的证据。

1994年4月27日，几次上诉均失败后，蒂莫西·威尔逊·斯宾塞（Timothy Wilson Spenser）在弗吉尼亚州被执行电刑。这是世界上第一个因DNA鉴定而被判死刑的人。即便到了最后，他也没有认罪。史蒂夫·马迪吉安开车经95号公路来到贾拉特的州立监狱，这里距离北卡罗来纳州边界不远。他想要在斯宾塞被处决前夕与他面谈。但斯宾塞既没有开口，也没有承认任何事情。

具有讽刺意味的是，虽然斯宾塞的案子确实得到来自尖端技术和计算机的帮助，但破案靠的却是老式的、街头侦探的工作。如果乔·霍加斯不记得斯宾塞的名字，它就永远不会出现在电脑搜索的结果中，因为从技术上说，惩治官并不认为斯宾塞处于假释或被释放的状态。那就不会有血样可供检测了。

不过，大卫·瓦斯奎兹承认谋杀了卡罗琳·哈姆，此时仍在监狱里。两位最初的目击者没有改变他们的说法，实验室里的样本因为时间过去太久，已经过度降解，无法得出结论，也没有人能证实瓦斯奎兹的不在场证明。

与尤德、乔·霍加斯在阿灵顿会面后，史蒂夫·马迪吉安开始了一项艰巨的任务，即分析阿灵顿塔克和哈姆谋杀案、里士满和切斯特菲尔德县的谋杀案、所有单独的性侵案和入室盗窃案的相关卷宗。所有重要的数据都被输入一个计算机程序中，以便对凶手的身体特征和言语行为进行详细对比。

史蒂夫说："真正的工作就是从那时开始的。我们问的一个问题是：'我们如何确定拘押的这个人是否与卡罗琳·哈姆案有关？'"

马迪吉安创建了一个矩阵，标题包括受害者姓名、辖区、日期、犯罪持续时间、地点类型、武器类型、捆绑类型、伤害方法和地点、与受害人的初次接触、犯罪者是否在受害人回家前进入、袭击的地点——屋内、屋外或车内、受害人是否在住所内移动、强奸中的对话和言语行为、性行为类型。

然后史蒂夫把数据带给我，我们各自独立分析，然后合在一起得出结论。我们都很清楚，他和尤德最初的假设是正确的：毫无疑问，这是一个人单独行动，而不是两个人一起作案，无论是像劳伦斯·比泰克和罗伊·诺里斯这样的搭档，还是像保罗·贝尔纳多和卡拉·霍穆尔卡这样的虐待狂指挥者和顺从的追随者。瓦斯奎兹所谓的同伙就是个幽灵。

这些犯罪——盗窃、强奸和谋杀——都是由有经验、熟悉犯罪和具有高度组织能力的人犯下的。他有能力与受害者进行长时间的互动，并通过操纵、支配、控制和折磨受害者来获得性快感。大卫·瓦斯奎兹不是一个性虐待狂，他没有与受害者互动所需的组织能力和人际交往能力。我们两人都觉得他绝对不可能犯下这些罪行。

我们很清楚，在审讯期间，他感到害怕而困惑，一下子获取了太多的信息，并且，为了卑微地取悦和配合警方，他讲述了谋杀卡罗琳·哈姆的"梦"。当时他被灌输了那么多信息，完全可以想象出来。但这并不意味着他是个杀人犯。

我们与乔·霍加斯和阿灵顿警察局一起，要求阿灵顿县联邦检察官海伦·费伊请求州长杰拉德·巴莱尔斯（Gerald Baliles）赦免瓦斯奎兹。他已经认罪，这样才是让他出狱的最快途径。

1988年10月16日，我们向费伊提交了书面报告，结论是杀害卡罗琳·哈姆的凶手与杀害其他受害者的是同一个人。这份报告有5页，采用信件的形式，由史蒂夫和我共同署名，附在费伊向州长提交的请愿书里。

赦免过程比我们预期的要长，因为州长办公室、赦免与假释委员会都重新调查了案件，还审阅了我们的分析。最终，大卫·瓦斯奎兹于1989年1月4日获释。他回到母亲家，并考虑对阿灵顿警方提起法律诉讼。最终，在几位律师的建议下，他决定不起诉，得到了11.7万美元的和解赔偿金。坦白地说，如果是我做决定的话，我会给他更多。

虽然大卫·瓦斯奎兹被捕和定罪让人不安——我认为这件事必须成为我们所有执法人员的一次教训——但当乔·霍加斯和我们发现他可能因自己没有做过的事情而认罪并被监禁时，没人想要掩盖错误。相反，为了弄清事情的真相，我们付出了很大的努力。

正如史蒂夫·马迪吉安所说："阿灵顿警察局，也就是让瓦斯奎兹被捕的部门，愿意回去重新审查这个案子，并甘愿承受随即产生的后果，我认为这充分证明了警察局的正直和奉献精神。"

保罗·莫内斯在《追踪正义》一书中指出："大卫·瓦斯奎兹故事的独特之处在于，把他关进监狱的人也正是让他重获自由的人。没有家人、调查记者或者公民自由主义者为释放他而发声。警方和检察官却主动去做了。具有讽刺意味的是，苏珊·塔克的惨死却最终拯救了大卫·瓦斯奎兹。"

在这组案件中，我们小组花费在行为分析上的时间和精力比我们花在以往任何案子上的都多，包括亚特兰大儿童谋杀案和绿河案。事实上，大部分的精力并不是为了找到并逮捕一个有罪的人，而是为了让一个无辜的人获释。

CHAPTER XII
第十二章

MURDER ON SOUTH BUNDY DRIVE
南邦迪大道上的谋杀案——通过血迹破案

不可否认的是，20世纪90年代的世纪审判（至少到目前来看）是洛杉矶的O. J. 辛普森审判。也许历史上没有任何一次审判能这样，从外部如此详尽地审查案情，或者从内部如此多的琐碎角度进行辩论。

描述这个案子的文字已经成千上万，甚至上亿，几乎每位专家都发表了自己的观点。就像罗夏墨迹测验[1]一样，观点揭示的是持这种观点的人的状况，而非案件本身的情况。不管你对刑事审判陪审团的裁决怎样说，你不能让我相信他们花了几个小时就能认真审查完几个月的证词和繁杂的证据。事后，他们做的口头和书面评论表明，他们大多数人都没弄清楚这起案件的来龙去脉。

我无意对审判本身或者律师和兰斯·伊藤（Lance Ito）法官的表现作出评价。对他们的评价已经有很多，但如果你确实有自己的看法，我可能无论如何也改变不了。我们也无法深入地讨论决定案子成败的

---

1 罗夏墨迹测验（Rorschach test）是世界上最著名的心理投射测验之一，由瑞士精神医生赫曼·罗夏（Hermann Rorschach）于1921年最先编制。测验由10张有墨渍的卡片组成，其中5张是白底黑墨水，2张是白底及黑色或红色的墨水，另外3张则是彩色的。受试者会被要求回答他们最初认为卡片看起来像什么以及后来觉得像什么。心理学家根据他们的回答以及统计数据判断受试者的性格。罗夏墨迹测试也用于法庭和羁押案件，以及衡量一个人对社会的适应程度。——译者注

这些物证。我们只会在行为分析的背景下涉及这些证据，看看我们能从这个角度对这起谋杀案了解多少。

我在这里要做的是一件当时没有真正完成的事情，即使我们花费了这么多时间和金钱在这个案子上。这就是，从行为学角度审视1994年6月12日晚上发生在南邦迪大道875号的双重谋杀案，并从行为学视角考察犯罪现场及其周边环境，让它们告诉我们凶手的情况。换句话说，忘掉辛普森的名气，忘掉所谓的世纪审判，忘掉案子带来的种族分化，如果洛杉矶警察局联系我们在匡提科的小组，就这起谋杀案调查找我们咨询，我们会告诉他们是什么样的人干的。如果你排除其中所有的轰动效应和虚假问题，妮可·布朗·辛普森（Nicole Brown Simpson）和罗纳德·高曼（Ronald Goldman）的谋杀案与我们多年来调查的其他案件没有太大区别。

我需要提醒你，我们小组不会独立破案，也拿不出未知作案者的姓名和地址。在调查这一阶段，我们所能做的就是向警方指明需要集中精力寻找的嫌疑人类型。如果他们已经有了一些嫌疑人，我们的意见可以帮助他们缩小范围。如果他们仍在寻找未知作案者，我们可以帮助他们缩小搜索范围。

要进行这个想象的咨询，我们不得不在过程中做出假设和规定，如假设案件没有像真实情况那样很快就被大肆宣传。也就是说,我们必须假设我们有机会在被媒体事无巨细的报道轰炸之前得出自己客观的结论。这种假设有很多先例。作为一种对比练习,我们小组经常审视曾经具有争议的案件,包括波士顿扼杀者(Boston Strangler)和被指控在1954年谋杀妻子的克利夫兰整骨医生萨姆·谢泼德(Sam Sheppard),他一开始被判有罪,后来改判无罪,争议还未平息他就去世了。1988年10月,我参加了一个面向全世界播出的电视特别节目,对开膛手杰克(Jack the Ripper)的身份进行心理侧写,得到了一些有趣而令人惊讶的结果,我在另一本书中描述过。

1994年6月南邦迪大道谋杀案发生时,我还是联邦调查局调查支持小组的负责人,我们小组有一批世界顶尖的专家和刑事调查分析员:拉里·安克罗姆、格雷格·库珀(Greg Cooper)、史蒂夫·埃特(Steve Etter)、比尔·哈格迈尔、罗伊·黑兹尔伍德、史蒂夫·马迪吉安、格雷格·麦克拉里、贾娜·门罗(Jana Monroe)、尤德·雷、汤姆·萨尔普、皮特·斯梅里克(Pete Smerick)、克林特·范赞特(Clint Van Zandt)和吉姆·怀特。我再强调一遍,我们并没有真的就这一案件提供咨询,也没人请我们。

但如果警方请求我们协助的话,我想这会是一次典型且极具有代表性的案例咨询与分析。

我们会接到洛杉矶警察局指定负责此案的人的电话。此人可能是一名警探,并且已经和联邦调查局洛杉矶驻地办事处的心理侧写协调员讨论过了。我们就叫他肯尼斯·斯科特(Kenneth Scott)警探吧,这样我们就不会和这个案子中的真实人物扯上关系了。

此时,我和我们小组都还不知道,斯科特和他的调查组已经收集了大量的血液和其他法医证据。但他不会告诉我这些,我也不想知道,除非能指向明确的行为。最后,在我分析完之后,我们会一起检查证据,看看这些证据与我说的是否相符。如果是,那么我们就帮斯科特缩小了调查范围,把重点放在了一个特定类型的嫌疑人身上。如果不是,那么这可能是本案的严重缺陷。

斯科特开始说道:"布伦诺德中学附近发生了一起谋杀案,这是一个中上阶层社区,离加利福尼亚大学洛杉矶分校不远。往北走上几个街区,来到日落大道的另一边,就是严格意义上的上流社会。你可能会觉得,住在日落大道南边的人都渴望发达,然后搬到北边去。受害者是一名25岁的白人男性和一名35岁的白人女性。两人在女性受害者住所外被连捅数刀,最后死于严重的外伤。"

"最近附近有没有类似的案件?"我问。

"没有,没有像这样的。"斯科特回答。

"入室行窃或偷窥呢?"

"没有。"

这时我告诉他,我要第一个到达现场的调查员的报告,一张标示出犯罪现场附近重要地点的地图,我还需要看犯罪现场和尸检照片、尸检记录和法医报告,如果报告还没出来,那么我需要他尽可能多地告诉我受害者的情况:这是怎样的两个人?

我不想从他那里得到一份嫌疑人名单(如果他已经有了的话),或者有关嫌疑人是谁的任何推论。我不想被他的决定或者专案组的思路影响。

如果这是一起重大的"活跃"案子——未知作案者还在作案,随时都可能出现新的受害者——我可能会飞往洛杉矶,在现场提供帮助和分析。但是案发后几小时甚至几天之内,都没有出现其他类似作案手法的案子,因此除非情况有变,否则我会继续待在匡提科来提供分析,这样我就不会丢下我的行政职责以及我们小组正在处理的另外10多个案子。

布朗和高曼案的材料通过次日达寄到,我上午大部分时间都在查看这些资料,把自己既放在受害者的位置又放在作案者的位置,找出现场的"潜台词"。我要自问的关键问题是：**为什么这些人会成为这一暴力犯罪的受害者？**在我们知道是谁之前，我们必须了解为什么是他们。要回答这个问题，我需要问自己，这两个受害者之间是否存在联系，或者其中一个受害者仅仅是在错误的时间出现在了错误的地方。

我看完材料时，已经快到午饭时间了，这正是西海岸的上午。斯科特在办公室，可以和专案组的其他主要成员进行一次电话会议。

我开始分析道："杀戮发生在很近的距离，并且具有对抗性。武器是一把刀，意味着犯罪针对的是受害者个人。犯罪现场呈现出混杂的特点，其中既有有组织的因素，也有无组织的元素，我们后面会说到。但我想说，凶手基本上是有组织型的，因此我认为他是一个有智慧、有能力、心理成熟的人，并且有一定的犯罪计划和意图。他戴着帽子和手套，带着武器来到现场。杀害女受害者的方式高效、迅速，几乎是军人杀敌的风格，还有大量'过度杀害'的迹象。同时，现场杂乱无章的特征表明，这与他的计划并不一致，尽管他很成熟，但他只有很少的犯罪经验，甚至几乎没有犯罪经验。对于男性受害者，他明显缺乏控制力，并且当事情进展得不够顺利时，他表现出了恐慌。因此，你会发现罪犯有被家人投诉的前科，可能还在酒吧闹过事或者打过架，但肯定没有像谋杀这类严重的罪行，而且他肯定没有蹲过监狱。因此，不要指望警方会有记录能让你找到这个人。他在现场留下了帽子和手套，还穿着会留下独特脚印的鞋子，仅这一事实就说明他缺乏犯罪成熟度和经验。他还割伤了自己，可能是在割她喉咙时弄伤的，犯罪现场还发现了被割坏的手套，这表明他并没有打算与罗纳德·高曼作这么剧烈的争斗。

"凶杀案发生在妮可·布朗·辛普森的住所。"我接着说，"仅这一点就足以证明她是首要目标。我们知道，高曼在那里是因为布朗的母亲当天早些时候把眼镜忘在了高曼工作的餐馆里。妮可打电话给餐厅，他们找到了眼镜,罗恩[1]主动送还。所以他在那个特定时间出现在邦迪大道纯粹是偶然。除非凶手跟踪的是他,否则他不能被认为是首要目标。如果有人跟踪他,那么凶手要等到他和另一个人在一起,接近潜在的目击证人,那就完全没有意义。我们再看看另外一些事实。

"就像你说的,尸检报告上说两名受害者都死于多处刺伤。高曼的手上有分散在各处的防御性伤口。女性死者被发现在通往公寓门四级混凝土台阶下,整个人呈胎儿姿势。她的黑色裙子滑到大腿位置,但看来应该是裙子太短而她又摔了一跤造成的,而不是故意把裙子拉起来或者企图暴露她的身体。她的内裤还在,也没有性侵和特意陈尸的证据,更加证实了这一点。

"但她出血很多,在最后一级台阶上流血而死,这可能是致命一击发生的地方。她的喉咙被割得非常深,几近斩首。她身上另外的刺伤比高曼身上的更集中、更直接。她对于凶手来说不像罗恩那样难以控制。他不停地捅她,不是因为他'不得不'这样做,而是因为他'想'这样做。这也是我说女性而非男性是主要受害者的另一个原因:袭击者认识她,也很了解她。"

"你为什么这么说,约翰?"一名警探问道。

"我们看到,没有性侵发生,所以这不是她惹怒了强奸犯的情况。这种过度的杀戮说明对某人心怀愤怒,尤其是那么多下都是直接捅向脖子。这不是陌生人作案。只是要杀她的话,他大可不必做这些。他在发表声明。他在惩罚她。

"男性受害者身上的伤口则不同。高曼进行了殊死反击,这是一场恶斗。他身上的伤痕——手上的防御性伤口、身上更深的刺伤——都表明未知作案者就是为了杀死他才这样做的。未知作案者对惩罚他或是通过杀他来表明立场并不感兴趣。未知作案者只是想制服他。这就

---

[1] 即罗纳德。——编者注

是我说没有完全按照攻击者的计划进行时,我想表达的意思。他没有料到那儿会有另外一个人。这很快就让他的组织变得一团糟。"

"但是你知道,约翰,我们在现场发现了一只手套和一顶黑色针织软呢帽。那不是来抢劫的人的吗?"

"当然可能是。"我说,"但什么也没丢。事实上,未知作案者根本没有进过这所房子。"

"但你自己说,他对高曼的出现感到惊讶。也许是他想抢劫,但他没有得逞。"我并不认为这名调查人员真的这样想,他可能是在和我作对,不过没关系,我需要有逻辑支撑我所说的。我说的这些他们自己未必不知道或者没弄明白,但在我们开始分享信息之前,回顾一下我对事件的看法是很重要的。

我说:"首先,你告诉我这附近没有入室盗窃的问题。但更重要的是,窃贼一般不会随身带着刀到现场。他要么带枪,要么根本就不带武器。入室窃贼有两个目标:首先是在不引起冲突、不被人看见的情况下进去然后出来。如果他没做到这一点,造成了对抗的局面,那么他的第二个目标是尽快逃走。他不会留下来伤害别人,除非他觉得这是逃跑的唯一选择。枪可能会派上用场,刀就不行了。用刀必须靠得很近,过于个人化,而且用这种方式杀人需要很大的力气。但罪犯也许打算过进屋作案,但他看到妮可和罗纳德在一起时,可能以为他们之间有恋情,于是偏离了预定的计划。她整间屋子都点上了蜡烛,连厨房、浴室里都有,透过窗户可以看到的地方都有。这对于她来说一直是个浪漫的仪式。知道这个仪式意义的人,他自己必然也经历过,所以如果他以为她这是为别人准备的话,可能会因此暴怒。

"我们不确定布朗和高曼之间是否存在超出友谊的关系,但我们至少知道,当晚他们并没有什么计划,因为高曼本来打算放下装着眼镜的信封后就离开,然后去见几个朋友。"

"那么你认为他是在攻击她时,高曼碰巧出现在现场?"

"有可能。"我承认,"但我不这么认为,因为未知作案者似乎最先攻击的是她,然后是他,最后又回到她这里。我想事情是这样的:未知作案者看到他们在一起,他一直在观察,一直在跟踪她。他不喜欢这个场景。所以他出来与他们对质。她认出了他。高曼可能也认出来了,所以高曼伸出双手,掌心向上,说:'嘿,冷静点,伙计。我们什么事都没有。我只是来还她妈妈的眼镜。'

"但罪犯用钝器——很可能是刀把——猛击她的头部,很可能一下子把她击倒了。

"然后他转向高曼,高曼大概距离他们一两米远,在一棵长在地上的棕榈树旁边。这也许就两三秒钟的事,妮可被袭击,让罗恩措手不及。他被困在一个宽约1.2米,长约1.8米的狭小空间里,身后是一道篱笆,而且他被棕榈树挡住了。他本能地准备战斗,我们可以从防御性伤口中看到这一点,他的左大腿和左腹也被刺伤。两个男人之间有过一场争斗。高曼穿的衣服缠在身上,因此他被反复刺伤,但刺穿的洞似乎与后来尸检时看到的伤口对不上。

"防御性伤口主要集中在他左手的手指和手掌上。我想发生的事情是这样的,袭击者用右手刺他的时候,他把手伸了出去。高曼伸出手,扯下了左手手套,就是在现场发现的那只。

"此时,罪犯已经陷入疯狂。他制服了罗恩——这非常不容易——接着就回到妮可身边,从后面抬起她的头,割断她的喉咙。

"未知作案者随后又回到高曼身边,他必须确保把高曼干掉。我们之所以知道他回去,是因为在高曼的一只鞋底发现了妮可的血迹。这一点非常重要,因为它告诉你罪犯不是职业杀手。这不是一名杀手。他不知道怎样才能杀死这个人。他必须回来检查一下。他看到高曼快死了,于是他又回去捅了几刀。事实上,高曼被刺伤的次数比布朗还多,尽管个性化的攻击都是针对她的。这是因为虽然她是他要惩罚、复仇的人,但这名男性却是他更大的威胁。这也是我们知道对两人的谋杀都是一名罪犯所为的另一个原因。两个或更多的凶手可以更好地掌控局势。你在高曼身上就不会找到这种打斗的证据。"

即使事情不是完全按照这样发生的,即使罗纳德是罪犯已经在袭击妮可时才出现的,这也不会改变我对杀害这两条人命的罪犯类型,以及他的动机的看法。

"那么你不认为这是一起毒品谋杀案,约翰?"

我不这样认为。"两名受害者卷入了毒品犯罪吗?"我问。

"没有。他们可能试过消遣性毒品。很多人都用过。但毒物筛查没有发现毒品,两人都以自己的身体为傲。当然,他们两个都没出售过毒品。"

"那么谁会杀两个对毒贩生意不构成任何威胁的人?你认为毒品谋杀会具有象征意义,就像'哥伦比亚人的领带'案一样,受害者的喉咙被割断,舌头从伤口拉了出来。差不多是这样。但凶手会在某个具有象征性的地方动手,而不是在受害者的家里。正如我所说,那会由专业的人来完成,他们会准备得更充分来制服男性受害者。或者,如果他们没有做这样的准备,而在现场又看到他时,他们会冷静地走开,在更合适的时候再动手。"

在这个阶段,对我们正在处理的凶杀案进行分类是非常重要的。如果这不是强奸谋杀或者入室行窃失手杀人,不是毒品谋杀案、骗保谋杀案、犯罪集团谋杀案等一类的案子,那会是什么?我是1992年出版的《犯罪分类手册》(*Crime Classification Manual*)的主要作者。经过数年来对几千个案子的研究和咨询,我们在匡提科的一些人觉得有必要建立一个严重犯罪的分类和解释系统,该系统应具备《精神障碍诊断与统计手册》在精神病领域相同的严谨性和组织性。我们因此出版了《犯罪分类手册》。在联邦调查局之外,宾夕法尼亚大学的安·伯吉斯博士和她的丈夫、波士顿东北大学管理学教授艾伦(Allen)是这本手册的共同作者,他们对海量数据的汇编和组织工作进行了监督。事实上，调查支持小组的所有特别探员以及许多行为科学领域的专业人士也都为这本书作出了贡献。例如，尤德·雷是个人原因谋杀分类委员会主席，还与吉姆·怀特一起参与团体原因委员会的工作。

在《犯罪分类手册》中，我们根据动机和要素对谋杀、纵火、强奸和性侵进行了分类，并告诉警方和调查人员每种犯罪的构成元素和调查时要考虑的问题。第一类凶杀案"犯罪集团谋杀"可分为8个大类，每个大类再细分为4个子类。个人原因谋杀分为两大类：色情妄想杀人和家庭杀人。家庭杀人又分为心血来潮型和阶段预谋型两类。这些并非主观武断的划分，而是建立在广泛的研究和经验基础之上的。

正如我所说的，因为伤口的类型和严重程度，同时我清楚地知道，凶手的主要目标是这名女性而不是那名男性，因此我认为这不是一起陌生人谋杀案，也不是我们所说的团体原因谋杀。例如，曼森家族的邪教杀戮就属于团体原因谋杀。邪教谋杀，或者说团体刺激谋杀，是唯一可能的团体原因谋杀，其他的团体原因谋杀还包括极端主义谋杀的变体——其性质包括政治或准军事型，以及宗教或人质劫持型。

布朗被杀的残忍程度在某些方面可能与泰特和拉比安卡谋杀案类似，但仔细检查会发现与后者十分重要且显著的差别。对于邪教谋杀，你会在现场看到很多具有象征性的东西，比如曼森家族成员在墙上用受害者的血写下"混乱不堪"等标语。在亚特兰大儿童谋杀案中，尽管人们普遍认为案子由三K党式的白人至上主义组织实施，但我知道事实并非如此。尸体和抛尸现场不具有任何象征意义，而且我很清楚罪犯只有一个人。

当我看了布朗和高曼案现场的材料时，我有充分的理由相信只有一个人作案。除对付第二个受害者时出现明显的混乱外，两名受害者身上的所有伤口都由同一件武器造成。在这种情况下，两个或两个以上的团伙不会共用一把刀，尤其是妮可的一把菜刀就放在厨房柜台上。

菜刀为什么会放在那里？我的感觉是她预感到有危险。当天早些时候或者几天前，发生过让她担忧的事情。她的对讲机坏了。她没有枪，她能想到的最佳武器就是刀。我们知道她在等罗恩·高曼过来还她母亲那天忘在餐馆的眼镜。但他不是让她害怕的人。

"你必须重新进行受害者研究。"我说，"在高曼的生活或背景里，没有任何东西能让他成为恶性攻击的目标。我并不是说他不可能被抢劫，他甚至可能被同性谋杀（肯定是同性攻击，因为女性不会这样杀人）。但这里不是这样。

"另外，布朗经历了一场非常难堪的离婚，直到几周前，她仍然与极具控制欲的丈夫保持着断断续续的联系。"

"没错，"斯科特说，"在谋杀案发生前的几个星期，她病了，辛普森带着食物到家里来照顾她，还给了她一条漂亮的项链。在她康复后不久，他们又起了争执，她把项链扔还给他。"

"所以他可能觉得她给了他混乱的信号。"我说，"我们有证据表明，辛普森案发前几周一直在跟踪她，在她吃饭或者见朋友时开车经过，朝她家的窗户里看，监视她和别人在一起。没有证据表明高曼被跟踪或者有什么敌人。"

斯科特说："所以你是说凶手是妮可的前夫 O. J. 辛普森。"

"我想说的是，"我澄清说，"我们看到过很多类似的案件。不管是谁干的，这人都不是职业或者有经验的杀手，此人是单独行动，很了解女性受害者，对她怀有极大的愤怒。"

"好吧，我们还没有找到另外一个符合这个描述的人。"一名警探说。

另一位则预测说："当这一切都公开后，这两个人生活的每一处细节都会被详加审查。如果妮可的生活中还有其他人符合这个标准，他不可能一直隐藏下去。"

（当然，这确实发生了。尽管十分敬业的记者，当然应该还包括辛普森的调查人员,更不必说警方,都付出了巨大的努力,但这样的人从来没有出现,也没有被找到。)

"听着,"我接着说,"我们看到过很多这种情况,所以知道这里肯定存在一种模式和某种动机。恶魔不会突然出现,屠杀两个人之后,又消失在空气里。"

"有些人开始暗示可能是连环杀手作案。有人提到格伦·罗杰斯(Glen Rogers),是因为他经常到外地去,曾在几个不同的州和辖区内作案。"

格伦·罗杰斯被指控是一名连环杀手,警方认为他可能在全美至少犯下6起谋杀案,这些案子分别发生在加利福尼亚州、路易斯安那州、密西西比州、俄亥俄州、肯塔基州和佛罗里达州。有段时间他自己吹嘘有多达70名受害者。1995年,他在肯塔基州一次高速追击后被捕。由于他作案范围广,受害人类型多样,他似乎是一个理想的"万能嫌疑人",可以成为同时代几乎所有暴力犯罪的替代嫌疑人。

"作案手法和识别标志不对。"我指出,"罗杰斯会去低级酒吧接女人,和她们一起过夜。认为这个家伙会突然出现在布伦特伍德,改变他的全部犯罪过程,无异于捡了芝麻,丢了西瓜。我们在妮可·布朗身上看到的这种持续性的攻击,实际上只在攻击者和受害者已经建立起重要关系的情况下才会出现。"

"所以你是说这不是机会犯罪。妮可·布朗绝对是凶手要杀的人。"

"绝对是的。我们知道他有预谋、有计划。我们发现有刀、手套、帽子。罪犯选择了他称手的武器。他非常愤怒,充满敌意,他这是想针对她个人。"

"好吧,约翰,我们询问过她的朋友,妮可很怕刀,比枪还怕。"

"那么这就更能说明凶手很了解她了。你知道,杀人的手法——从后面抓住她,然后切开脖子——就像一次军事突击,尤其是凶手还戴着手套和软呢帽。辛普森参过军吗?"我问。

"我们不这样认为,但他最近刚试演了一部电视剧,在里面演一名海豹突击队员。"

"这些人就是专门被训练成近身且无声杀人的专家。"一位曾在海军服过役的警探说。

"好吧,凶手靠近现场时以为一切都在控制之中。"我说,"他以为他可以走进去,做他想做的事,出去时不被人看到或听到。我告诉你我还在想另外一件事。根据我在个人原因造成的家庭杀人案中反复看到的情况,我认为罪犯想要策划一场看起来像性侵的犯罪。"

"你的意思是?"

"如果他没有因为高曼在场而被惊到——这是他没有料到的情况——那么他会有时间把自己的一些行为掩盖起来,把现场弄得像一起强奸谋杀案。如果他这样做了,你会发现,布朗尸体上的裙子被拉了上去,内裤被拉下来或脱掉。抽屉会被洗劫,丢失一些明显的东西。但最终这些都没用,因为与业余选手伪装现场相比,我们更善于揭开伪装。比如,他不大可能在她死后强奸她或者对她手淫,他会小心地把她放在孩子们找不到的地方。然后,当然,你肯定知道强奸犯的作案地点离他们的舒适区很近,但在那附近,强奸犯要么是中上阶层的居民——但这不太可能,要么是园丁、维修工或者其他类似的人,但我们在这一地区没有发现这样的人。最重要的是,他仍然控制不住愤怒,这种愤怒造成的伤害是陌生人不可能造成的。妮可·布朗的身体素质很好,迫不得已时,她会全力反抗,所以强奸犯很难控制住她,这可能会激怒他。但是你会看到更多的锐器伤,而且都是刺伤。强奸犯不会介意性侵一个被严重殴打的人,事实上,虐待狂甚至会很享受,但他不会强奸一个流血至死的人。"

"约翰,我们告诉你案发当天发生的事情与你的心理侧写符合吗?"

"当然。这类犯罪通常都有一个触发机制,在几小时、几天或几周前就发生了一个刺激事件。我们知道在案发前几周,O. J. 辛普森和妮可之间有过很多争吵和冲突,在谋杀当天,他觉得她在女儿希德妮(Sydney)的舞蹈演出上冷落了他。我们也知道他的女朋友葆拉·巴比耶里(Paula Barbieri)——她本应该让他忘掉妮可——却因他不让她和他一起去看演出而生他的气,还在他的答录机上留了一条很长的留言,说她想结束这段关系。在内心深处,他可能不想让她走,他想两全其美。他想维持两人的关系,同时也想维持和前妻的关系。有证据表明,他一直通过住所的座机和手机给巴比耶里打电话,直到布朗和高曼被杀。但他一直没有打通。所以他还在想这件事。"

"如果电话打通了呢?"

"这是个有趣的问题。"我回答说,"如果电话接通了,他会继续他的'任务'吗?他可能就不会了,尽管他已经积累了巨大的愤怒。他的愤怒来自双方。两个女人都拒绝了他,而他不习惯被拒绝。在我看来,他把妮可看作一种财产。当他们相遇时,他是一个世界闻名的人,而她只是一个高中生。

"我们可以看到他的控制欲有多强,形象对于他而言有多重要。当他和第一任妻子离婚时,他答应给她钱,但他必须留下房子。他不想让别人觉得他输了。尽管他可能支付了很多赡养费和子女抚养费,但他可以说:'我没有输。我拿到房子了。她必须搬出去!'当他和妮可离婚时,同样的事情又发生了:'她必须搬走。我拿到房子了!'

"然后,他看到妮可在她家里和另一个男人在一起,这是个年轻的白人,这可能是他最终的触发因素。"

"你对血有什么想法?"斯科特问道,"你在犯罪现场照片里也看到了,现场有大量的血迹。在那辆布朗科车里有几滴血,但没有在座位或其他地方发现血迹,即使我们在罗金汉公寓发现了袜子,但我们在其他地方也没有发现大量血迹。我觉得这会让人产生疑问。"

我说:"首先,流血最多的伤口,即布朗被割开的喉咙,是他从背后袭击造成的,所以你在袭击者身上不会看到很多血。如果他计划用刀杀人，而且想得很清楚的话，他就会想到自己身上会沾到血。我们知道他戴着手套和帽子，这说明他已经提前计划好了，所以我想他会穿上某种连体衣或外套，能很快脱下来扔掉。如果他在离开犯罪现场的路上能停下来，他会在那里把衣服处理掉。但是由于谋杀的时间比他预期的长，而且他走得很匆忙，所以我认为他会晚些时候把血淋淋的衣服丢掉，也许是在机场。"

一名警探说："我们对行为的讨论唯一让我困扰的是，我们不是在泛泛而谈，我们谈论的是著名的 O. J. 辛普森。很多人都知道他的婚姻问题。当他在考虑做这样的事情时，他不是要停下来想一想，'等等，这太明显是我干的了。一旦他们发现她死了，他们肯定会来找我'？"

"你可以这样想，"我回答说，"但根据我的经验，杀手无论是第一次还是多次作案，都不会想到被抓。如果这个意料之外的人没有出现在现场，拖慢了他作案的速度，他会有足够的时间回到家里，完成他的不在场证明，然后去机场飞往芝加哥，谁也发现不了。他也许计划在足够的时间内赶到机场，然后打电话给他的朋友说：'我很担心。我整晚都在给妮可打电话，但一直联系不上她。你能过去看看她和孩子们都没事吗？'这不仅证明了他不在场，而且阻止了孩子发现他们的母亲。

"还要记住的是，他除了是世界著名的橄榄球运动员，还是一名演员，自然很迷人且经验丰富。他知道怎样才能不被怀疑，比如和蔼地与人交谈，像往常一样给别人签名。在他心里，他显然给自己的罪行找好了借口。'是她逼我这么做的。'所以他在一定程度上已经找回了心里的平静。"

"我们让他接受测谎如何？"

"你最好小心点。给自己找好借口的罪犯接受测谎，至少能得到一个不确定的结果。我还要告诉你另外一件事：案子过去得越久，他测谎的结果就会越好。到明年的这个时候，不管这中间发生过什么，我敢打赌他都一定能通过。"

我还建议警方对妮可·布朗的墓地进行监控。我曾提过，我们经常发现，凶手不仅会回到犯罪现场，还会回到受害者的墓地。许多观察者认为"慢速追逐"表明辛普森要逃跑，但据说原因其实是辛普森要去看妮可的坟墓。我从一开始就觉得，他可能会回到坟墓前道歉，或者更有可能的是，为自己辩解，或者责备她逼他这样做。其实，最近几个月有报道称，O. J. 辛普森确实去了他前妻的墓地。但警方没有对墓地进行监视。如果有的话，我很想知道会是什么结果。

接下来我们要谈的是审讯技巧。当我们在开这个想象的心理侧写咨询会时，托马斯·兰格（Thomas Lange）和菲利普·范纳特（Philip Vannatter）两名警探已经得到辛普森本人的同意，在没有律师在场的情况下，对他进行了问讯。他们在问讯中得到了一些有用的信息，比如辛普森承认，在听到警方通报妮可被杀的消息时，他在芝加哥酒店的房间里砸坏了玻璃，因此割伤了自己。但问讯的内容不够精准，时间也不够长。如果说有什么问题的话，我认为警方对辛普森过于讨好。

"我很震惊，他竟然会同意和警方谈，"尤德·雷评价道，"但从实际的角度来看，这样的家伙习惯于击败制度。他一定是真觉得这样做能够打败制度，而且从某种意义上说，他确实做到了。"

"现在你对此无能为力，"我对专案组说，"如果他的律师肯让你再去找他，尤其是在没有律师在场的情况下，我会感到非常惊讶。但如果你有这样的机会，让他处在一个没有威胁的环境里很重要。你能在这里想花多长时间就花多长时间，在他脑海里植入你掌握了多少令人信服的证据，告诉他在现场发现了他的血，然后对他说一些能保住面子的解释。"

我对杀害儿童的凶手用过相同的方法——暗示他并不想勒死这个小女孩，但她却"逼他不得不这样做"——这对杀害成年人的罪犯也很有用。如果凶手在脑海里能为自己的罪行找到合理的解释，并且相信警方能够理解这一点，这是你让他认罪最有可能的机会。由于马克·福尔曼（Mark Fuhrman）警探几年前接到过 O. J. 辛普森和妮可发生家庭矛盾的电话——他当时还是一名身穿制服的巡逻员——因此他可以在这个场景中发挥作用，他可以说他知道他们两人之间有麻烦，他知道她可能激怒了他。

你也可以像我在审问拉里·吉恩·贝尔那样使用人格分裂的招数。虽然他不承认坐在我面前的拉里·吉恩杀死了莎莉·费耶·史密斯，但他最终承认"坏拉里·吉恩·贝尔"有可能杀了她。这是我们从他那里得到的最接近认罪的陈述。

我们关注的是犯罪后的行为，这里有一些关键指标。在最基本的层面上，我们调查了 1994 年 6 月 13 日洛杉矶警察局的警探罗恩·菲利普斯（Ron Phillips）联系上住在芝加哥酒店的辛普森，告诉他前妻被害的消息。根据检察官克里斯托弗·达登（Christopher Darden）在《藐视行为》(*In Contempt*) 一书中的说法，辛普森不仅没有问她是怎样被杀的，他也没有问是哪位前妻！杰弗里·图宾（Jeffrey Toobin）在他写的书《生命的长跑》(*The Run of His Life*) 中指出，菲利普斯确实提到了妮可的名字，但辛普森从未问过她是怎样死的，是意外事故还是被人谋害。不管是哪种情况，这都很具有说服力。假如你之前没听到过这个新闻，你可以把它当作一种表演，但如果你没有这方面的经验，你的表演就很难让一个训练有素的观察者相信。

我告诉专案组，总的来说，辛普森的行为与你对无辜之人会如何反应的预判是不一致的，特别是一个习惯于控制局面、经常受到公众追捧的无辜的人。一个无辜的人被指控犯下这样的罪行时，他会暴怒，会竭尽所能来否认。

"如果你认为我会杀了我的妻子，你真的疯了！"这才是符合预期的反应。"如果你在现场发现了我的血迹、头发、指纹或我的任何东西，那肯定是有人栽赃！"

但这并不是向辛普森通报他被指控谋杀后在他身上观察到的反应。

一些人如辛普森的律师阿兰·德肖维茨（Alan Dershowitz），认为辛普森是悲伤沮丧过度，而无法表现出愤怒。我一点也不相信这种说法。如果一个男人真的为失去妻子（即使是前妻）而悲伤，那么他一定会捍卫妻子在他心中的回忆和他们共同的荣誉，绝对不会只用一种敷衍了事的态度否认与此有关。在这种情况下，他无辜却不愤怒，这本身就不符合这种人格特征。

"他会有自杀的危险吗，约翰？"

"当一个控制欲很强的人突然失去控制时，总会有自杀的危险。但我认为，这名作案者非常自恋，你更有可能看到他为了寻求关注和同情而假装自杀。我想他可能会威胁说要用刀或枪自杀，但我认为你不会看到他用割腕、开枪把脑浆崩出来这类痛苦的方式结束生命。如果他真的要自杀，他可能会用药片，并且在为时已晚之前，他会打电话给一个可以及时救他的密友，以便在交易中处于更多有利的位置。"

我们后来了解到，辛普森确实写了一封遗书，并在布朗科车中用枪指着自己的头。如果这不是为了获得公众的关注，我不知道是为了什么。

咨询到了这个时候，他们会告诉我他们的非行为学的法医证据，主要是血迹。初步测试发现辛普森到过犯罪现场。也就是说，法医证据和行为证据是相互支持的。作为一名调查员，这是你想要的情形。

"我会说这就是你要抓的人了。"我总结道。

几周后，我们会得知，血液DNA——与指纹一样具有独特性——也匹配。

在这里，心理侧写和我们的调查分析可以发挥作用。

所有的证据，无论是行为证据还是法医证据，都能说明，女性受害者的前夫对 1994 年 6 月 12 日晚发生在南邦迪大道 875 号的谋杀案负有责任，案件并不存在另一种可能。

如果警察和检察官来找我，我就会这样告诉他们。但这能否对最终结果产生影响则是另一回事。

CHAPTER XIII
第十三章

CRIME AND PUNISHMENT
罪与罚——一个警探的思考

无论我们对真理和正义的观念多么高尚，无论我们用什么崇高的词句来表达这些概念，刑法制度的基本目标只有两个：还无辜者（以及那些在法律上不能证明有罪的人）以清白，惩罚有罪之人。

传统上，我们的惩戒系统有 5 个基本目标，其重点和重要性根据犯罪学的价值观和流行趋势而变化。5 个目标分别是改造（rehabilitation）、报应（retribution）、与社会隔绝（isolation from society）、报复（vengeance）和惩罚（punishment）。

改造是建立在这样一个前提下的：我们可以把一个犯了严重错误、反社会的人放在适当的环境中，通过让他接触合适的专家，让他审视并理解自己过去的行为，同时弥补他生活中缺失的方面（如教育或职业培训），我们可以把他转变为一个有贡献、遵纪守法的社会成员。"矫正"一词本身就有恢复的概念。父母管教孩子时，其基本思想是父母希望通过惩罚来"矫正"孩子的行为。在美国大部分州，监狱系统的名称是惩戒部。

毫无疑问，如果改造起了作用，这是对惩戒体系最好也是最有效的成果。其中的原因不言自明：如果我们能把一个坏人变成好人，然后放了他，那就少了一个坏人来伤害我们。当然，这样说来既天真又简单，但在某些情况下，这种手段是可以起作用的。如果一个人因为没有工作也没有接受过技能训练而偷窃,而他也可以接受训练,从而找到工作,那么也许他会自尊自爱,再也不去偷。如果一个人为了吸毒而偷窃,他可以先戒毒,然后我们可以继续下一步,让他找到一份工作并找回自尊。事实上,在多数情况下,这招行不通,罪犯很快又干起了他的老本行。我并不是说,花时间、精力和金钱改造特定类型的犯罪分子是不值得的,我认为我们还有希望。

我不认为希望有多大的地方——这是基于我们多年的研究,以及更长时间的经验——是当我们针对连环杀手和性犯罪者的时候,我职业生涯中大部分时间都花在追捕和研究这些人上。这些人之所以会做出这些行为,不是因为他们需要吃东西,或者为了不让一家人挨饿,甚至不是为了吸毒。他们这样做是因为这样做感觉很好,因为他们想做,因为这能给他们带来满足感。你当然可以提出,他们中的许多人这样做是对糟糕的工作、低下的自我形象、父母的虐待等的一种补偿。我同意你的观点,但这并不意味着我们就能让他们回归正常。

我的同事格雷格·麦克拉里用蛋糕来比喻。你烤了个巧克力蛋糕,闻起来很香,看起来也很棒,但一咬下去,你却意识到有什么非常不对劲。然后你想起来:"哦,对了,除了鸡蛋、果酱、黄油和可可(还有你加进去的其他东西),我记得我在车库里搅了一些车轴润滑油进去。就是这个问题,车轴润滑油!如果我能想出一种方法把蛋糕里的车轴润滑油去掉,蛋糕就会好吃了。"

我和同事就是这样看待改造性侵犯者,尤其是连环性侵犯者这一问题的。事实上,在绝大多数情况下,让他们伤害和杀害无辜的男人、女人和孩子的冲动、欲望和性格障碍都深深根植于他们性格中,只去掉车轴润滑油是不可能的。

前面提到的杀人犯杰克·亨利·阿伯特的案件只是众多案例中的一个。我记得一个特别令人心碎的故事,正好也说明了这一点。20世纪90年代初,一名从监狱越狱的儿童猥亵者和杀手出现在电视节目《美国通缉令》(America's Most Wanted)上。这个人碰巧看到了这个节目,意识到其他认识他的人肯定也会看到这个节目,然后他们会抓住他,他会再度被逮捕,被关进监狱。他知道这一点,也很清楚他剩下的自由时间很短,于是他开车离开家,在警察找到他之前绑架、猥亵并杀害了另一个孩子。他知道他会永远待在监狱里,在那儿他接触不到任何小孩,所以他最好趁还有机会的时候做点什么。

我想到的另一个比喻是青蛙和蝎子的寓言。一只蝎子走到一只青蛙跟前,要青蛙背它过池塘。

"不,"青蛙说,"因为如果我背你过去,你会蜇我,然后我就死了。"

"用你的逻辑想想,"蝎子答道,"我想你背我是因为我不会游泳。如果我蜇了你,你死了,那么我也活不成了。"

青蛙想了一会儿,认为蝎子说得有道理。"好吧,"它说,"跳上来吧。"

于是蝎子爬到青蛙背上,青蛙从岸上下了水。但当它们游到一半时,蝎子蜇了青蛙。

忍受着即将死亡的极度痛苦,青蛙喘息说:"你为什么要这样做?现在我们都要死了。"

蝎子即将沉到水下,快被淹死时,耸耸肩说:"这是我的天性。"

恐怕现在我们——警察、侦探、联邦调查局探员、律师、法官、精神病医生或牧师——没有人知道这种本性一旦形成该如何改变。这就是为什么像前特别探员比尔·塔福亚（Bill Tafoya）博士这样的人认为，认识到孩子行为中存在的严重问题，并在幼年期进行干预是至关重要的。塔福亚博士是常驻匡提科的"未来学家"，他认为"先发制人计划"是美国打击犯罪最有效的武器。塔福亚说——我也同意——我们显然需要对犯罪及其原因有一个全面的认识。我们对任何愿意倾听的人都会这样说：如果你依靠我们联邦调查局和当地警察来解决犯罪问题，你会非常失望。当犯罪在我们的雷达上闪现的时候，已经太晚了，犯罪人格已经成熟了。

不幸的是，这就是改造通常不成功的原因。

所以下一个办法就是与社会隔绝。如果我们不能"纠正"或"治愈"这些犯罪者，那么我们只能把他们关起来，让他们远离社会，保护我们其他人的安全。这个问题不用多说，其作用和缺点不言而喻。很多在外面很暴力、很危险的人，在监狱里的表现却还行，因为这里的生活很有条理，他们没有机会伤害无辜的人。但其中有些人确实会伤害其他囚犯、狱警和辅助人员。如果有人认为安全级别最高的监狱——无论是联邦监狱还是州监狱——并非简陋而危险的地方，那就听听一个花过很长时间访问这些监狱的人的忠告吧，里面的生活极不安定且充满危险。

当然，里面都是坏人，谁在乎他们会不会窝里斗。好吧，这是我们大多数人所持的态度；我们厌恶把税款花在监狱和囚犯身上。别误会我的意思，我认为改造在多数情况下都没用，我赞成长期将最危险的罪犯隔离。但如果我们监狱里目前存在的危险情况持续下去，就不要指望出狱的人能比他进监狱时好得多。情况也许恰恰相反。这不是一个有利于重新做人的地方，也不是一个你可以简简单单在里面待着而不用担心后果的地方。我不想让更多的人出狱，但我也不想让你在监狱里得把脑袋别在裤腰带上。

这就引出了我们对量刑的看法，量刑即惩罚。我们可以尝试改造他们，我们也可以把他们隔离起来，只要我们认为这是必需的。但惩罚呢？让一个人因为他对别人所做的事情而受苦有什么价值吗？这种痛苦能阻止其他人犯下同样的罪行吗？

首先我需要说的是，古往今来，将惩罚作为威慑手段的效果并不好。我们都听过，中世纪的扒手会在公开处决犯有扒窃重罪犯人的现场行窃。从一个更基础、更接近家庭的层面来看，打孩子的屁股能防止他再犯被打屁股的错吗？威慑有效才有用，而要使惩罚有正当的理由并且值得这样做，似乎还需要一些超越威慑的价值。

而我认为惩罚有这样的价值。

在这本书和其他的书中，我讲述了我与查尔斯·曼森的一些遭遇，以及我对1969年由他主导的恐怖罪行的研究。现在，我很高兴地看到，曼森家族曾经的成员莱斯莉·范豪滕（Leslie Van Houten）、苏珊·阿特金斯（Susan Atkins）和帕特里夏·克伦温克尔（Patricia Krenwinkel）在监狱里反省了大约20年之后，对自己在莎朗·泰特、阿比盖尔·福尔杰（Abigail Folger）、杰伊·塞布林（Jay Sebring）、沃伊特克·弗莱科夫斯基（Voytek Frykowski）、斯蒂芬·帕伦特（Steven Parent）、雷诺和罗斯玛丽·拉比安卡夫妇的谋杀案中所扮演的角色感到后悔。在定期举行的假释听证会上，她们的律师证明她们批判并推翻了曾经的导师，真诚地为自己的罪行忏悔，并且如果她们被释放回到社会后，肯定不会对别人造成危险。

我相信她们。我真的相信。我相信她们现在对曼森的看法是现实的，看清楚了他过去和现在是怎样一个人。我相信她们真的为自己在1969年夏天那两个可怕的夜晚所做的一切感到后悔。作为多年研究暴力犯罪者和危险行为的人，我相信如果她们被释放出狱，很可能不会再犯下严重罪行。她们甚至可能成为社会中"有用"的人，用自己的错误教导他人。

我也研究过这个案子的所有细节。我看过全部验尸报告和法医报告。我看过全部7个受害者犯罪现场的恐怖照片,其中就有怀孕8个月的莎朗·泰特,她徒劳地祈求袭击者可怜她尚未出生的孩子。我在给联邦调查局探员和调查局国家学院的警察学员讲课时都用到了这些原始照片,即使是成熟老练的专业人员看到照片后都无不倒吸一口凉气。所以,以我的所见所闻,我老套地相信,尽管这3名被定罪的罪犯现在可能后悔了,尽管她们可能不再具有危险性,但仅仅是为了惩罚她们就足以作为把她们关在监狱里的正当理由。在我看来,对于她们的所作所为,受再多的惩罚也不够。

文明开化的社会不相信救赎吗?相对于更加实际的改造,我认为救赎属于精神层面,因此是一种完全不同的想法。但在这里,我的观点一如杰克·柯林斯曾争辩过的那样,除非我们认真对待最严重的罪行,否则我们不能称自己是文明人或者开化的人。有些罪行实在太残忍、太残暴、太可怕,因此不能得到原谅。这是我们欠曼森家族案的7名无辜受害者的,他们有权活下去。

但当我谈到惩罚的时候,我是在谈论复仇。这就引出了下一个问题:惩罚里有复仇的一席之地吗?

惩戒系统所实施的惩罚是否应作为犯罪受害者及其家属疗伤或宣泄的工具?我们都想让他们有个了结,但在法律上(而不是仅仅在道德上),他们有权这样做吗?

杰克和特鲁迪·柯林斯并没有用"复仇"或"报仇"这样的字眼来形容他们和其他像他们一样的人追寻的东西。杰克解释说:"尽管我并不反对字典里的经典定义,即'因造成的伤害而施加惩罚',但对大多数人来说,这些词现在已经成为带有主观恶意的情绪化词语,使用这些词最终会伤害到受害者。"

他们说,他们想要的是"报应",《牛津英语词典》(*Oxford English*

Dictionary）将其定义为"对所行罪恶的赔偿或报复"。

"这是社会保持平衡的一种方法。"杰克说,"让受害者和他们的家人在遭受痛苦后,感到一种满足,从而让他们尽可能地恢复,或者让人们和体制重新完整起来,保持一种完善的状态。没有什么能让苏珊娜回到我们身边。但即使这种报应并不能让我们完全释怀,它至少向我们表明,社会、陪审团和整个刑法体系都非常关心我们,让杀害我们女儿的凶手得到应有的惩罚。这样我们才知道,他们尽了最大的努力,对我们做出了正确的事情。"

在我看来,对于重罪,通过惩罚来让犯人得到报应是我们的社会所能采取的唯一公正且道德的行为。然而,这并不是一个普遍的看法。

正如杰克·柯林斯所说:"受害者需要尽快把犯罪的恐怖和创伤抛在脑后,继续他们的生活。受害者有权希望被告得到迅速审判,这样他们一旦被定罪,惩罚就会随之而来。我们一直在努力让人们意识到,受害者不应被视为刑法体系的局外人。他们与其有利害关系,他们应该站在最前面。我们理应并要求在其中占有一席之地。"

至于刑法体系再往上一层,他说:"许多上诉法院的观察员——包括我们自己——认为,太多的法官只是把上诉当作一种学术和理论行为,觉得上诉更多地存在于智力和辩论这一层面,而没有考虑让受害者得到最基本的正义,对不法分子实施惩罚。他们似乎很喜欢摆出一副高高在上的姿势,丝毫没有受到流血、流汗、流泪和暴力的影响,而正是这些血、汗、眼泪和暴力开启了摆在他们面前的这件案子。"

当然,柯林斯夫妇所寻求的,是按照陪审团和法官的判决,将杀害他们女儿的凶手处决。

死刑和堕胎一样,是个棘手的问题。无论别人对此的看法如何,我们中没有几个人能改变别人。如果你在道德上反对死刑,我认为可以提出一个理由,把这些最坏的恶人终身监禁,绝不给他们获释或假释的可能。但我们知道,这是不可能的。坦白说,在某些情况下,我认为这还不够。

正如史蒂夫·马迪吉安所说："受害者承受的巨大痛苦需要我们采取对应的严肃措施。在我看来，我们没有理由让制造出这类恐怖的人活着。"

有人认为死刑是"合法的谋杀"，因此是社会不道德的行为。我个人的感觉是，这些罪犯选择将自己从社会中除名，因此，社会不会容忍实施这种可怕行为的人，这是一种道德声明。

我认为，主张死刑是合法的谋杀，这给对错观念造成了极大的伤害，因为这种说法无视受害者和犯罪者之间的关键区别——一方是无辜的生命，而另一方是出于自身卑鄙的理由选择夺去无辜生命的人。

如果你问我，我是否会按下开关，合法地结束塞德利·阿利、拉里·吉恩·贝尔、保罗·贝尔纳多、劳伦斯·比泰克这类人在地球上的生命，我的回答是响亮的："会！"对于那些说要宽恕他们的人，我会告诉他们我能理解，但同时我觉得我无权原谅，这不是我的职责。

如果塞德利·阿利仅仅是（我用这个词有点惶恐）强奸、殴打、折磨了苏珊娜·柯林斯，但留了她一条命，并且她的心智也没受影响，那么，她，也只有她，才能原谅他——如果她愿意的话。就我而言，她是唯一能够原谅他的人，但现实的情况是她已经不在了，她现在只有在执行了陪审团对他的判决之后才能决定原不原谅他。

我想，这就是柯林斯夫妇所说的报应而不是复仇的意思。

现在，关于威慑问题，我承认，毫无疑问，按照美国目前的管理方式，死刑在几乎大多数情况下，对谋杀起不到普遍的威慑作用。如果你是城里一个毒品贩子，经过你手的金钱不计其数，而你的竞争对手每天都想除掉你，那么，如果你被抓，如果你不做辩诉交易，如果审判你的是一个强悍的法官和陪审团，如果你的案子没有被推翻，如果法律没有改变，等等，那么你被判处死刑然后经过15年的艰难审判最终被执行的概率，比起你每天在街头面临的职业危害来说，根本算不上震慑或者风险。所以，对这种说法我们还是现实点吧。

如果死刑运用得更均衡且一致，如果从判刑到执行的时间合理地缩短到几个月，而不是像柯林斯夫妇那样经过漫长的数年甚至数十年的时间，那么死刑也许能够震慑住那些想要犯下某些类型谋杀罪行的人。但坦率地说，我并不关心这种理论上的猜测。如果能公平且一贯地加以执行，也许死刑可以成为一种普遍的威慑力量。但对此我并不确定，也不乐观。

一个被处死的人再也不可能夺走另一个无辜的生命了。只有当我们的社会说"终身监禁"意味着真的终身监禁时，我，以及无数受害者的家人，晚上才能睡得好，因为我们知道这些最坏的凶手再也没有机会残害其他人了。即便如此，我个人认为，如果你选择夺去另一个人的生命，你应该准备好用你自己的生命来偿还。

我们的司法制度并不完善。一些恶魔能被改造，过上对社会有用的、有价值的生活。1924年，内森·利奥波德（Nathan Leopold）与理查德·勒布（Richard Loeb）一起在芝加哥惊险地杀害了年轻的鲍比·弗兰克斯（Bobby Franks）。利奥波德于1958年获得假释，之后成为一名社会工作者和实验室技术员，志愿从事疟疾研究，体面而有价值地过完了他的一生。但你知道吗？我不认为劳伦斯·比泰克会是这种情况，我也不想让他出来待上足够的时间来寻找答案。一旦你做了这么可怕的事情，你就失去了改造的权利。

还有一种观点认为，与其杀了这些人，不如让他们活着方便"研究"，我不知道这些人这样说是什么意思，我想他们自己也不知道。也许他们的意思是，如果我们有足够长的时间来研究他们，就能弄清楚他们为什么杀人，以及我们怎么做才能阻止他们。

事实上，我和匡提科的同事是少数真正研究过这些人的专业人员。因此，如果有人出于研究目的要让他们活下来的话，这些人就是我们。我的回答是：如果他们愿意和我谈，在漫长的上诉过程中，他们有足够的时间。如果他们像"泰德"·邦迪那样,只是成了讨价还价以便活得更久而和我们谈的话,那他们告诉我的话就会大打折扣,动机也是自私的。如果你对我说,我们应该让邦迪这样的人活着以便研究,我会说:"好吧,让他多活 6 个小时,我就需要这么点时间。"我真的认为我们从他嘴里得不到更多东西。

我并不讨厌这些人。我甚至还有点喜欢其中一些人。例如,我挺喜欢埃德·肯珀。我和他相处得很好,谈得很融洽。我尊重他的思想和洞察力。如果他被判死刑,那么我看着他被处决会感到遗憾和难过。当然,我不会和他的受害者家属谈论这个问题,因为我知道他们经历了什么,而且会继续经历下去。与他们的感觉相比,我的感觉是无关紧要的。

但是,关于死刑,任何负责任的讨论都不得不反思这样一个事实,即我们的法律制度不完善,而且总会有人被错判有罪。不可避免地,在考虑死刑时,我们必须面对像大卫·瓦斯奎兹这样的情况。尽管我们不愿意承认,但他的阿尔福德式认罪可能救了他。

事实上,这是一个罕见且奇怪的案件,被告坦白了不是一次,而是三次。这件案子让我们很不舒服,但我并不认为这是完全废除死刑的理由。

我认为这件案子有力地证明了办案时必须坚持有大量且确凿的证据。虽然有些人可能会说你永远做不到百分之百确定,但我认为在我所说的这类案件中,你可以确信像瓦斯奎兹这样的无辜者不会错误地被判死刑。

我最想看到的面临最终惩罚的罪犯是那些习以为常、欺压他人、有性动机的凶手。我们抓到他们的时候,一般来说针对他们已经有了一大堆可靠的、在行为上具有一致性的法医证据。就像小克莱奥普斯·普林斯一样,如果这些案子有一件是他犯下的,那么所有案件都是他犯的。如果没有足够的证据,就不要行刑。但如果有足够的证据,像针对贝尔、阿利、贝尔纳多、比泰克以及其他许多人一样,就做需要做的事情。

正如史蒂夫·马迪吉安所说:"我希望具有压倒性的证据,毫无疑问地支持有罪的判定。从我们小组的角度来看,瓦斯奎兹身上是有问题的。他们没有坚实的物理和实验室证据,而这样的人在这种情况下的供词并不足以定罪。"

但我相信,那些花费了大量时间和精力,完善我们刑事司法体系中其他细节的法律人士,能够想出一个标准,将大卫·瓦斯奎兹与蒂莫西·斯宾塞们分开。谋杀也可能被定为联邦罪行,让起诉和证据的标准更加一致。此外,这可能涉及整个司法系统的改革,因为联邦法院根本无暇处理从各州接管的数量庞大的案件和审判。

那么,你如何给所有我们关注的和我们希望的刑法体系变革排出优先等级?对于我来说,无辜的潜在受害者应该排第一,暴力犯罪的受害者和他们的家人排第二,被告和他们的家人排最后。首要的也是最重要的是,我会尽我所能确保别人不会成为已经犯下类似罪行的人的下一个受害者。如果做不到这一点,我想把受害者和他们的家人带到制度的第一线,赋予他们应有的权利。然后我要确保被告得到公正的审判,被定罪的重罪犯得到适当的判决。这些并不矛盾。

这是否意味着我们需要一个警察国家?当然不是。我的意思很简单,就是说,如果我们希望有一个公正、文明的社会,我们就需要有正确的先后顺序。

归根结底,无论我们如何改变刑法体系,唯一能显著减少暴力和堕落犯罪的方法就是停止产生这么多的罪犯。法院在这方面能起到作用,警察在这方面也能起到作用,学校、教堂等也是如此。但真正的斗争一直存在于一个地方:家里。

正如塞德利·阿利的检察官"汉克"·威廉姆斯所言:"联邦政府花费数十亿美元来打击犯罪,他们必须这样做。但是,唯一真正的答案是让父母们正确地抚养他们的孩子。"

这说起来容易做起来难，但这是唯一真正能起到作用的因素。

在书的开篇我解释说，要干我这行，要做我教给别人的东西，就必须把自己同时放在罪犯和受害者的脑海中。你的工作完成后，你要尽快地从罪犯的脑海里出来。但事实上，你永远无法完全摆脱受害者的影响，我参与过的每个案子的受害者，在一定程度上始终与我同在。

这就是我会有这种感觉的原因，这也是我总想让别人和我一起进入这黑暗的深渊——哪怕只进去一点点——的原因。

致　谢

　　我们衷心地向所有帮助我们成书的人表示特别的感谢。第一个团队——与我们的第一本书一样——是我们的编辑莉萨·德鲁（Lisa Drew）和我们的经纪人杰伊·阿克顿（Jay Acton），他们有着共同的愿景，鼓励我们坚持到底，并支持我们向前迈出的每一步。同样要感谢我们的项目协调员、业务经理、法律总顾问、编辑顾问、啦啦队队长卡罗琳·奥尔谢克（Carolyn Olshaker），还有马克（Mark），等等。我们的研究主任安·亨尼根（Ann Hennigan）早已成为这一项目中的重要一员，她做出了巨大的贡献。我们知道，玛丽苏·鲁奇（Marysue Rucci）在斯克里布纳出版社为我们处理事情，她惊人的效率和阳光的性格，让一切顺利进行下去，并处在控制之中。难以想象没有他们6个人……

　　我们要感谢特鲁迪（Trudy）、杰克（Jack）、斯蒂芬·柯林斯（Stephen Collins）、苏珊·汉德·马丁（Susan Hand Martin）和杰夫·弗里曼（Jeff Freeman）与我们分享苏珊娜的经历。我们希望，在讲述苏珊娜的故事时，我们没有辜负他们对我们的信任。我们还感谢密歇根州的吉姆·哈灵顿（Jim Harrington）和田纳西州的地方检察官亨利·"汉克"·威廉姆斯（Henry "Hank" Williams）与我们分享了他们的回忆和见解。感谢我们的实习生大卫·阿尔特舒勒（David Altschuler）、彼得·班克斯（Peter Banks）以及国家失踪和受剥削儿童中心的所有人的善举，他们的研究、经验和出色的工作让我们受益匪浅。因为他们，我们都变得更加优秀。

最后，像往常一样，我们要感谢约翰在匡提科的所有同事，特别是罗伊·黑兹尔伍德（Roy Hazelwood）、史蒂夫·马尔迪吉安（Steve Mardigian）、格雷格·麦克拉里（Gregg McCrary）、尤德·雷（Jud Ray）和吉姆·怀特（Jim Wright）。他们在我们进出黑暗之旅时，永远是有价值的开拓者、探险家、备受尊敬的同行。

约翰·道格拉斯和马克·奥尔谢克

北京市版权局著作权合同登记号　图字：01-2021-4211
Simplified Chinese Translation copyright © (2022)
By China Legal Publishing House
Journey Into Darkness
Original English Language edition Copyright © (2010)
All Rights Reserved.
Published by arrangement with original publisher, SCRIBNER, a Division of Simon & Schuster Inc.

图书在版编目（CIP）数据

心灵猎人. FBI神探走入罪犯的脑海 /（美）约翰·道格拉斯 (John E. Douglas) ,（美）马克·奥尔谢克 (Mark Olshaker) 著；杨恩毅译. —北京：中国法制出版社，2022.4

书名原文：Journey Into Darkness: The FBI's Premier Investigator Penetrates The Minds and Motives Of the Most Terrifying Serial Killers

ISBN 978-7-5216-2466-3

Ⅰ.①心… Ⅱ.①约… ②马… ③杨… Ⅲ.①犯罪心理学—通俗读物 Ⅳ.① D917.2-49

中国版本图书馆 CIP 数据核字（2022）第 028866 号

责任编辑：李　佳　　　　　　　　　　　封面设计：汪要军

心灵猎人. FBI 神探走入罪犯的脑海
XINLING LIEREN. FBI SHENTAN ZOURU ZUIFAN DE NAOHAI
著者 /［美］约翰·道格拉斯　［美］马克·奥尔谢克
译者 / 杨恩毅
经销 / 新华书店
印刷 / 三河市国英印务有限公司
开本 / 880 毫米 ×1230 毫米　32 开　　　　印张 / 11　字数 / 300 千
版次 / 2022 年 4 月第 1 版　　　　　　　　2022 年 4 月第 1 次印刷

中国法制出版社出版
书号 ISBN 978-7-5216-2466-3　　　　　　　　　　　　定价：58.00 元

北京市西城区西便门西里甲 16 号西便门办公区
邮政编码：100053　　　　　　　　　　　　　传真：010-63141600
网址：http://www.zgfzs.com　　　　　　　　编辑部电话：010-63141832
市场营销部电话：010-63141612　　　　　　印务部电话：010-63141606
（如有印装质量问题，请与本社印务部联系。）